D1718867

Helmut Höfling

Heißer als die Hölle

Hoch-Verlag · Düsseldorf
Österreichischer Bundesverlag · Wien

Schutzumschlag von Joker Altus unter Verwendung eines Fotos von Hans Ritter
Innenillustrationen und Fotos, sofern sie nicht aus zeitgenössischen Quellen stammen:
Joker Altus und Burkhard Gottschalk

Alle Rechte der deutschsprachigen Ausgabe
bei Hoch-Verlag, Düsseldorf, und
Österreichischer Bundesverlag, Wien, 1982
© 1982 by Hoch-Verlag, Düsseldorf
ISBN 3-7779-0301-9 (Hoch)
ISBN 3-215-05006-4 (ÖBV)
Druck und Bindung: Wiener Verlag, Himberg bei Wien
Printed in Austria

Inhalt

Vor Durst dem Wahnsinn nahe	5
Die größte Wüste der Erde	10
Fünf junge Draufgänger vom Berberstamm der Nasamonen	12
»Weg der vierzig Tage«	16
Mit Ibn Battuta durch die Wüste zum Niger	19
Ein Edelmann unter Nomaden	24
Kein Gold in der Sahara	27
Als Sechzehnjähriger durch die Sahara nach Timbuktu	31
Das Kamel – das »Schiff der Wüste«	35
Wo speichert das Kamel die großen Wassermengen?	38
Mungo Parks Vorstoß zum Niger	42
In Alis Gewalt	44
Flucht in die Freiheit	48
»Seht da, das Wasser!«	52
Den Jugendtraum erfüllt	57
Ein »Araber« flucht auf deutsch	59
In der Oase Siwa	62
In Lebensgefahr	65
Zum Tschadsee	68
Timbuktu – die »Königin der Wüste«	71
Welche Befriedigung – und welche Enttäuschung!	74
Der Mord an Major Laing	77
»Caillié ist der Sieger von Timbuktu«	82
Die meisten kehrten nie zurück	85
In der »Geisterburg«	86
Die hungrigen Geier von Agades	90
Aufbruch nach Baghirmi	92
Gewalt über Wolken	95
Als türkischer Spion verdächtigt	97
Überraschende Begegnung im Urwald von Bundi	101
Vom Fremdenlegionär zum Saharaspezialisten	104
Ein verräterischer Karawanenführer	107
Vom »Afrikafieber« gepackt	111
Von Tripolis nach Mursuk	113
Nach Tibesti, ins »Bergland des Hungers«	116
Unter Wüstenräubern	120
Gesteinigt	124
Der Sultan sucht nach Schätzen	125
Bestürzende Nachrichten	128

Flucht und neue Plünderungen	130
Geschenke für Scheich Omar	134
Der Sklavenmarkt in Kuka	135
Gefesselt von der bunten Welt am Südrand der Sahara	137
Von Tuareg bedroht	139
Die Macht der Tuareg gebrochen	142
Sie alle tragen den Stempel der Wüste	144
Die verschleierten Männer der Sahara	146
Charles de Foucauld – der Mönch in der Sahara	150
Einst war die Sahara dicht bevölkert	152
Felsbilder in der Sahara	154
Vom Meer über Tropenwald und Savanne zur Wüste	158
Die Wüste lebt	162
Die armen Teufel in der Salzhölle	165
Salzkarawanen	167
Bilma am »Ende der Welt«	171
Zankapfel Westsahara	174
Historischer Rückblick	177
»Napoleon der Wüste«	180
Der Mahdiaufstand im Sudan	182
Tiefgreifende soziale Umschichtung	187
Literatur	192

Vor Durst dem Wahnsinn nahe

Noch besaßen sie einen halben Schlauch Wasser. Doch für die zehn Männer der kleinen Karawane konnte das mitten im Sommer nicht weit reichen. Zwei Tage ohne Wasser, das bedeutete zu dieser heißesten Jahreszeit in der Sahara den sicheren Tod.
Zwar waren die Wasserschläuche, von denen jeder etwa dreißig Liter faßte, noch neu und unbeschädigt, aber bei der fürchterlichen Hitze von 49° Celsius im Schatten verdunstete der Inhalt äußerst stark. Gerhard Rohlfs, ein anderer deutscher Saharaforscher, hatte bei einer sommerlichen Wüstenreise allein zehn Liter Wasser täglich getrunken – und kaum mehr besaßen nun die zehn Männer der Karawane zusammen.
Erst vor kurzem war Gustav Nachtigal von Tripolis kommend in Mursuk, einer kleinen Wüstenstadt in der südlibyschen Landschaft Fessan, eingetroffen, wo er einen längeren Aufenthalt dazu benutzte, einen Abstecher in das noch unbekannte Gebirgsland von Tibesti zu unternehmen. Alle Warnungen vor den Tibbu, den rückständigen und als Räuber der Wüste gefürchteten Bewohnern dieser unerforschten Felslandschaft, hatte er in den Wind geschlagen. Zu groß waren Neugier und Wissensdrang, als erster Europäer dieses Volk auf dem »Dach« der Sahara kennenzulernen, das, so hieß es, das Tibesti-Gebirge als sein persönliches Eigentum betrachtete. Die Männer genossen den Ruf, äußerst widerstandsfähig zu sein. Mit nur sehr wenig Wasser konnten sie achthundert bis tausend Kilometer in der Wüste zurücklegen, und aus großer Entfernung töteten sie mit Wurfmessern ihre Beute.
Wie recht die Bewohner von Mursuk mit ihren Mahnungen und guten Ratschlägen hatten, erfuhr Nachtigal schon in den ersten Tagen am eigenen Leib. Geplagt von der entsetzlichen Hitze erlitt er an den Schenkeln so schwere Verbrennungen, daß er sich kaum noch im Sattel seines Reitkamels halten konnte. Eine Entzündung seiner Augen zwang ihn, sie tagsüber zu verbinden, um sie vor weiteren Schäden durch das grelle Sonnenlicht zu schützen.
Auch die Skelette verdursteter Menschen und Kamele, die er in der näheren Umgebung eines Wüstenbrunnens entdeckte, vermochten ihn nicht zur Rückkehr zu bewegen. Er ahnte damals nicht, wie bald schon ihm und seinen Begleitern dasselbe entsetzliche Schicksal drohte.
Zwei Mißgeschicke hatte die kleine Expedition in arge Bedrängnis gebracht: Ein wichtiger Brunnen, zu dem der Karawanenführer Kolo-

kômi, ein Vornehmer der Tibbu, die Männer führte, war versiegt, und den zweiten in der Nähe hatte er in den Nachtmärschen verfehlt.
Durch die Höllenglut, die durch die aufsteigende Hitze von Sand und Felsen verstärkt wurde, waren auch die Kamele sehr ermattet. Der Durst begann nun auch sie ebenso zu quälen wie die Menschen. Von dem halben Schlauch Wasser, der letzten Reserve für die zehn Männer, war für die Tiere kein Tropfen zu entbehren. Um die Kamele zu schonen, brach deshalb Nachtigal schon nach einer Stunde den Weitermarsch unter der sengenden Sonne ab.
In einer Bodensenke verbrachte die Karawane den größten Teil des Tages, nur unzulänglich durch den Schatten des Zelts vor der Hitze geschützt. Die Wasserration, die jeder zugeteilt bekam, reichte bei weitem nicht aus, den brennenden Durst auch nur einigermaßen zu stillen.
Erst als die Sonne im Westen stand, brachen sie wieder auf. Über Sand und Geröll, durch Schluchten und über Felsen strebte die Expedition ihrem fernen Ziel zu, das sich in der hügeligen und felsigen Gegend ihrem Blick entzog. Nur allzu oft wurden sie in dem unwegsamen und äußerst schwierigen Gelände gezwungen, zurückzukehren, die Richtung zu ändern und Hindernisse zu umgehen. Von Zeit zu Zeit erklomm Kolokômi einen Felsen, um nach dem Berg auszuspähen, wo nach seiner Kenntnis Wasser zu finden sein sollte. Die Unsicherheit, die seine Züge dabei verrieten, führte Nachtigal nicht nur auf die falsche Berechnung der Entfernung zurück, sondern auch darauf, daß der Karawanenführer jede Orientierung verloren hatte.
Stumm schleppten sie sich dahin, Nase und Mund durch einen Teil des Turbans verhüllt, um die Austrocknung der Schleimhäute und dadurch den Durst zu verringern. Jeder Blick der Männer hing mit angstvoller Spannung an den Zügen des Führers. Ihn geradewegs zu fragen, trauten sie sich nicht, die beginnende Mutlosigkeit hinderte sie daran. Immer wieder suchte Kolokômi die Höhen, und immer wieder hingen sie sprachlos voll Furcht und Erwartung an seinen Mienen. Seine unsicheren Blicke ließen ihre Hoffnung tiefer und tiefer sinken: Sie waren eine deutliche Antwort auf ihre bange Frage, hin und wieder noch verständlicher gemacht durch die hingemurmelten Worte:
»Mâl zâl – noch nicht!«
Stiller und stiller wurden die Männer, beklommen von der Angst, das am meisten gefürchtete Schicksal der Wüstenreisenden werde bald auch sie ereilen.
»Mâl zâl – noch nicht!« klang es immer wieder wenig tröstlich.
So wanderten sie auch die Nacht hindurch durch das unwirtliche, aus-

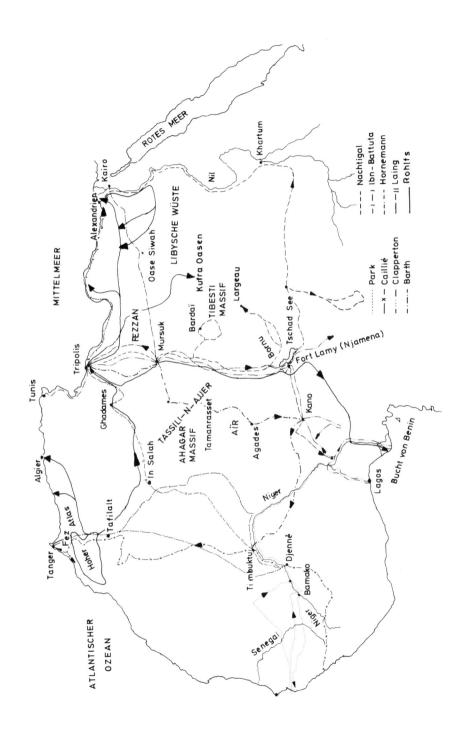

getrocknete Felsland.

Der Morgen kam, aber Kolokômis Hoffnung, das erwartete Kennzeichen des gesuchten Brunnens, den Schattenriß eines Steinhaufens, zu erblicken, wurde enttäuscht.

Nach ernster Beratung begannen sie, den Rest ihres kärglichen Wasservorrats zu verteilen. Jeder erhielt ein volles Glas und leerte es gierig bis auf den letzten Tropfen. Es war für jeden zu wenig, viel zu wenig, aber es würde, falls sie den Brunnen nicht finden sollten, ihr Leben immerhin einige Stunden verlängern.

Als letzter trank Kolokômi. Er schob seinen Gesichtsschleier von Nase und Mund nach unten über das Kinn zurück, ergriff das Glas, nahm einen Schluck und kühlte damit die Schleimhaut seines Mundes. Dann spritzte er es in einem langen Strahl durch eine Zahnlücke auf den Boden, als sei es der grünliche Tabaksaft, den er und seine Stammesbrüder gewohnheitsgemäß ausspuckten, und nicht der letzte Tropfen des kostbaren Wassers, das ihm vielleicht das Leben retten konnte.

»Hier, nimm das und trink!« wandte er sich an Nachtigal, indem er ihm das noch halbvolle Glas reichte. »Ich habe noch keinen Durst, aber ich verstehe, daß ihr als Leute des Wassers sogar diesen erst beginnenden Mangel nicht ertragen könnt.«

Mit dieser Bemerkung spielte er auf die in jenen Gegenden allgemein verbreitete Ansicht an, die Christen würden eng zusammengedrängt auf sumpfigen Inseln mitten im Meer ein halb amphibisches Leben führen.

Diese Geste des Karawanenführers beeindruckte Nachtigal tief. Er empfand Achtung und Bewunderung für diesen Mann, der hart und schroff wie die Felsen seines Landes nichts von seiner Energie und Willenskraft verloren hatte.

Ohne Aufenthalt ging es dann wieder vorwärts. Bald stellte sich mit der höher steigenden Sonne der alte, entsetzliche Durst erneut ein. Die Schleimhäute des Mundes verloren ihre letzte Feuchtigkeit, und der um Stirn und Schläfe wie ein eiserner Ring liegende schmerzhafte Druck wurde fester und fester.

Als eine Felsmauer dürftigen Schatten gewährte, ließen sie sich – bis auf Kolokômi, der noch am wenigsten angeschlagen schien – an ihrem Fuße nieder. Jeder der Verdurstenden benahm sich im Angesicht des nahen Todes anders.

Saad begann, sich mit lauten, inbrünstigen Gebeten auf den bevorstehenden Eintritt ins Paradies vorzubereiten.

Ali versank in teilnahmslose Bewußtlosigkeit.

Mohammed klammerte sich an seine fatalistische Lebensanschauung,

indem er seinen Gefährten klarmachte, alles sei vom allmächtigen Gott so vorbestimmt und es sei gut, sich in seinen Willen zu ergeben. Giuseppe, der eine Weile still vor sich hingebrütet hatte, erhob sich plötzlich, nahm seinen Revolver und erklärte unter beginnender Geistesverwirrung:
»Ich folge jetzt Kolokômi und schieße ihn nieder... Ja, ich töte ihn, um mich so für diese unmenschliche Quälerei zu rächen, die er verschuldet hat...«
Niemand hatte die Kraft, ihn von diesem unsinnigen Plan zurückzuhalten.
Als der Nachmittag kam, ohne daß sich Kolokômi blicken ließ, schwand auch Nachtigals letzter Hoffnungsschimmer dahin. Er war jetzt überzeugt, daß es hier einfach kein Wasser gab, und er sah schon das Ende seiner erst gerade begonnenen Laufbahn als Afrikaforscher nahen. Zwar wehrte sich sein Geist instinktiv gegen diese Vorstellung, doch bald schweiften die Gedanken ab: Er malte sich in schmerzlicher Rührung aus, welchen Eindruck sein Tod auf seine zahlreichen Freunde machen werde. Vorübergehend tröstete er sich damit, alles sei vom Schicksal längst beschlossen und deshalb müsse man sich ins Unvermeidliche schicken. Allmählich wurden diese Gedanken zu unbestimmten Empfindungen, verwischten sich in liebliche Träumereien, in denen er sein Elternhaus sah und Erlebnisse des Augenblicks sich mit Ereignissen der Vergangenheit auf höchst seltsame Weise mischten.
Bald schwanden auch diese wirren Träumereien, und Nachtigal verfiel in einen Zustand, der die beginnende Bewußtlosigkeit des nahen Todeskampfes einleitete...

Das tragische, grauenvolle Unheil, das hier im Sommer 1869 einer Handvoll Männern in der größten Wüste der Erde drohte, war kein Ausnahmefall, sondern ein fast alltägliches Schicksal, wie es sich seit Jahrtausenden in der Sahara immer wieder ereignet hat und auch in unseren Tagen noch oft genug vorkommt.
Verlassen wir zunächst einmal Nachtigals kleine Karawane und werfen wir einen Blick auf die Sahara – auf das Land und die ersten Reisenden, die tollkühn genug waren, in die unbekannte Wüste vorzustoßen.

Die größte Wüste der Erde

»Afrika ist in vier Teile gegliedert . . . Der dritte Teil wird im Arabischen nur Sahara genannt, was ›Wüste‹ bedeutet.«
So schrieb bereits um 1550 der große arabische Gelehrte Leo Africanus über das riesige Gebiet im Norden des dunkeln Kontinents, das schon dem Namen nach wenig einladend wirkt.
Ähnlich abschreckende Bezeichnungen haben die Eingeborenen auch für einzelne Teile der Sahara gefunden. So heißt beispielsweise Tanesruft ins Deutsche übersetzt »Land des Durstes und des Schreckens«, Hoggar bedeutet »Bergland der Geister« und Tibesti »Bergland des Hungers«. Erkundigte sich ein europäischer Entdeckungsreisender bei den dortigen Bewohnern, warum sie in einem solchen unwirtlichen Land lebten, dessen geographischer Namen schon schaudern machte, so antworteten sie mit leuchtenden Augen:
»Oh Sidi, du, der du aus einem dunklen und feuchten Land im Norden kommst, nur du vermagst so zu fragen! Kann es denn ein schöneres Land geben als die Wüste?«
Für europäische Ohren mag das reichlich übertrieben klingen, denn für die meisten, die noch nie durch die Sahara gefahren sind, ist die Wüste »wüst«. Doch dieses Vorurteil trügt: die Wüste ist nicht tot, sondern voller Leben, Rätsel und Abenteuer. Dehnt sich am Tage über dem Wüstenfahrer das himmelhohe Gewölbe bis zur Unendlichkeit aus, bei der er jeden Maßstab verliert, Entfernungen vernünftig zu schätzen – so staunt er am Abend, wie hoch der Mond am Himmel steht und sich das große Schweigen über die Weite legt. »Der Sand erscheint manchmal weiß und manchmal braun, und bei Sonnenuntergang geht die Farbe des Sandes von Weiß in Braun und dann in Schwarz über«, wie es William Saroyan, der amerikanische Schriftsteller armenischer Herkunft, so anschaulich beschrieben hat. »Dann ist es Nacht, und dann ist es in der Wüste am besten. Wenn die Wüste und die Nacht sich verbinden, so entsteht das, was Schweigen heißt. Das ist etwas, das nie mehr aus der Erinnerung schwindet. In dieser Erinnerung lebt die Stille und das Geheimnis der Welt.«
Doch nicht von der Wüste im allgemeinen soll hier die Rede sein, sondern von einer einzigen Wüste allein: der Sahara, die zugleich die größte Wüste der Erde ist.
Verstand man ursprünglich unter der Sahara nur den westlichen und mittleren Teil des nordafrikanischen Wüstengürtels, so bezeichnet man heute damit den gesamten gewaltigen Raum, der sich im Westen vom Atlantischen Ozean durch ganz Nordafrika hindurch bis zum

Ein endloses Sandmeer – so stellt man sich allgemein die Sahara vor. Der größere Teil von ihr besteht jedoch aus Kieswüste und nacktem Fels.

Roten Meer im Osten erstreckt und im Norden von der Südküste des Mittelmeeres beziehungsweise vom Südrand des Atlasgebirges bis in den Sudan. In Kilometern gemessen dehnt sich der ungeheuer weite, trockene Landblock von Westen nach Osten 5.000 Kilometer aus und von Norden nach Süden anderthalbtausend Kilometer – und bedeckt damit eine Fläche von mehr als 7 Millionen Quadratkilometern oder auch 9 Millionen Quadratkilometern, falls man die benachbarten halbtrockenen Gebiete mit einbezieht. Geographisch ausgedrückt könnte man auch sagen: Die Sahara liegt auf der nördlichen Erdhalbkugel zwischen dem 16. und 34. Breitengrad.

In europäischen Köpfen spukt auch überwiegend die Vorstellung, die Sahara sei ein endloses Sandmeer voller Dünen. Richtig ist dagegen, daß nur etwa ein Siebentel der Saharafläche mit Sand bedeckt ist und man die ganze Breite dieses gewaltigen Wüstengürtels von Algier nach Gao oder Fort Lamy – heute N'Djamena, die Hauptstadt der Republik Tschad – durchqueren kann, ohne auf eine einzige Düne zu stoßen. Kurz charakterisiert läßt sich sagen: die Sahara ist eine Mischung aus Sand, Kies und Bergen.

Schon auf den mittelalterlichen Seefahrtskarten stand über dem nördlichen Drittel des afrikanischen Erdteils die geographische Bezeich-

nung »Große Wüste«, ehe sich dann Jahrhunderte später der Name »Sahara« – richtig: Sahra' = die »Rotbraune« – durchsetzte.
Der oft gebrauchte Vergleich der Sahara mit einem Meer ist zutreffend, denn so wie ein Schiff immer den gleichen Kurs wählt, ohne etwas von den Gewässern links und rechts der Route zu kennen, so macht es auch der Mensch in der Sahara. Dabei spielt es keine Rolle, ob er auf einem Kamel von Wasserstelle zu Wasserstelle trabt oder im Geländewagen die ausgefahrene Spur seiner Piste von Oase zu Oase einhält. Wer vom Wege abirrt, den erwarten Tod und Verderben. Selbst für Flugzeuge bedeutet eine Notlandung in menschenfeindlicher Wüste fast immer das Ende.
Und dennoch lautet ein arabisches Sprichwort:
»Die Wüste ist der Garten Allahs, aus dem der Herr der Gläubigen alles überflüssige menschliche und tierische Leben entfernt hat, auf daß es einen einzigen Ort gäbe, wo er in Frieden wandeln kann.«

Fünf junge Draufgänger vom Berberstamm der Nasamonen

Obwohl die Meere an den Grenzen der Sahara, vor allem die im Norden und Osten, schon sehr früh befahren waren, hat sich unsere Kenntnis der »Großen Wüste« nur sehr zögernd entwickelt. Das ist deshalb um so merkwürdiger, als doch in ihrer Nähe alte Kulturländer lagen, in denen gelehrte Männer lebten. Sogar der bedeutende deutsche Naturforscher und Geograph Alexander von Humboldt (1769–1859) glaubte noch um die Mitte des 19. Jahrhunderts, die Sahara sei eine riesige Sandfläche, die sich bis nach Indien ausdehne.
Das wissenschaftliche Interesse, das man in unseren Tagen der Erforschung der Sahara widmet, war im Altertum noch kaum vorhanden. So erklärt es sich, daß sich lange Zeit die nebelhaften Vorstellungen der Alten erhielten, die Große Wüste sei der unbelebte Südrand der Welt, gewissermaßen ein Anhängsel.
Vor dem Einsatz von Flugzeugen und geländegängigen Kraftfahrzeugen hat es zu allen Zeiten bei der Erforschung Nordzentralafrikas ähnliche Schwierigkeiten gegeben wie in der Antike. Damals waren die griechischen und römischen Landsucher vielleicht sogar besser gestellt, da die Oasen und Wasserstellen noch dichter beieinanderlagen. Heute dagegen betragen die Maximalentfernungen zwischen den Wasserstellen bis zu 180 km in der westlichen und 290 km in der öst-

lichen Sahara.
Im Laufe der Jahrhunderte und Jahrtausende hat sich also in der Großen Wüste ein starker Wandel vollzogen. Es ist hinlänglich erwiesen, daß die Sahara einstmals Flora und Fauna einer Steppe besaß, diese aber sicher noch vor dem Einsetzen der Geschichtsschreibung verlor. Seit dem Ende der Eiszeit war das gesamte Gebiet zweifellos eine ausgedehnte Wüste, aber vor 2000 – 3000 Jahren dennoch weniger ausgedörrt als heute. Nach den Beobachtungen der letzten hundert Jahre wanderten die Sanddünen immer weiter auf das kultivierbare Land vor. Reste von Siedlungen aus der Jungsteinzeit, auf die man in den heute unbewohnbaren Flußtälern der nördlichen Sahara gestoßen ist, beweisen, daß es dort noch im Altertum Wasser gegeben hat. Nicht sicher ist es, ob man damals schon für Wüstenritte Kamele benutzt hat. Man weiß jedoch, daß es diese »Wüstenschiffe«, wie man sie auch nennt, in Tunesien spätestens seit dem ersten vorchristlichen Jahrhundert gegeben hat, doch sollen sie bei einfacheren Reisen den Pferden und Eseln kaum überlegen gewesen sein. Strabo (63 v. Chr. bis 19. n. Chr.), der griechische Geograph in Rom, erwähnt in seinem »Bellum Africum«, in der westlichen Sahara sei man mit Pferden gereist, denen man Wasserschläuche untergebunden habe.
Wäre die Sahara reich an Gold und anderen Schätzen, so hätte sie sicherlich schon früh Kaufleute und Glücksritter angelockt, die auf ausgedehnten Erkundungsreisen auch gleichzeitig das Land erforscht hätten. Doch der wirtschaftliche Ertrag des Saharahandels war nicht lohnend genug. Wer Gold vom oberen Niger oder Elfenbein und Sklaven aus dem Sudan erwerben wollte, konnte das alles viel einfacher von der westafrikanischen Küste holen. Das geschätzte Elfenbein gab es außerdem im Somaliland, in Marokko und Südalgerien. Denn wie der römische Schriftsteller Plinius der Ältere (23–79 n. Chr.) berichtet, lebten damals Elefanten in Marokko und im algerischen Hinterland.
Trotz dieser wenig Gewinn versprechenden Aussichten hat es wohl vereinzelt Vorstöße in die Große Wüste gegeben. Die früheste erwähnte Reise durch die Sahara wurde von fünf jungen Draufgängern unternommen, den Söhnen einiger Scheichs des östlich der Bucht von Tripoli lebenden Berberstamms der Nasamonen. Der Grieche Herodot, der »Vater der Geschichte« sowie der Völkerkunde und Geographie, der selbst viele Länder bereiste, ist der Verfasser dieses Berichts über das Bravourstück der jungen Nasamonen:
»Ferner hörte ich Männer aus Kyrene folgendes erzählen: Wir kamen einmal zum Orakel des Ammon und unterhielten uns dort mit Etearchos, dem König der Ammonier. Unter anderem kam zufällig die Re-

de auf den Nil, dessen Quellen niemand kennt. Etearchos berichtete uns nun, es wären Männer aus dem Stamme der Nasamonen zu ihm gekommen. Die eingetroffenen Nasamonen hätte er, Etearchos, gefragt, ob sie nicht etwas über die Einöden Libyens angeben könnten. Da erzählten sie ihm, es gäbe in ihrem Stamm unternehmungslustige junge Männer, Häuptlingssöhne, die abenteuerliche Pläne schmiedeten, wenn sie mannbar geworden seien. So hätte sie auch fünf Leute aus ihrer Mitte ausgelost, welche die libysche Wüste kennenlernen und versuchen sollten, ob sie nicht etwas mehr zu sehen bekommen könnten als die, welche bisher am weitesten Umschau gehalten hätten.«

Wenn Herodot hier von Libyen spricht, so meint er damit, wie im Altertum üblich, den bis dahin bekannten afrikanischen Kontinent – also weit mehr als den heutigen Staat Libyen.

»Nachdem sich nun die Jünglinge, so erzählten die Nasamonen weiter, von ihren Altersgenossen getrennt und mit Speise und Trank wohlversorgt hatten, durchzogen sie zunächst das bewohnte Land; hierauf kamen sie in das tierreiche Gebiet und von dort durchquerten sie die Wüste in westlicher Richtung. Nachdem sie viele Tage lang ein gewaltiges Sandgebiet durchwandert hatten, erblickten sie auf einmal in einer Niederung Bäume. Sie gingen darauf zu, und als sie gerade von den Früchten dieser Bäume pflücken wollten, kamen kleinwüchsige Männer, die unter Mittelgröße waren, ergriffen sie und schleppten sie mit sich fort. Die Sprache der Leute war den Nasamonen fremd, ebenso ihre den Nasamonen. Man führte sie durch ausgedehnte Sümpfe und kam schließlich zu einer Ansiedlung, in der alle Bewohner von schwarzer Hautfarbe waren. Von Westen nach Osten floß ein großer Fluß herüber, in dem man Krokodile erblickte. Soweit hätte ich die Erzählung des Etearchos von Ammonien wiedergegeben. Ich möchte nur noch seiner Aussage beifügen, daß die Nasamonen heil zurückkehrten. Den obengenannten an dieser Siedlung vorbeiströmenden Fluß hielt Etearchos für den Nil, und diese Behauptung ist wirklich überzeugend.«

Die historische Wahrheit von Herodots Bericht unterliegt keinem Zweifel. Vermutlich führte der Gewaltritt der Nasamonen, die noch keine Kamele, sondern Pferde benutzten, über Augila, das ihrem Stamm wohlvertraut war, und die Oase Mursuk nach Timbuktu. Der Fluß, der von West nach Ost fließt, wäre dann der Niger – also nicht der Nil, wie Herodot irrtümlich annimmt.

Andere Geschichtsforscher neigen jedoch mehr zu der Ansicht, die frühe Expedition der Nasamonen sei nur bis an den Fessan gelangt, dann wäre die erwähnte Siedlung Mursuk. Da es dort auch ein Fluß-

bett von West nach Ost gibt und es vor zweieinhalbtausend Jahren in der Sahara viel feuchter war als heute, könnte es sein, daß die tollkühnen Abenteurer diesen Fluß wirklich fließen sahen.
Doch wie dem auch sei, es blieb eine gewaltige Leistung, eine Einzeltat, die keinen regelmäßigen Wüstenverkehr durch die Sahara einleitete.
Mehrere Überlandwege führten von der Tripolitanischen Bucht zur Oase von Mursuk, die wiederum als wichtiger Ausgangspunkt für die südliche Strecke zum Tschad-See und die südwestliche Route nach Nigerien diente. Noch in den Jahren 1850–1855 hat der bedeutende deutsche Afrikaforscher Heinrich Barth Mursuk als vorgeschobenen Stützpunkt für die Erforschung dieser beiden Wege gewählt.
In diesem Oasengebiet wohnte während des Altertums das großen Volk der Garamanten. Ihre Hauptstadt Garama dürfte wohl mit dem heutigen Germa übereinstimmen, das knapp hundert Kilometer nordwestlich von Mursuk liegt. Wie Herodot zu erzählen weiß, sind diese Garamanten mit Vierspännern zu Überfällen weit in die Sahara hineingefahren, wo sie schnellfüßige Troglodyten, das sind Höhlenbewohner, entführten, die angeblich keine Sprache hatten, sondern »wie die Fledermäuse quietschten«. Die Höhlen dieser Neger müssen in den Tibestibergen gelegen haben oder im Ahaggargebirge in der zentralen Sahara, auch Hoggar genannt. Möglicherweise haben die Garamanten auch einen Handelsverkehr zwischen der karthagischen Küste und dem Sudan unterhalten, und es könnte sein, daß die »federgeschmückten Libyer« in Höhlenmalereien Garamanten darstellen.
In den Karawanen sind gelegentlich auch karthagische Frachtaufseher mitgereist, doch was sie über die Sahara in Erfahrung gebracht haben mochten, das gaben sie weder den griechischen Kaufleuten noch Geographen preis.
Erst römischen Legionären gelang es, den Schleier um das Geheimnis der Großen Wüste hier und da zu lüften. Als nämlich die Römer Nordafrika zu kolonisieren begannen, waren sie an den Grenzen ihres neuen kultivierbaren Machtbereichs immer wieder Überfällen von Nomaden und Stämmen ausgesetzt, die am Rand der Wüste oder in den Oasen lebten. Solchen Raubzügen begegneten die Römer mit Strafzügen, die oft zu Entdeckungsfahrten wurden.
So besetzte im Jahre 19 v. Chr. der Prokonsul Cornelius Balbus als römischer Gouverneur von Tunesien die Garamanten-Hauptstadt Germa, und Septimius Flaccus, ein anderer römischer Prokonsul, unternahm um 70 oder 80 n. Chr. nach einem Streifzug der Garamanten an der tripolitanischen Küste einen dreimonatigen Vorstoß ins Hin-

terland. Alle diese Berichte, auch über andere römische Offiziere, sind jedoch äußerst lückenhaft und ungenau, und die Ergebnisse dieser Erkundungen standen auch in keinem Verhältnis zu den damit verbundenen Anstrengungen: weder für den Handel noch für die Geographie.
Erst im Mittelalter kam es zu den ersten wirklichen Entdeckungsfahrten durch die Sahara.

»Weg der vierzig Tage«

Wenn also auch die vereinzelten Vorstöße der Römer weder zum Aufschwung des Handels noch zur Erhellung der Geographie der Großen Wüste beitrugen, so hatte sich dennoch allen Schrecken der Sahara zum Trotz bereits in frühester Zeit ein reger Warenaustausch über den gefürchteten Wüstengürtel hinweg entfaltet. Schon zu Hannibals Zeiten (246–182 v. Chr.) brachten die Karawanen große Mengen an Elfenbein und Negersklaven sowie auch Gold von Süden her nach Karthago.
Es stimmte also nicht so ganz, was noch Herodot zuvor geschrieben hatte:
»Jenseits der sandigen Erhebungen nach Süden zu gibt es nichts als eine furchtbare Wüste, wo sich weder Wasser noch Baumwuchs noch Tiere finden, ein Land ohne jede Feuchtigkeit.«
Diese falschen Vorstellungen finden sich auch noch zwei Jahrtausende später in Dappers »Beschreibung von Africa«, 1670 in Amsterdam erschienen, worin es über Libyen heißt:
»Das Land ist sehr heiß und trucken, also daß an den innersten Örtern gantz kein Wasser gefunden wird, als in etlichen gegrabenen Brunnen, welche fast alle saltzigtes Wasser haben. Dan man hat alda gantze Landstriche, da man sechs oder sieben Tage reist, ohne einiges Wasser zu finden. Dieses Land ist meistenteils wüste, volcklos und sehr sandicht.«
Vertrieben von ihren Feinden – den Karthagern, Römern, Vandalen, Byzantinern und schließlich auch den Arabern – waren die Berberstämme Nordafrikas auf alten Karawanenstraßen immer weiter nach Süden ausgewichen und hatten jenseits des breiten Wüstengürtels – im Sudan – die dort lebenden Negerstämme unterworfen.
Um von Anfang an keinen Irrtum aufkommen zu lassen, sei hier der Name Sudan erläutert. Unter Sudan versteht man zum einen den heu-

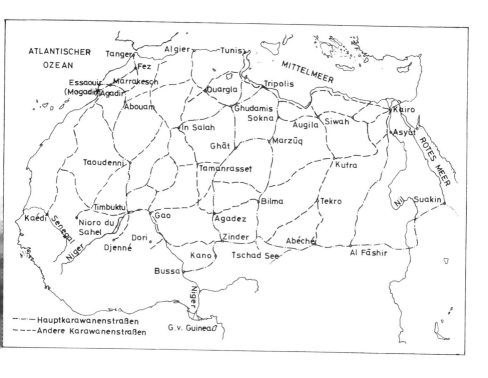

tigen Staat südlich von Ägypten und westlich von Äthiopien – zum anderen aber die nordost-afrikanische Großlandschaft zwischen der Sahara im Norden, der atlantischen Küste im Westen, den Urwaldgebieten Guineas und des Kongobeckens im Süden und dem Äthiopischen Hochland im Osten: rund 5,5 Millionen Quadratkilometer mit mehr als 50 Millionen Einwohnern, meist Sudannegern. Kurz gesagt: das gesamte Gebiet südlich der Großen Wüste. Der geographische Begriff des Sudan ist also viel umfassender als das politische Teilgebiet des Staates Sudan.

Als die Araber von Osten her nach Nordafrika vordrangen, fanden sie einen blühenden Handel vor, der über mehrere Karawanenstraßen abgewickelt wurde. Unter diesen Handelswegen darf man sich keine festen Straßen in unserem Sinne vorstellen, sondern vielmehr nur Verbindungslinien zwischen bewohnten Orten, Oasen und Wasserstellen. Als Wegweiser dienten dabei auffallende Felsen sowie die sonnengebleichten Knochen von Mensch und Tier.

Drei große Karawanenstraßen verliefen in nordsüdlicher Richtung. Der westliche Handelsweg führte von Marokko aus zum Westsudan – genauer von Fez über die Grenzstadt Sidjilmassa und über die Salzminen von Taghaza, Taodeni, Arawan nach Timbuktu und von dort den Niger aufwärts bis zum westlichen Sudan. Von Timbuktu aus gab es später noch nach Nordosten eine Nebenstrecke, die bis Idjil und damit also bis in die Nähe des Atlantiks reichte.

Die mittlere Saharastraße verband die Kleine Syrte am Mittelmeer mit Kano in Nigeria und später sogar mit den Küstengebieten noch weiter südlich. Zwischenstationen waren Ghadames, Ghat, Aïr-Agades und Katsena. Sie war gefürchtet, weil sie durch das Gebiet der räuberischen Azger-Tuaregs und das der Kel Owi führte.

Die östliche Route, auch Bornu-Straße genannt, verlief von Tripolis über Fezzan weiter südwärts nach Bornu und zum Tschad-See. Zahlreiche Karawanen sind dabei unterwegs durch die Tibbu, die Erbfeinde der Tuareg von Aïr, überfallen und ausgeplündert worden.

Wahrscheinlich noch bedeutungsvoller aber war die Karawanenstraße, die von Osten nach Westen führte und schon den alten Ägyptern als »Straße der Oasen« bekannt war. Sie verband Assiut in Oberägypten mit El Fascher, der Hauptstadt von Darfor, und verlief dann weiter durch die Wüste zum Tschad-See und nach Bornu. Auf dem »Darb el Arbain« – dem »Weg der vierzig Tage« – drangen dann auch die Araber von Osten her in den Sudan ein, dem »Land der Schwarzen«, wie die Übersetzung aus dem Arabischen lautet. Zu den begehrtesten Waren gehörten Gold und Sklaven, außerdem noch Elfenbein, die Hörner des Nashorns, Straußenfedern, Häute und Felle, Halbedelsteine, Ebenholz, Moschus, Malagettapfeffer sowie feine Webstoffe. Salz, das im Sudan fehlte, wurde zum beliebtesten Tauschmittel, das die Neger mir Gold aufwogen. Wie überall auf der Welt hatte auch hier dieses heiß begehrte Edelmetall immer wieder Könige, Kaufleute und Abenteurer angelockt, obwohl es lange Zeit ein Geheimnis blieb, woher dieses Gold eigentlich stammte.

So geriet also etwa vom 7. Jahrhundert an die Sahara bis weit in den Sudan hinein immer stärker unter arabischen Einfluß, und ihre Bevölkerung wurde islamisiert. Durch ihre ausgedehnten Reisen, die allein durch das damals bereits weit verbreitete Kamel ermöglicht wurden, lernten die Araber die Große Wüste immer besser kennen, und immer mehr von ihnen schilderten in farbigen Berichten, was sie dabei erlebt hatten. Zu ihnen gehörte der große arabische Geograph Edrisi, auch Idrisi geschrieben, der 1100 in Ceuta – in Marokko gegenüber Gibraltar – geboren wurde und in Afrika weite Reisen bis tief nach Süden unternommen hat. Nach seinen eigenen Beobachtungen, aber auch aufgrund von Nachrichten, die er von anderen gesammelt hatte, entwarf Edrisi seine große Weltkarte, bei der allerdings vieles wirr durcheinander ging.

Mit Ibn Battuta durch die Wüste zum Niger

»Im Namen Gottes, des gnädigen Erbarmers! Gott segne unseren Herrn Mohammed, seine Familie und seine Gefährten und gebe ihnen Heil! Es spricht der Scheich Abu Abdallah Mohammed, Sohn des Abdallah, Sohn des Mohammed, Sohn des Ibrahim vom Stamme Lawate aus Tanger, bekannt unter den Namen Ibn Battuta.«
So leitet Ibn Battuta, der Kaufmann, Gelehrte und Abenteurer die Schilderung seiner dritten und zugleich letzten bedeutenden Reise ein, die den Fünfzigjährigen von Marokko durch das vom Islam beherrschte Nord- und Zentralafrika führte. Geboren 1304 in Tanger, hatte ihn schon früh das Reisefieber gepackt. Nach dem Studium der islamischen Rechtswissenschaften brach er 1326 zu seiner ersten Fahrt auf, die ihn bis zum Persischen Golf führte. Erst acht Jahre später kehrte er nach Hause zurück.
Auf seiner zweiten Reise besuchte er den indischen Subkontinent, gelangte zu den Malediven sowie nach Sumatra und Java und erreichte, das Mekong-Delta durchwandernd, schließlich China.
Rechnet man auch noch die dritte Reise durch die Sahara hinzu, von der im folgenden ausschließlich die Rede sein soll, so war dieser große mittelalterliche Weltenbummler, den man auch den »Marco Polo der Araber« nennt, über ein Vierteljahrhundert unterwegs und hat dabei weit über 100.000 Kilometer zurückgelegt. Die Wunder dieser Welt, von denen er erzählt, hat er mit eigenen Augen gesehen, und seine Berichte in dem Buch »Reisen ans Ende der Welt« beruhen, ausgenommen ein paar Kapitel, auf Wahrheit und gelten noch heute als Standardwerk der arabischen Reiseliteratur.
Ibn Battutas dritte Reise begann am 18. Januar 1352 in Tanger. »Zehn Tage nach unserem Aufbruch aus meiner Vaterstadt erreichten wir die Stadt Marrakesch. Sie ist eine der schönsten Plätze der Erde und wird wohl nur noch von Bagdad übertroffen. Großartige Moscheen, prächtige Paläste und viele Gärten zeichnen sie aus. In der Kutubiya, der Hauptmoschee, verrichtete ich das Freitagsgebet. Starke Mauern in roter Farbe umgeben die Stadt und ihre Basare, in denen die Waren des ganzen Landes gehandelt werden. In der Mitte der Stadt liegt der große ›Platz der Getöteten‹. Ich ließ mir sagen, daß hier die Verbrecher und gefangenen Feinde hingerichtet werden. Man köpft, hängt oder ledert sie, um dann ihre Köpfe auf hohe Stangen zu stecken, gleichsam als Abschreckung für andere Missetäter. Die Geier und Totenvögel reißen Haut und Fleisch von den Köpfen der Hingerichteten, bis nur noch der kahle Schädel übrig bleibt.

Die Frauen von Marrakesch sind schön und keusch, doch gibt es schon viele unter ihnen, die aus dem Negerland stammen. Auch die Sklavinnen sind meistens schwarz, die man von den Völkern des Landes nach hier bringt und an die Muslime verkauft. Denn die Heiden in Afrika haben das Recht, ihre Kinder und Frauen den Rechtgläubigen zum Kauf anzubieten. Die Muslime wieder haben das Recht, heidnische Sklaven zu erwerben. So habe auch ich mir später in Mali eine Sklavin gekauft. Sie war von schöner Gestalt und bereits in all den Dingen, die eine Sklavin kenne muß, gut angelernt, so daß ihr Preis sehr hoch war und ich mehrere Kamele für sie geben mußte.

Auch Meknes ist eine schöne Stadt, die viele Gärten besitzt, in denen die Leute spazieren gehen und sich ausruhen können. Über Fez kamen wir nach Sidjilmassa, der letzten größeren Station vor der Wüste, die zwischen uns und den Negerreichen in Afrika lag. Ich hatte mich einer Karawane mulimischer Händler angeschlossen, die jene alten Wege benutzte, die schon seit frühen Zeiten bekannt sind und auf denen sich immer wieder in entsprechenden Abständen Oasen befinden, die man zur Rast und Erholung für Mensch und Tier benötigt.

Zwei Monate lang zogen wir mit unseren Kamelen durch die endlose Wüste, nur gelegentlich einen Aufenthalt einlegend. Es waren Tage darunter, an denen ich Gott stündlich um seinen Beistand bat, mich diese Reise glücklich überstehen zu lassen. Wir litten großen Durst und mußten auch mit unseren mitgeführten Vorräten sehr sparsam umgehen.«

In Taghaza, einem Ort in der Wüste, erregten vor allem die Salzblöcke, aus denen die Häuser und sogar die Moschee gebaut waren, Ibn Battutas Aufmerksamkeit. Salz, das man hier als Ersatz für Steine verwendete, war jenseits der Sahara Gold wert.

Schließlich erreichte die Karawane Mali, »eines der größten Reiche der Erde«, dessen Sultan Kankan Musa ständige Beziehungen zu Ägypten und Marokko unterhalten hatte. Auch führte er als frommer Muslim Wallfahrten zur heiligen Stadt Mekka durch. »Auf seiner ersten Wallfahrt entfaltete er einen Prunk, daß man noch Jahre hindurch von ihm in allen Ländern des Islam erzählte. Mit einer großen Schar von Bediensteten, vielen Kamelen, Pferden und anderen Tragtieren reiste er durch die Wüste und das Land Thuat« – in Südalgerien – »nach Kairo.« In Mekka ließ der Sultan 20.000 Goldstücke als Almosen verteilen, nachdem er schon zuvor jedem aus seinem Gefolge eine beträchtliche Menge Gold geschenkt hatte. »Sein Ruhm war so groß geworden, daß ihm gern zahlreiche arabische Gelehrte . . . an seinen Hof folgten und das Land Mali mit muslimischer Weisheit unterrichteten.«

Als Ibn Battuta in der gleichnamigen Hauptstadt Mali eintraf, die vierundzwanzig Tagesreisen weiter südlich lag, herrschte dort Suleyman, der zweite Sohn Kankan Musas, der dem fünfzigjährigen Weltenbummler eine Audienz gewährte. »Als er mich empfing, saß Sultan Suleyman auf einem Thron, mit einem roten Gewand aus den Ländern der Christen bekleidet, und ließ sich mit einem großen Schirm, auf dessen Spitze ein Vogel aus reinem Gold befestigt war, vor der Sonne schützen. Er ist ein strenger, aber gerechter Herrscher. Die Neger von Mali haben mehr als alle anderen Abscheu vor Ungerechtigkeit. So ist der Sultan unerbittlich, wenn sich jemand eines Vergehens der Ungerechtigkeit schuldig macht.
In der Hauptstadt Mali kommen Sudanesen, Ägypter und Marokkaner zusammen. Sie haben die schwarzen, mit großen Ohrringen geschmückten Menschenfresser unterrichtet und ihnen einige Sitten beigebracht. Vor allem lieben die Bewohner von Mali die Ordnung und Einhaltung der Gebete. Ihre Frauen sind schön und genießen hohes Ansehen. Sie können sich frei bewegen, tun dies aber recht schamlos; denn sie tragen keine Schleier. Ihre Oberkörper sind nackt, so daß jeder ihre Brüste sehen kann. So gehen sie durch die Stadt, und niemand findet etwas dabei.
Auch der Götzendienst ist noch weit verbreitet. Als ich zum Empfang beim Sultan war, traten Djulatänzer auf, die vor dem Gesicht abscheuliche Masken trugen, die mit bunten Federn geschmückt waren und vorn in einem häßlichen roten Schnabel endeten. Sie tanzten vor Sultan Suleyman und sprachen eigenartige Verse.
In diesem Land gibt es eine seltsame Sitte. Wenn ein Herrscher stirbt, so folgt ihm nicht sein Sohn in der Regierung, sondern der Sohn der Schwester des toten Sultans. Das Land hat viele und fruchtbare Felder. Die Menschen treiben Handel; denn von überall kommen Karawanen hierher. Die Bewohner leben einfach; ihre Hauptmahlzeit ist ein mit saurer Milch verdünnter und mit Honig gesüßter Hirsebrei. Eine gewisse Frucht ließ mich sehr erstaunen. Die Eingeborenen ziehen Körner aus der Erde, die wie Bohnen aussehen, sie braten sie, worauf sie wie geröstete Kichererbsen schmecken. Man mahlt diese Mandeln und gewinnt daraus Öl, das man für das Kochen, die Beleuchtung, die Körperpflege und zum Streichen der Häuser benutzt.«
Diese »Bohnen«, »Kichererbsen« und »Mandeln«, über die Ibn Battuta sich so sehr wunderte, waren natürlich nichts anderes als Erdnüsse. Die einfachen Speisen des Landes schmeckten dem verwöhnten Araber jedoch nicht, er zog es vor, Bananen und andere Früchte zu essen.
»In diesem Land fühlt man sich vollkommen sicher. Weder die Einge-

borenen noch die Reisenden haben Überfälle oder Gewalttaten zu befürchten. Der Reisende kann immer gewiß sein, Nahrung kaufen zu können und eine gute Unterkunft für die Nacht zu finden.«

Ibn Battuta, der auf seinen früheren Weltreisen von orientalischer Gastfreundschaft verwöhnt war, fand den Negersultan von Mali trotz allen Reichtums äußerst geizig. Hatte ihm beispielsweise der Sultan von Indien Edelsteine und kostbare Kleider als Geschenk mitgegeben, so benahm sich der schwarze Herrscher des Nigergebietes dagegen geradezu schäbig. Beim Empfang hatte er dem Weltreisenden lediglich »drei Laib Brot, ein Stück in Öl gebratenes Fleisch und eine Kalebasse sauren Mosts« überreichen lassen, und als Ibn Battuta schließlich nach achtmonatigem Aufenthalt von Mali aufbrach, entließ ihn Sultan Suleyman, »ohne mit Ehrerbietung entgegenzubringen und mir ein Geschenk zu machen«.

Nicht besser erging es ihm in der Stadt Timbuktu, die »zu den größten in diesem Land zählte«, ihn aber nicht besonders beeindruckte. Von Mali aus war es dorthin gereist. »Ein buntes Leben erfüllt sie, und alle verschiedenen Menschen Afrikas scheinen sich hier zu treffen. Auch in dieser Stadt kümmerte man sich wenig um mich. Die Leute gingen lärmend ihren Geschäften nach, und die Gouverneure des Sultans lassen einen Fremden nur selten zu sich kommen. Ich besuchte dort das Grab eines berühmten Dichters aus dem Sultanat Granada, der hier den Tod gefunden hatte.

Nach einigen Tagen mietete ich ein Boot, um auf dem Fluß« – gemeint ist der Niger – »weiterzufahren. Die Reise war, im Gegensatz zu den Beschwernissen auf dem Landweg, recht angenehm. Am Abend legten wir immer bei einem Dorf an. Doch übernachtete ich nur ungern in den Häusern der Eingeborenen; denn sie sind nicht sauber und haben viel Ungeziefer. Am Ufer des Flusses sind die Yoruba ansässig. Nicht weit von ihnen entfernt in Richtung Wüste liegt des Königreich Nupe. Sein Sultan und dessen Untertanen sind Heiden, die immer wieder von den Yoruba und anderen Völkern angegriffen werden.

In vielen Teilen des Landes herrscht die grausige Sitte der Menschenfresserei. Wenn ich auch selbst niemals gewünscht habe, an einem solchen Mahl teilzunehmen, so ließ ich es mir doch von glaubwürdigen Leuten berichten. Die Neger machen direkt Jagd auf andere Völker und verspeisen die Gefangenen. Was ich aber mit eigenen Augen gesehen habe und was mich mit solchem Ekel erfaßte, daß es mir übel wurde und ich tagelang keine Nahrung zu mir nehmen konnte, war die Art der Eingeborenen, verendete Kamele, die schon lange Zeit in der prallen Sonne gelegen hatten, zu zerteilen und zu essen.

Quer durch das hoch aufragende Hoggargebirge führte Ibn Battutas Reise zurück nach Fez. Blick von der Hütte des Einsiedlers und Mönchs de Foucauld, von dem später noch die Rede sein wird, auf das Zentralmassiv.

Mit dem kleinen Schiff kamen wir schließlich nach Gao, einer schönen und großen Stadt mit vielen Gebäuden. Sie wird von einer großen Zahl Menschen bewohnt. Auch hier zeigen sich die Frauen in recht schamloser Weise auf den Straßen, in dem sie nur um die Hüften ein Tuch tragen oder ganz unbekleidet gehen, so daß sie jedermann völlig nackt sehen kann. Am Fluß und auch in anderen Teilen der Stadt sind prächtige Gärten angelegt, wo man in der Hitze angenehmen Schatten findet. Weil es mir in Gao besonders gut gefiel, hielt ich mich in ihren Mauern länger auf und beschloß erst nach einem Monat, die Weiterreise anzutreten.

Dazu bot sich mir eine günstige Gelegenheit, indem eine Karawane zusammengestellt wurde, die 600 junge schwarze Sklavinnen in die muslimischen Länder, besonders nach Ägypten, bringen sollte. Die Kaufleute waren bereit, mich mitzunehmen. Auf dieser Reise traf ich Sultan Idris, den Enkel des berühmten Fürsten Dunama Dibalami, der ein frommer und tüchtiger Herrscher war. Jener, Sohn des Abu el-Djelil, war der erste Negerfürst in diesem Land gewesen. Dibalami hatte ein Reiterheer von 30.000 Mann aufgestellt und viele Völker zwischen dem Fluß und der Wüste unterworfen. Seine Handelskarawanen mit jungen Sklaven und Sklavinnen zogen regelmäßig nach

Ägypten, von wo sie wiederum viele Erzeugnisse in ihre Heimat brachten. Dibalami war es, der in Kairo eine Schule mit Unterkunft für die jungen Leute seines Landes errichten ließ, damit sie dort im Koran und in der Rechtslehre ausgebildet würden.«

Nach einer sehr anstrengenden Reise durch die Wüste im Süden der Sahara erreichte die Karawane auf der alten Handelsstraße die Kupferminen von Taccada, das heutige Agades. Damals war es die größte Siedlung im Land der Tuareg. Als Araber und Muslim, der etwas von Frauen verstand, fand der Weltreisende dort beim schönen Geschlecht, was ihn verzückte: »das Vollendetste an Schönheit, die bestgestalteten Figuren, eine rein weiße Haut und sehr rundlich«.

In Agades händigte man Ibn Battuta ein Schreiben des Sultans von Marokko, »meines großmütigen Herrschers«, aus, was für die hervorragende Nachrichtenverbindung jener Zeit spricht. Darin wurde ihm die Rückkehr in die Heimat nahegelegt, um dem Sultan Bericht über seine Eindrücke zu erstatten.

»So entschloß ich mich nicht ungern, die Rückreise anzutreten. Dies war insofern wichtig, als mir der Führer einer Karawane mitteilte, daß man genau im Monat Ramadan auf dem bekannten Weg durch die Wüste die Berggegenden durchqueren würde, in denen die dort hausenden Räuberscharen keine Überfälle auf die Reisenden unternähmen, da sie als Muslim den heiligen Monat achten.«

Quer durch die Sahara über Aïr, das Hoggargebirge, Sidjilmassa und das Atlasgebirge kehrte Ibn Battuta Ende Dezember 1353 wieder in seine marokkanische Heimatstadt Fez zurück, von wo er fast zwei Jahre zuvor zu seiner letzten Weltreise aufgebrochen war. Er lebte dort noch hochverehrt zweiundzwanzig Jahre lang, bis er 1377 starb.

Ein Edelmann unter Nomaden

Nur wenige Jahrzehnte später begann im Jahre 1441 das sogenannte »Kapspringen« der Portugiesen an der westafrikanischen Küste, angeregt durch Heinrich den Seefahrer (1394–1460), dessen Hauptziel darin bestand, gemeinsam mit dem christlichen Herrscher von Äthiopien gegen den Islam vorzugehen. Das aber setzte einen dauernden Verbindungsweg mit dem Negus voraus. Diesen Kontakt über Land quer durch Zentralafrika herzustellen, war damals unmöglich, also mußten die Portugiesen versuchen, mit ihren Karavellen von Kap zu Kap immer weiter nach Süden vordringend, den Seeweg um Südafrika herum nach Äthiopien zu finden, was ihnen ja auch schließlich den direkten Seeweg nach Indien einbrachte.

Doch wie andere Fürsten in Südeuropa war auch Heinrich der Seefahrer davon überzeugt, der Priesterkönig Johannes wohne irgendwo im Innern Afrikas, und zwar auf der Seite, die Indien genannt wurde. Lange hatte er gehofft, den Fluß zu finden, der auf vielen Karten eingezeichnet war und als westlicher Arm des Nil galt. Auf diesem Weg hätte man mit dem Priesterkönig in Verbindung treten und ihn veranlassen können, den Mauren in den Rücken zu fallen. Ein weiterer Anreiz, den neuentdeckten Flußläufen an der afrikanischen Westküste ins Landesinnere zu folgen, war die Hoffnung, dort das sagenhafte Goldland zu finden.

Im Frühjahr 1441 entsandte Heinrich der Seefahrer zwei Karavellen. Zunächst segelte sein junger Kammerherr Antão Gonçalves mit dem Auftrag, Seehunde zu fangen, zum Rio d'Ouro. Mehr nach Ehre als nach Gewinn strebend, wie die Chronik vermerkt, begnügte sich Gonçalves keineswegs mit dem Robbenfang, sondern rückte weiter landeinwärts vor, wo er erst einen Mann und später auch eine Frau raubte. Als er damit wieder zu seinem Schiff zurückkehrte, sichtete er zu seiner Freude in der Bucht eine zweite portugiesische Karavelle, die unter dem Kommando des Ritters Nuño Tristão stand.

Mit zwanzig Mann Begleitung gingen eines Nachts beide Kapitäne auf Sklavenjagd. Unbemerkt schlichen sie sich an eine Siedlung heran, überfielen die Eingeborenen, töteten drei und nahmen zehn gefangen, darunter einen Häuptling. Während Tristão weiter südwärts segelte, kehrte Gonçalves mit den Gefangenen nach Portugal zurück. Da man jetzt zuverlässige Beweise dafür hatte, daß in diesen afrikanischen Gebieten Menschen lebten, erreichte es Heinrich der Seefahrer, daß der Papst diese Fahrten als Kreuzzüge anerkannte und allen, die daran teilnahmen, Vergebung ihrer Sünden versprach. Von seinem Bruder Prinz Pedro erhielt er im Namen des unmündigen Königs das Alleinrecht auf Handel und Seefahrt an der westafrikanischen Küste.

Der nach Portugal verschleppte Häuptling, der Adahu hieß, schlug nun eines Tages vor, sich und zwei Gefährten gegen zehn andere Sklaven freizukaufen. Zehn Seelen zu retten ist besser als nur drei, dachte der Prinz und sandte Gonçalves wieder zum Rio d'Ouro zurück. Adahu flüchtete zwar, aber dennoch kam es dort zu dem vereinbarten Tauschhandel. Außer den zehn neuen Negersklaven brachte Gonçalves von seiner Fahrt etwas Goldsand, einen Schild aus Ochsenhaut und einige Straußeneier mit, die dem Prinzen so lecker schmeckten wie frische Hühnereier.»Man wagt zu glauben«, versichert der Chronist, »daß kein anderer christlicher Fürst ein solches Gericht auf seinem Tisch gesehen hat. Aber noch mehr muß der Prinz sich über die Nachricht gefreut haben, daß es an dieser Küste Kaufleute gab, die Gold verkauften, dasselbe Gold, das mit den Kamelkarawanen gebracht wurde, von denen er in Ceuta gehört hatte.«

Die Goldgier hatte aber nicht nur den Prinzen gepackt. So gab es auch einen Edelmann mit Namen Juan Fernandez, der gern das Innere des Landes kennenlernen wollte, in dem es den Gerüchten zufolge große Goldmengen geben sollte. Auf seinen Wunsch hin wurde er am Strand des Rio d'Ouro bei einigen Azenegs zurückgelassen, deren Sprache er von einem Sklaven in Portugal gelernt hatte. Gonçalves, der ihn dort abgesetzt hatte, erinnerte im Vorfrühling 1447 Heinrich den Seefahrer in einem Brief an diesen Vorfall:

»Eure Hoheit weiß, daß Euer Kavalier Juan Fernandez sich am Rio d'Ouro aufhält, um dieses Land, soweit es ihm möglich ist, zu erforschen, um bedeutende und unbedeutende Dinge zu erkunden und Euch darüber zu unterrichten, was, wie er wußte, Euer Wunsch war. Ihr wißt auch, daß er in Eurem Dienste viele Monate dort gewesen ist. Wenn Euer Gnaden jetzt willens sind, mich zu ihm zu schicken, um ihn zu holen, und mir einige Schiffe mitgeben, so will ich diesen Auftrag in Eurem Dienste gern ausführen und den Kavalier zurückführen. Die Unkosten dieser Reise können sicher gedeckt werden.«

Sie wurden auch gedeckt: durch Jagd auf schwarze Sklaven, für die man inzwischen im portugiesischen Mutterland einen hohen Preis zahlte. Mit drei Karavellen war Gonçalves losgesegelt, und tatsächlich fand er auch Juan Fernandez wieder, der so braungebrannt war, daß ihn seine Landsleute zunächst für einen Eingeborenen hielten. Was der Edelmann inzwischen erlebt hatte, gibt ein portugiesischer Chronist so wieder:

»Nachdem er sieben Monate zuvor bei Verwandten eines Eingeborenen, den man (als Geisel) nach Portugal mitgenommen hatte, zurückgelassen worden war, nahmen diese ihm seine Kleider und gaben ihm statt dessen einen Mantel und nahmen ihn mit in ihre Heimat. Das war ein teils flaches, teils hügeliges Land aus reinem Sand, mit Ausnahme einiger Oasen, in denen sie ihre Schafe hüteten. Die einzigen Bäume, die man findet, sind Palmen, und Wasser gibt es nur in Brunnen.

Als Fernandez mit diesen Nomaden umherzog, lernte er viel vom Inneren Westafrikas kennen. Die Bevölkerung setzt sich aus Arabern, Azenegs und Berbern zusammen, die in Zelten wohnen und vom Ertrag ihrer Herden leben. Brot und andere Waren bekommen sie von den Mauren und liefern dafür schwarze Sklaven. Sie wechseln häufig

ihren Lagerplatz und bleiben nie länger als acht Tage an derselben Stelle ...
Da es dort keine Wege gibt, folgten die Hirten, mit denen Fernandez umherstreifte, den Sternen und dem Flug der Vögel. Auf seinen Wunsch führten sie ihn zum Scheich Ahude Meymom, doch da ihr Wasservorrat unzureichend war und die Sonne unbarmherzig glühte, litten sie unterwegs große Qualen. Fernandez wurde vom Scheich Ahude, der über etwa hundertfünfzig Männer herrschte, freundlich aufgenommen. Doch bekam er während seines ganzen Aufenthalts nichts anderes als Milch zu trinken, was ihm aber offenbar gut bekam, denn er war wohlgenährt, als die Männer von den Karavellen ihn fanden.
Da es sehr anstrengend ist, in dem tiefen Sand und der brütenden Hitze zu gehen, reisen die wohlhabenden Nomaden stets zu Pferd. Wer kein Pferd hat, benutzt ein Kamel, und unter diesen gibt es einige weiße, die an einem einzigen Tag fünfzig Legua« – etwa 300 Kilometer –»laufen können. Es ist üblich, daß man sich schwarze Sklaven hält. Männer von Rang besitzen auch ziemlich viel Gold, das von der Guineaküste kommt ... Fernandez sah oft große Herden von Straußen und Gazellen, und er bemerkte, daß die Schwalben, die aus Portugal in dieses Gebiet fliegen, im Sand überwintern, während die Störche noch weiter nach Süden fliegen.«
Doch das Goldland, das er gesucht, hatte er nicht entdeckt. Trotzdem gab Fernandez noch nicht auf. Bereits 1448 ließ er sich erneut von einem portugiesischen Schiff an der westafrikanischen Küste aussetzen, um weitere Erkundigungen einzuziehen. Diesmal kehrte er nicht wieder zurück. Er blieb verschollen, und niemand kennt sein Schicksal.

Kein Gold in der Sahara

Im Jahre 1447, also um dieselbe Zeit wie Juan Fernandez, reiste ein anderer Europäer in die Sahara: Antonio Malfante. Nicht bloße Abenteuerlust trieb ihn dorthin, vielmehr hatte ihn das bedeutende Bankhaus Centurione in der italienischen Hafenstadt Genua beauftragt, in der Sahara festzustellen, woher eigentlich das aus Innerafrika nach Europa ausgeführte Gold stamme und ob die Möglichkeit bestehe, sich in den Goldhandel oder in die Golderzeugung einzuschalten. Im damals stark kapitalistischen Norditalien nahm nämlich der Verbrauch an Gold laufend zu, und das Ziel von Malfantes Auftrag war sicherlich, den Portugiesen zuvorzukommen, die um diese Zeit bei der Erkundung der afrikanischen Westgebiete und der Randgebiete der Sahara einige Fortschritte gemacht hatten. Malfante stieß verhältnismäßig tief in die Sahara vor und blieb längere Zeit im Oasendorf Tamentit in der Landschaft Tuat, damals ein wichtiger Umschlagplatz für Karawanen aus dem Süden und Norden. Heute dagegen ist Tamentit bedeutungslos und besteht größtenteils nur noch aus Ruinen.

Von dieser Reise hat Malfante seinem genuesischen Freund Giovanni Marioni in einem Brief einen lebendigen und anschaulichen Bericht gegeben, dessen geographische und ethnographische Angaben allerdings nur mit wissenschaftlicher Vorsicht zu genießen sind:

»Sobald wir das Meer hinter uns gelassen hatten, bei Honein« – vermutlich Oran – »schlugen wir die Südrichtung ein und ritten etwa zwölf Tage. Sieben Tage hindurch trafen wir auf keinerlei Behausung. Alles war sandige Ebene wie ein Meer: tagsüber richteten wir uns nach der Sonne, des Nachts nach den Sternen.

Als diese sieben Tage vorüber waren, fanden wir eine befestigte Ansiedlung« – die Oase Tabalbert. »Deren Einwohner sind sehr arm; ihre Nahrung besteht in Wasser und den wenigen Erzeugnissen ihres kargen Bodens. Sie säen nicht viel aus. Aber sie haben genug Datteln, daß sie damit ihr Leben fristen können.

So sind wir über die Siedlung des obengenannten befestigten Ortes hierher nach Tuat gekommen. Tuat besteht aus achtzehn von einer Mauer umschlossenen oligarchisch (von einer Oberschicht) regierten Siedlungen. Und der Vorsteher jeder Siedlung verteidigt, ob mit oder ohne Recht, die ihm unterstehende Niederlassung; denn obwohl sie alle aneinandergrenzen, sucht jede so viel Ansehen wie nur möglich zu erwerben und auf sich zu ziehen. Und wenn irgendein Reisender hierher kommt, wird sofort einer der Vorsteher der Siedlungen sein Schutzherr, der ihn bis zum Tode verteidigt. So sind die Kaufleute hier in völliger Sicherheit, ich möchte sagen, viel sicherer als in den monarchisch regierten Staaten Tlemcen und Tunis.

Ich bin Christ, aber gleichwohl habe ich von niemandem ein böses Wort gehört, und sie sagen, sie hätten noch nie einen Christen gesehen. Es ist wahr, im Anfang, als ich hier angekommen war, empfand ich es als recht lästig, daß alle mich sehen wollten und verwundert ausriefen: ›Dieser Christ hat ein Gesicht wie wir.‹ Sie glaubten nämlich, Christen hätten verunstaltete Gesichter. Schnell genug wurde ihre Neugier gestillt, und jetzt gehe ich überall allein umher, ohne daß einer wäre, der mir ein böses Wort gibt.

Es gibt hier viele Juden. Sie leben ein gutes Leben, denn sie unterste-

hen den verschiedenen Vorstehern der Siedlungen, und jeder von diesen setzt sich für seine Schutzbefohlenen ein. Und so haben sie ein friedliches Dasein. Der Handel liegt hier in ihren Händen, und eine ganze Reihe von ihnen genießt volles Vertrauen.
Dieser Ort ist eine Etappenstation im Lande der Mauren, zu der die Kaufleute mit ihren Waren reisen, um sie zu verkaufen. Und sie bringen Gold hierher; das verhandeln sie an jene, die von der Küste kommen. Und der Ort hier heißt De Amamento« – das ist Tamentit –, »und es gibt hier viele reiche Leute. Gleichwohl sind die breiten Schichten überaus arm, weil nichts gesät werden kann und nichts geerntet wird außer Datteln, mit denen sie ihr Leben fristen. Fleisch gibt es nur von kastrierten Kamelen. Es ist sehr selten, aber von hervorragendem Geschmack.
Die Araber aber, mit denen wir von der Küste hierher kamen, bringen Korn und Gerste nach Tamentit und verkaufen es das ganze Jahr hindurch zum Preise von fünf Gulden sarazenischer Währung.
Niemals regnet es hier. Geschähe das, so würden die Häuser der Leute zerstört, weil sie aus einem Fachwerk von Salz und Schilf bestehen. Auch friert es hier sozusagen niemals. Im Sommer wird es so außerordentlich heiß, daß die Menschen hier fast schwarz sind. Die Kinder beiderlei Geschlechts gehen bis zum fünfzehnten Jahre nackt. Die Einheimischen hier gehören zum mohammedanischen Bekenntnis.
Ringsum gibt es hundertfünfzig bis zweihundert Oasen.
Durch die Länder im Süden strömt ein sehr großer Fluß, der zu bestimmten Zeiten des Jahres jene Gebiete überschwemmt. Dieser Strom« – gemeint ist der Niger –, »der an den Mauern von Tambet« – das ist Timbuktu – »vorbeifließt, ist derselbe, der Ägypten durchzieht und bei Kairo ins Meer mündet. Es gibt auf ihm viele Barken, mit denen sie Handel treiben. Es heißt, man könnte auf diesem Fluß bis nach Ägypten hinunterfahren, wenn es nicht eine Stelle gäbe, wo er von einem Felsen 300 Ellen tief hinabstürzte. Dieser Wasserfall ist für die Schiffe weder hinauf noch herunter überwindbar. Von hier bis zu diesem Fluß sind es zu Pferde zwanzig Tage Entfernung.
Die Leute hier sind, wenn ich recht hörte, Nachbarn der Inder. Indische Kaufleute kommen hierher und machen sich mit Hilfe von Dolmetschern verständlich. Diese Inder sind Christen« – also wohl Abessinier – »und beten das Kreuz an. In den Ländern der Neger soll es vierzig verschiedene Sprachen geben, so daß sich die Eingeborenen untereinander oft selbst nicht verstehen können.
Ich habe oft genug gefragt, wo das Gold gefunden und gesammelt werde. Mein Schutzherr antwortete mir:
›Ich bin vierzehn Jahre bei den Negern gewesen und habe mich auf al-

le Art umgehört. Aber niemals sah ich einen, der aus sicherem Wissen berichtete: so habe ich es gesehen, oder so wird es gefunden und gesammelt. Deshalb muß man annehmen, daß es weither kommt, und ich glaube, aus einem ganz bestimmten Gebiet.‹ Gleichwohl sagte er, er sei in Gegenden gewesen, wo Silber soviel gelte wie Gold...«
Für Malfante stand jedenfalls fest, daß die gesuchten Goldvorkommen nicht in der Sahara zu finden waren. Die Goldbestände in den Wüstenoasen stammten vielmehr aus innerafrikanischen Ländern und waren in Tuat gegen das so begehrte Salz umgetauscht worden, das es in weiten Gebieten des tropischen Afrika nicht gibt. Die Goldminen lagen also für Malfantes Auftraggeber in unerreichbarer Ferne. Auch erkannte er, daß es dem genuesischen Bankhaus Centurione wohl kaum gelingen würde, sich an dem Handel mit diesem Edelmetall zu beteiligen, dafür wachten die arabischen Kaufleute zu eifersüchtig über ihre Rechte.
Über die Oase Tuat ist Malfante nicht weiter nach Süden vorgedrungen, den Niger, den er noch für den Oberlauf des Nil hielt, hat er also nicht gesehen. Gleichwohl dürfte man in Europa diese Mitteilung, man könne auf diesem Strom an Timbuktu vorbei bis nach Ägypten gelangen, als Bestätigung antiker Nachrichten betrachtet haben.
Natürlich waren Malfante und Fernandez nicht die einzigen Europäer, die Erkundungsreisen in die Sahara unternommen haben. Es hat auch andere gegeben, vor und nach ihnen, doch nicht alle haben darüber Berichte verfaßt, und wenn doch, so sind die meisten wohl im Laufe der Zeit verlorengegangen. Einige waren auch gar nicht des Schreibens kundig, andere wiederum reisten als Handelsspione, Privatkaufleute oder einfach als Abenteurer, um die weite Welt kennenzulernen.
Einer dieser unternehmungslustigen europäischen Reisenden sei hier abschließend genannt: Benedetto Dei. Von ihm befindet sich in der Nationalbibliothek von Florenz eine Handschrift aus dem Jahre 1470, die folgende merkwürdige Zeilen enthält:
»Ich bin in Beirut gewesen in jenem Jahr, da ich eine Schlange mit hundert Zähnen und vier Beinen nach Florenz schickte, in Jerusalem in dem Jahr, als ich meiner Schwester und meinen Kusinen eine Menge Reliquien mit nach Hause brachte, in Karthago in jenem Jahr, da ich ein Chamäleon mitbrachte, das von der Luft lebt... In Oran und Archudia, wo man Affen und Äffinnen verkauft und sie wie Hühner mit zusammengebundenen Füßen trägt... und ich bin in Timbuktu gewesen, einem Ort im Königreich der Berber in den heißesten Ländern der Erde. Dort treibt man viel Handel und verkauft dicke Tuche,

Serge (Futterstoff) und weiche Stoffe, die in der Lombardei hergestellt werden.«

Als Sechzehnjähriger durch die Sahara nach Timbuktu

Seitdem muselmanische Reisende und Geographen die Sahara bis zu den Ufern des Niger und sogar bis zum Tschadsee durchquert und darüber berichtet hatten, waren Nordafrika, die Große Wüste und der Sudan keine völlig unbekannten Gebiete mehr. Aber trotz des regen Handelsverkehrs, der am Ende des Mittelalters nicht nur die Mittelmeerküsten, sondern auch das schwarze Afrika mit den Mittelmeerstaaten verband, blieb das eigentliche Innere des Kontinents immer noch unerforscht. Nur wenigen Christen glückte es, in diese ausgedehnten mohammedanischen Gegenden vorzustoßen, besonders als die Portugiesen und Spanier vom ausgehenden 14. Jahrhundert an ihre Kolonialexpeditionen nach Afrika unternahmen, während sich türkische Seeräuber in Algier und anderen Häfen des östlichen Maghreb festsetzten.

Um so gieriger griff man in Europa jede Nachricht auf, die Reisende aus diesen für Nichtmohammedaner, also für Ungläubige, gesperrten Gegenden mitbrachten. Solch ein Mann, noch dazu ein höchst angesehener, war Hassan ibn Mohammed el Wazzan, der Sohn eines maurischen Fürsten.

Er soll um 1495 im spanischen Granada geboren, aber in der marokkanischen Stadt Fez erzogen worden sein. Bereits in früher Jugend ist er viel in Marokko herumgekommen. Seine erste große Reise unternahm er jedoch als Sechzehnjähriger über Marrakesch und den Dra bis Timbuktu und heimwärts über Sidjilmassa. Dabei begleitete er seinen Onkel, der als Gesandter mit einer Botschaft an einen schwarzen Fürsten beauftragt worden war, dessen Macht sich von Mauretanien bis Agades erstreckte.

Weitere Reisen, vor allem durch Südmarokko, folgten. Im Alter von nur 21 Jahren pilgerte dann der junge Araber nach Mekka, wobei er über Taza, Debdu, Tlemcen, Tunis und Ägypten ganz Nordafrika durchquerte. Außerdem reiste er in Asien von Arabien bis Persien und ins Land der Tataren. Als er 1520 über Tripolis in der Berberei und Tunis zurückkehrte, wurde er von sizilianischen Seeräubern, also von Christen, gefangengenommen und nach Neapel verschleppt. Von dort brachten ihn die Korsaren nach Rom, wo sie ihn Papst Leo

X. zum Geschenk machten, denn es war ihnen bekannt, daß dieser Medici auf dem Stuhl Petri eine große Vorliebe für Gelehrte hegte und wertvolle geographische Dokumente sammelte. Mit diesem arabischen Sklaven, den man über Gebiete ausfragen konnte, die Christenmenschen verschlossen waren, hatten die Piraten einen besonderen Fang gemacht. Denn Hassan ibn Mohammed el Wazzan war ein gebildeter Mann, der die arabische Theologie und Literatur gründlich studiert hatte. Außer seiner Muttersprache beherrschte er noch Spanisch und erlernte am Hof des Papstes mühelos Latein und Italienisch. Kein Wunder also, daß man ihn dort wegen seiner hohen Gelehrsamkeit mit Auszeichnung behandelte. Als er schließlich zum Christentum übertrat, ließ er sich zu Ehren des Papstes auf den Namen Johannes Leo taufen und nannte sich von da an Leo Africanus, also Leo der Afrikaner.

Während seines langen Aufenthaltes in Rom verfaßte Leo der Afrikaner außer sprachwissenschaftlichen und historischen Schriften vor allem seine »Beschreibung Afrikas«, ein regelrechtes geographisches Werk, in dem er seine eigenen Reiseerfahrungen veröffentlichte sowie Gelesenes und Auskünfte von Kaufleuten, die fremde Länder besucht hatten. Seine Schilderung erstreckt sich auf alle Länder Nordafrikas. Nur ein mohammedanischer Reisender konnte diese Länder so genau beschreiben, da nur er sich dort unter den zum Islam bekehrten Völkern frei und sicher bewegen durfte. Zwei Jahrhunderte hindurch war seine »Beschreibung Afrikas« die Hauptquelle über die Verhältnisse im Norden des Dunklen Kontinents.

Vermutlich ist Leo der Afrikaner später nach Afrika zurückgekehrt, wo er seinen mohammedanischen Glauben wieder annahm und vor 1550 in Tunis starb.

Um einen Eindruck zu vermitteln, was Leo der Afrikaner damals mitzuteilen wußte, sei aus dem 7. Buch der »Beschreibung Afrikas« ein kurzer Auszug zitiert:

»Lage und Einteilung der Nigritischen Gebiete.

Von den Reichen am Niger wissen die ältesten afrikanischen Schriftsteller nichts zu erzählen, denn diese Gebiete waren lange Zeit unbekannt. Erst im Jahre 380 der Hedschra« – nach unserer Zeitrechnung 1002 n. Chr. – »erfuhr man durch die Werke eines gewissen Mohammed Genaueres über sie. Die Einwohner führten dort ein geradezu tierisches Leben, sie kannten weder Könige noch Fürsten, hatten keine Staatswesen, ja selbst die Landwirtschaft war ihnen kaum bekannt. Aber sie führten auch keine Kriege und überschritten nie die Grenzen der benachbarten Reiche. Die einen beten die aufgehende Sonne mit höchster Inbrunst an, die anderen das Feuer, und manche haben auch nach Art der Ägypter den christlichen Glauben. Aber auch sie wurden schließlich unterworfen, zuerst durch König Joseph von Marokko, dann von libyschen Völkern. Heute regiert in Timbuktu ein gewisser Abubakr Izchia, von Geburt ein Neger, der nach dem Tode des libyschen Königs dessen Söhne getötet und die Herrschaft an sich gerissen hat. Als Izchia sich nach fünfzehnjährigen harten Kämpfen ein großes Reich unterworfen hatte, wollte er eine Wallfahrt nach Mekka unternehmen, da er aber auf dem Marsche rasch all sein Gut verbrauchte, mußte er sich schon unterwegs von anderen Fürsten das nötige Geld borgen.

Am Niger und seinen Nebenflüssen liegen fünfzehn verschiedene Reiche zwischen zwei großen Wüsten, deren eine sich von Numidien bis hierher ausdehnt, während die andere bis hin zum Ozean reicht. Die Landstriche in dieser Wüste sind uns teils wegen der großen Entfernungen, teils wegen der fremden Sprache und Religion ihrer Bewohner unbekannt, aus diesem Grunde bestehen auch keinerlei Handelsverbindungen.«

Von den folgenden kurzen Beschreibungen der einzelnen Reiche am Niger sei hier nur Timbuktu angeführt, wohin Leo der Afrikaner als Sechzehnjähriger mit seinem Onkel gereist war:

»Das Reich von Timbuktu.

Das Reich ist nach der gleichnamigen Stadt benannt, die im Jahre 610 der Hedschra gegründet wurde. Die Stadt bietet einen prächtigen Anblick, hier gibt es zahlreiche Händler und Künstler, und die Bewohner sind meist sehr reich. Die Frauen gehen alle verschleiert, nur die Sklavinnen und die Marktweiber nicht.

Zahlreiche Zisternen sorgen für Frischwasser, auch Getreide und Vieh gibt es genug, aber an Salz herrscht großer Mangel. Das muß von Tegasa, etwa 500 Meilen weit weg, hergebracht werden. Als ich Timbuktu besuchte, sah ich selbst, daß man für eine Kamellast Salz acht Goldstücke zahlte.

Der König hat eine sehr vornehme Hofhaltung. Sooft er auszureiten pflegt, besteigt er ein Kamel, das dann von einigen Adeligen geführt wird, so auch im Kriege, obgleich alle seine Soldaten mit Pferden ausgerüstet sind. Wer sich ihm zum erstenmal naht, fällt auf die Knie und bestreut sein Haupt mit Erde. Stets hat er dreitausend Reiter und eine gewaltige Schar Fußvolk, die mit vergifteten Pfeilen ausgerüstet sind, unter Waffen, um sogleich die Stämme zu bekriegen, die ihm den Tribut verweigern, aber auch um Sklaven gewinnen zu können.

An Pferden herrscht großer Mangel, sie müssen aus der Barbarei eingeführt werden. Jedesmal, wenn eine neue Sendung ankommt, läßt sie sich der König vorführen und wählt das schönste Roß aus, das er

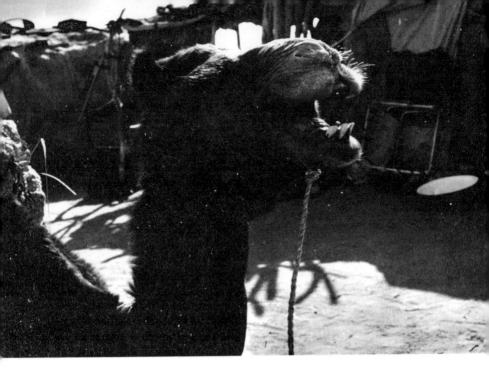

Nur mit Widerwillen und unter lautstarkem Protest läßt sich dieses Kamel beladen.

dann aber sehr freigebig bezahlt.
Die Juden sind hier besonders verhaßt, und der König duldet keine in dem Lande; erfährt er, daß ein Händler mit Juden in Geschäftsverbindung steht, dann wird dessen Vermögen sofort eingezogen.
In der Stadt gibt es auch zahlreiche Gelehrte, die der König äußerst großzügig unterstützt. Viele Bücherhandschriften werden daher aus der Barbarei eingeführt und oft mehr Geld dafür ausgegeben als für alle anderen Handelsartikel zusammen.«
Im Jahre 1550 ist in Venedig die »Beschreibung Afrikas« in italienisch veröffentlicht worden. Andere Berichte islamischer Geographen des Mittelalters, die manches über die Sahara wußten, hatte das christliche Abendland voll Antipathie gegen den Islam und behindert durch die fremde Sprache und Schrift nicht zur Kenntnis genommen, so daß die riesige Wüste für Europa ein unbekanntes Land blieb. Diese Terra incognita füllten die Kartenzeichner mit dem Bild eines Elefanten oder mit allerlei furchterregenden und sonderbaren Phantasiegeschöpfen aus. Noch in der zweiten Hälfte des 18. Jahrhunderts war auf der Wanderkarte des bedeutenden französischen Geographen

Jean Baptiste Bourgignon d'Anville die Sahara nur als riesiger weißer Fleck dargestellt. Erst Ende des 18. Jahrhunderts wurde von Europa aus die Erforschung der Großen Wüste eingeleitet. Wie schon bei den ausgedehnten Reisen der Araber in früheren Jahrhunderten wären auch die kühnen Vorstöße der europäischen Entdecker in die Sahara ohne Kamele nicht möglich gewesen. Deshalb ist es an dieser Stelle – noch vor der Schilderung der wichtigsten Expeditionen – angebracht, auf das »Wüstenschiff«, wie das erstaunliche Tier genannt wird, näher einzugehen.

Das Kamel – das »Schiff der Wüste«

»Mein Kamel, ein Blitz, das schönste aller Tiere,
sagt mir, mir den Kopf zuwendend,
seinen Kopf mit Haaren weich wie Seide:
›Ich beklage dich, weil du leidest,
aber auch ich kenne diesen Schmerz.‹«

In solchen Lobliedern preisen die Wüstenbewohner am abendlichen Lagerfeuer immer wieder einzelne Tiere, deren gute Eigenschaften oft mit der angebeteten Braut verglichen werden. Es ist auch keineswegs beleidigend, wenn man behauptet, ein Mädchen sei schöner oder edler als drei junge, weiße Kamele. Wir Europäer haben da eine ganz andere Meinung, aber wir sind auch nicht mit dem Lieblingstier Allahs so untrennbar verbunden wie die Nomaden.
Schön sind die Legenden über die Erschaffung des Kamels. Nach der einen Legende teilte Gott den noch übriggebliebenen Rest Lehm, aus dem er den Menschen geformt hatte, in zwei Hälften und schuf daraus die Dattelpalme, die Schwester des Menschen, und das Kamel, den Bruder des Menschen, ohne die man sich das Leben in der Wüste nur schwer vorstellen kann.
Eine andere Legende berichtet, Gott habe die Wüste geschaffen, damit er wenigstens an einem Ort in Ruhe lustwandeln könne. Er habe jedoch bald seinen Irrtum eingesehen und berichtigt, indem er dem Südwind, dem Nordwind und allen anderen Winden befahl, sich zu vereinigen. Sie gehorchten ihm, und er nahm eine Handvoll des Gemisches, aus dem dann das Kamel entstand – zum Ruhme Allahs, zur Schande seiner Feinde und zum Nutzen der Menschen. An die Füße

des Kamels band er das Mitleid und legte auf seinen Rücken die Beute und in seine Flanken den Reichtum. Auch ohne Flügel gab er ihm den Flug der Vögel, und an den Kamelschwanz heftete er das Glück. Wie sein Vater war auch der Prophet Mohammed ein Kamelhirte und Karawanenführer. Kein Wunder also, daß im Koran geschrieben steht, eine Kamelherde sei der wichtigste Besitz für einen Moslem, denn damit besitze er auch Wärme und Nahrung, und bei der Schilderung des Paradieses werden die guten Weidegründe, die Schatten und klaren Quellen für das Kamel hervorgehoben. Reich ist nicht, wem viel Land gehört, sondern viele Kamele. Wer dagegen anstelle von Kamelen nur noch Ziegen und Schafe besitzt, wird seßhaft und damit unfrei. Er bekommt ein Lehmgesicht und ist nicht mehr ein stolzer Herr über die weite Wüste.

Wem der manchmal dumme, manchmal aber auch hochmütige Blick des Kamels auf die Nerven geht, der lasse sich durch eine Legende belehren, warum Allahs Lieblingstier so hochnäsig ist. Die Kamele wissen nämlich eines mehr als die Menschen – den hundertsten Namen Allahs. Und das ist so gekommen:

Mohammed verriet seinen Anhängern nur neunundneunzig von den hundert Namen, die es für Allah gibt. Den hundertsten Namen flüsterte er nur seinem weißen Kamel, dem Mehari, ins Ohr, um ihm dafür zu danken, daß es ihm in höchster Gefahr zur Flucht verholfen hatte. Kein Wunder also, daß alle Kamele so aufreizend überheblich sind, weil sie eben wissen, daß sie mehr wissen als wir – während wir dazu noch so dumm sind, sie und manchmal auch uns als dumme Kamele zu beschimpfen.

Fast so viele Namen wie für Allah verzeichnet die arabische Sprache auch für das Kamel, wobei man mit bestimmten Wörtern genau die männlichen und die weiblichen Tiere unterscheidet sowie die verschiedenen Altersstufen, die Eigenschaften und die Farben des Felles, die von tiefdunklen bis zu beinahe ganz weißen Tönen schwanken. Auch gibt es braun-gelb-weiß gescheckte Kamele.

Die Kamele gehören zu den echten Wiederkäuern. Auffallende Kennzeichen sind der lange Hals mit dem gestreckten Kopf, die gespaltene Oberlippe, der Zahnbau, der Mangel an Hörnern und Afterklauen sowie schwieligen Sohlen. Wahrscheinlich sind die Kamele um die Zeitenwende über Äthiopien und Afrika in die zentrale Sahara eingeführt worden, was unter anderem auch durch die Tassilimalereien bestätig wird.

Nordafrika, Mittelasien und Südwestamerika bilden die Heimat der Tiere. Die wenigen Arten sind in der Alten Welt fast ganz zu Haustieren geworden, in der Neuen Welt teilweise. Allerdings sind die Kamele in der Sahara nicht Haustiere in unserem üblichen Sinne: Sie leben nicht gehegt und gepflegt im Stall, sondern vielmehr draußen in der Herde, wo alles seinen normalen Gang geht wie beim Wildtier. Die Kamelstute wirft nur ein Junges, das sie über ein Jahr lang säugt und während dieser Zeit mit ungewöhnlichem Mut und nach Kräften verteidigt.

Man kennt zwei Arten von Kamelen: das zweihöckerige Trampeltier, das vor allem die asiatischen Steppen bewohnt – und das einhöckerige Dromedar, wie man es überall in der Sahara antrifft. Das Dromedar kann zwar auch schnell laufen, liebt jedoch nur die gemächliche Gangart, bei der es im Karawanentrott etwa vier bis viereinhalb Kilometer in der Stunde schafft. Das Lastkamel kann wochenlang bis zu zweihundert Kilogramm Gepäck tragen und bei wenig Nahrung und Wasser täglich dreißig bis vierzig Kilometer zurücklegen. Allerdings ist es nur etwa sechs Monate im Jahr zu dieser Leistung fähig, die übrige Zeit muß es sich auf der Weide von diesen Strapazen wieder erholen, wo dann sein Höcker – das Fettpolster – wieder groß wird und neue Kraftreserven speichert.

Reitkamele sind besonders ausgewählte Tiere, die gut ernährt und gepflegt werden. Das Mehari gilt als das berühmteste Reitkamel der Sahara, das man, wenn erforderlich, zu Höchstleistungen anspornen kann. Solche tüchtigen Kamele sollen dann ihren Reiter am Tag sechzig bis siebzig Kilometer weit tragen, und so mancher weiß zu erzählen, daß er mit seinem Reitkamel in einer einzigen Woche fünfhundert Kilometer zurückgelegt hat.

Das Kamel gehört zwar zu den Huftieren, doch sind seine Hufe äußerst klein und eigentlich nur Zehennägel an den schwieligen Sohlen, groß und breit wie Suppenteller und mit weichen Lederpolstern, die sich ebenso im Sand wie im felsigen Gebirge bewähren. Eigensinnig wie ein Maultier trottet es immer am äußersten Rand des Pfades dahin: ein ausgesprochener Paßgänger im Schaukelschritt, der den Reiter gnadenlos hin und her schüttelt. Doch seekrank, wie vielfach behauptet, wird man dabei nicht.

Im allgemeinen ist das Kamel ein geduldiges Tier, es kann jedoch auch bisweilen böse, wütend und sogar bissig werden. Das gilt einmal für die Jungtiere, die sich gelegentlich entrüstet gegen den verhaßten Zwang wehren, beladen zu werden – zum anderen für Kamelhengste während der acht- bis zehnwöchigen Paarungszeit. Dann lärmt, brüllt, beißt, stößt und schlägt der Kamelhengst nach seinen Gefährten und seinem Herrn und wird dabei so unruhig und oft so wütend, daß man ihm einen Maulkorb anlegen muß, um Unglücksfälle zu vermeiden. Andererseits sind Kamele selbst von Dreikäsehochs leicht an der Lei-

ne zu führen, die man ihnen meistens bloß um den Unterkiefer bindet. Die hübsche, kleine Geschichte, die Georg Gerster in seinem Saharabuch erzählt, streicht diesen Gehorsam humorvoll heraus:
Ein Kamel hatte sich vom Lager entfernt. Man ging seinen Spuren nach und fand es bald stoisch vor einem Mauseloch wartend. Eine Maus hatte die herunterhängende Leine gepackt und strebte damit ihrem Unterschlupf zu. Das Kamel war dem sanften Zug der Leine gefolgt, eben bis vors Mauseloch.
Dem harten Leben in der Wüste ist das Kamel hervorragend angepaßt. Es ist widerstandsfähig gegen Hitze und Kälte und sogar in der Lage, seine Körpertemperatur nach der Umgebungstemperatur bis zu 6° Celsius am Tag zu erhöhen oder erniedrigen.
Über das Dürsten des Kamels und über seine unglaubliche Fähigkeit, lange ohne Wasser auszukommen, ist viel fabuliert und noch mehr geschrieben worden. Wie es in Brehms Tierleben dazu heißt, sei es in der Tat bewundernswert, daß Kamele wirklich lange ohne einen Tropfen Wasser auskommen können. Es sei fähig, eine Wasserreserve zu horten, aus der es dann nur zu »schöpfen« brauche, wenn es wieder Durst verspüre. Unter den Säugetieren der Erde gebe es kein zweites, das so lange ohne Wasser leben könne wie das Kamel. »Es vollbringt wahre Höchstleistungen. Bei der Durchwanderung der zentralaustralischen Wüste wurden die Tragekamele erst nach 34 Tagen wieder getränkt, und bei einer Sahara-Expedition mußten sie 16 Tage ohne Wasser ihren schweren Dienst erfüllen. Was dies bedeutet, vermag jeder zu würdigen, der weiß, daß in den afrikanischen Wüstengebieten überwiegend mehr als 30 bis 50 Grad Hitze während der meisten Zeit des Jahres herrschen. Das sind Temperaturen, bei denen der Europäer – ohne zu trinken – in wenigen Stunden schon verdursten würde.« Es überrascht also nicht, daß die Araber diese großartige Fähigkeit bewundern und im Kamel, ohne das sie nicht leben, nicht handeln und nicht reisen könnten, ein Geschenk des Himmels sehen.

Wo speichert das Kamel die großen Wassermengen?

Abgesehen von den oben angeführten Höchstleistungen kann ein Kamel fünf bis sieben Tage aushalten, ohne zu trinken, und überlebt Wasserverluste bis zu 27 Prozent, also bis etwa zu einem Viertel seines Körpergewichts. Wie jeder wohl weiß, trinkt sich ein Kamel nach tagelangem Dürsten am Brunnen einer Oase »bis zum Rand voll«.

Kamelherde auf der Weide zwischen Tamanrasset und Agades

Doch wo speichert es diese Riesenmenge Wasser? Sind etwa sein Magen oder seine dafür eingerichteten Magentaschen eine Art Kanister? Erst Mitte vergangenen Jahrhunderts machte ein französischer Anatomieprofessor darauf aufmerksam, daß Wasser niemals für längere Zeit so frisch und rein in einem Tiermagen bleibe, um noch nach Tagen als Trinkwasser brauchbar zu sein. Außerdem würden Kamele stets einen äußerst hinfälligen und abgezehrten Eindruck machen, wenn sie nach einer längeren Wüstendurchquerung zur Tränke kämen. Sobald sie jedoch ihren Durst gelöscht hätten, ändere sich dieses Aussehen auffallend. Diese plötzliche Erneuerung der gesamten Körperzellen können nicht allein durch das frische Wasser erfolgen.
Der Anatomieprofessor hatte damals gut beobachtet und war der Tatsache bereits auf die Spur gekommen, daß es im Magen des Kamels gar keinen Wasserbehälter gibt und ganz andere Körperfunktionen das Tier vor dem Verdursten bewahren. Seine Gedanken griff der Zoologe Schmidt-Nielsen von der amerikanischen Universität in Duke auf. Bei einem einfachen Experiment ließ er Kamele so lange frisches Wasser trinken, wie sie mochten. In der Versuchsreihe stellte ein Tier einen regelrechten Rekord auf: In neun Minuten schlürfte es 103,5 Liter Wasser in sich hinein. Kann eine so stattliche Menge al-

lein im Magen Aufnahme finden? Schmidt-Nielsen verneinte das. Nach seinen Feststellungen reagiert der Körper des Tieres spontan beim ersten Schluck: Er beginnt mit dem neuen Wasser nicht nur das auf langem Wüstenmarsch verbrauchte Naß in gleicher Menge zu ersetzen, sondern verteilt auch sehr schnell weitere erhebliche Liter von Wasser über den gesamten Körper. Der prozentuale Wassergehalt im Magen eines Kamels ist nicht höher als bei anderen Widerkäuern. Der eigentliche Wasserspeicher ist somit der ganze Kamelkörper, dem das Tier in 17 Tagen etwa 62 Liter Wasser entziehen kann. Auf diese Weise löscht es langsam, aber stetig seinen Durst und kann so lange Wüstenmärsche durchstehen, ohne zu trinken. Erstaunlich ist auch, daß das Blut nicht dicker wird und somit das Herz normal weiterarbeitet, wenn das Kamel während der Durstzeit durch das »Austrocknen« stark an Gewicht einbüßt.

Kamele können bis zu einem Drittel ihres Körpergewichts verlieren, wenn sie auf langen Reisen keine Gelegenheit zum Trinken haben. Diesen Verlust gleichen sie jedoch später wieder aus, indem sie bis zu 150 Liter Wasser auf einmal aufnehmen. Zu dieser ungewöhnlichen Leistung ist der Mensch nicht fähig. Denn wollte er es dem Kamel gleichtun, müßte er durch Feuchtigkeitsentzug 50 Pfund Gewichtsverlust ertragen können, ohne Schaden zu nehmen, und dann zum Ausgleich 17 große Flaschen Mineralwasser trinken können.

Es stimmt jedoch nicht, auch wenn dies vielfach behauptet wird, daß das Kamel überhaupt nicht zu trinken brauche. Allerdings kann es wochenlang der Tränke fernbleiben, falls es während der afrikanischen Winterzeit nach Regenfällen auf guten Weiden mit frischen und saftigen Gräsern und Kräutern äst. In der übrigen Zeit begnügt es sich mit einfachster Nahrung und gibt sich dann mit ganz dürren, strohharten Halmen zufrieden und verschlingt sogar trockene, holzige und dornige Büsche. Die Dornen selbst, die nicht durch die lederharte, dicke Haut im Hintergrund des Rachens dringen, werden später wieder ausgespuckt. Ausgesuchtes Futter wie Hafer, Gerste, Heu und Datteln verschmäht es dagegen, während es bittere, salzige Wüstengräser und auch verschiedene große Salzpflanzen gern frißt.

Der Höcker auf dem Rücken spielt in zweifacher Hinsicht eine Rolle: Er ist die Fett- und Kraftreserve des Tieres und für den Händler beim Kauf des Kamels der Gradmesser seines Wertes. Je nach Fülle des Höckers steigt oder fällt der Preis.

Vergleicht man die Wüste mit einem riesigen Sandozean und die Oasen darin mit Inseln, so wird klar, warum man das Kamel passend als »Schiff der Wüste« bezeichnet. Ohne diese »Wüstenschiffe« wäre die Verbindung zu den oft weit auseinanderliegenden Oasen in früheren

Zeiten nicht denkbar gewesen – und damit auch kein Austausch von Gedanken und Erfahrungen, die vermutlich erst den Aufbau von Kultur und Zivilisation ermöglichten.

Wenn auch heutzutage ein einziger schwerer Lastwagen auf den Pisten durch die Sahara so viel transportiert wie eine Karawane von achtzig Tieren, so ziehen trotzdem noch immer jährlich Zehntausende von Kamelen über die alten Pfade, darunter die berühmten Salzkarawanen. Kameltransporte sind billiger und oft auch die einzige Möglichkeit, Waren in weite, unerschlossene Gebiete zu schaffen.

Das Kamel dient den Wüstenbewohnern jedoch nicht nur als Reit- und Tragtier, es spendet ihnen auch täglich fünf bis sechs Liter Milch, die zusammen mit Käse das fast unbekannte Brot ersetzt. Auch das Fleisch ernährt den Menschen. Besonders in der nördlichen Sahara werden große Lastwagen, voll beladen mit Kamelen, von den Weidegebieten in die Schlachthäuser der Oasen gefahren. Ferner liefert das Kamel jährlich fünf bis zehn Kilogramm Wolle, die jeder Nomade braucht, um seine Filzmatten für die Jurte sowie das Zelt zu weben und zu pressen. Aus den weichen Bauchhaaren entstehen warme Tücher. Für die kleinen Lagerfeuer, oft auch als Brennmaterial zum Kochen, werden die sehr schnell trocknenden, harten Kugeln des

Tuareg beladen ein Kamel. Im Hintergrund das Wahrzeichen von Agades, ein berühmtes, weithin sichtbares Turmminarett aus Lehm

Kamelmistes verwendet. Ledersäcke zum Aufbewahren der Milch und Sandalen stellt man aus den Häuten her. So verdankt also der Nomade, der vor langen Zeiten das Wildkamel gezähmt hat, dem Lieblingstier Allahs fast alles und ist mit ihm in einer seltsamen Abhängigkeit untrennbar verbunden.

Mungo Parks Vorstoß zum Niger

Die große Wende in der Erforschung Afrikas und damit auch der Sahara begann am 9. Juni 1788, als sich in London einige wenige Männer versammelten, um die berühmte »African Association« ins Leben zu rufen – also die »Afrikanische Gesellschaft« oder genauer gesagt die »Gesellschaft zur Förderung der Entdeckung der Inneren Teile Afrikas«. Ihr führender Kopf war Sir Joseph Banks, der Cook auf dessen erster Südseereise als Naturforscher begleitet hatte.
Was die »Afrikanische Gesellschaft« bezweckte, geht aus wenigen Worten Banks im ersten Sitzungsbericht deutlich hervor:
»Während der Kreis unseres Wissens in bezug auf Asien und Amerika sich allmählich erweitert, hat die Entdeckung Afrikas nur in einzelnen Teilen Fortschritte gemacht. Die Karte des Inneren ist eine weite weiße Fläche, auf welcher der Geograph, gestützt auf die Autorität des Leo Africanus und des Idrisi, mit zögernder Hand einige Namen von unerforschten Flüssen und ungewissen Völkern verzeichnet ... Von allen Vorteilen, die eine bessere Kenntnis der Gegenden im Inneren Afrikas gewähren würden, ist der wichtigste die Ausbreitung des Handels und die Förderung der britischen Industrie.«
Die Erschließung neuer Absatzgebiete in bisher noch unerforschten Ländern Afrikas war deshalb so dringend geboten, weil fünf Jahre zuvor die britischen Kolonien in Nordamerika ihre Unabhängigkeit erkämpft hatten und sich nun immer mehr dem Einfluß des englischen Mutterlandes zu entziehen drohten. Das große Ziel, das sich die »Afrikanische Gesellschaft« steckte und das bisher noch niemand erreicht hatte, war die Durchquerung Afrikas von Meer zu Meer. Für solche gefahrvollen Aufgaben brauchte sie wagemutige Männer, jedoch keine Abenteurer sondern ernsthafte Forscher.
Einer der Männer der ersten Stunde, der seine Dienste der Afrikanischen Gesellschaft anbot, war der junge schottische Wundarzt Mungo Park. Am 10. September 1771 geboren, hatte er an der Universität in Edinburgh das Doktordiplom für Medizin erworben und

1792–1793 als Schiffsarzt an einer Expedition nach Sumatra teilgenommen, von der er eine Menge noch unbekannter exotischer Pflanzen mitbrachte. Gleich nach seiner Rückkehr trat er in den Dienst der African Association, um als Forscher in den Dunklen Erdteil vorzustoßen. Die Tatsache, daß vier seiner Vorgänger bei solch waghalsigen Vorhaben bereits gestorben und verschollen waren, schreckte den jungen Mann nicht ab.

Im Auftrag der Afrikanischen Gesellschaft reiste der erst vierundzwanzigjährige Mungo Park 1795 zum Gambia – der an der westafrikanischen Küste südlich von Kap Verde in den Atlantik mündet – um von dort aus zu seiner ersten wissenschaftlichen Forschungsreise ins Landesinnere aufzubrechen. Dabei sollte er, wie er es selbst formuliert hat, »bei meiner Ankunft in Afrika nach dem Nigerfluß reisen, dann den Lauf und womöglich den Ursprung und das Ende dieses Flusses mit Gewißheit bestimmen und mein möglichstes tun, die daran liegenden Orte zu sehen, besonders die Städte Timbuktu und Hussa. Wäre das geschehen, so konnte ich entweder auf dem Gambia oder auf jedem anderen Wege, der mir meiner Lage oder meinen Plänen nach dazu am bequemsten dünken würde, nach Europa zurückkehren.«

In Pisania am Gambia, nahe der Mündung, verbrachte Park in Gesellschaft englischer Kaufleute die ersten sechs Monate auf afrikanischem Boden, um die Mandingosprache zu erlernen und sich an das Klima zu gewöhnen. Sein Plan, sich einer Karawane auf dem Weg ins Landesinnere anzuschließen, stieß auf den Widerstand der Sklavenhändler, die einem weißen Reisenden mißtrauten. So blieb ihm schließlich nichts anderes übrig, als am 2. Dezember 1795 in Begleitung von nur zwei Eingeborenen und mit einem Pferd nach Osten aufzubrechen – trotz der Warnungen der Europäer in Pisania, die ihn verloren gaben.

Die ersten drei Wochen ging alles noch einigermaßen gut, doch dann wurde er am Weihnachtstag 1795 auf Befehl des schwarzen Königs von Kadschaaga am Senegal fast völlig ausgeplündert. Über seine damalige Lage berichtete er später:

»Gegen Abend, als ich am Wegrand saß und Stroh kaute, ging eine alte Sklavin mit einem Korb auf dem Kopf vorüber und fragte mich, ob ich schon Mittagbrot gegessen hätte. Ich dachte, sie wolle mich verspotten, und gab ihr keine Antwort. Mein Negerjunge aber, der neben mir saß, sagte ihr, des Königs Leute hätten mich ausgeplündert und mir nicht einen Pfennig Geld gelassen. Bei dieser Nachricht sah mich die gute Alte mitleidig an, nahm gleich den Korb vom Kopf herunter, zeigte mir, daß Erdnüsse darin waren, und fragte, ob ich so et-

was wohl esse. Als ich dies bejahte, gab sie mir einige Hände voll und ging fort, ohne mir Zeit zu lassen, ihr zu danken. Es war eine Kleinigkeit, die aber meinem Herzen sehr wohltat. Diese Sklavin, so arm und unwissend sie war, fragte nicht erst nach meinem Stande oder nach meinen Umständen, sondern sie tat auf der Stelle, was ihr Herz ihr zu tun gebot.«
Trotzdem gab Mungo Park nicht auf, sondern setzte seinen Weg durch die riesigen Wälder Senegambiens, durch Wüsten, Sümpfe sowie über schroffe Bergketten fort und marschierte am oberen Senegal entlang weiter ostwärts auf den Niger zu. In Dschara fand er Unterkunft bei einem Händler, der einem englischen Kaufmann noch Geld schuldete und das nun Park zur Finanzierung seiner Weiterreise kassieren sollte. Dennoch türmten sich neue Hindernisse auf:
»Die Schwierigkeiten, die wir antrafen, die Unruhen im Lande und besonders das wilde und übermütige Betragen der Mauren hatten den Mut meiner Begleiter jetzt so niedergeschlagen, daß sie erklärten, lieber auf alle Belohnung für ihre bisher geleisteten Dienste zu verzichten, als mich noch einen Schritt weiter nach Osten zu begleiten. In der Tat wurde die Gefahr, von den Mauren gefangen und als Sklaven verkauft zu werden, von einem Tag zum andern augenscheinlicher, und ich konnte ihre Besorgnis daher nicht tadeln.
In dieser Lage, da meine Begleiter mich verlassen wollten, da mir der Rückweg durch Krieg abgeschnitten war und ich einen Weg von zehn Tagereisen durch das Gebiet der Mauren vor mir hatte, bat ich meinen Wirt, mir bei Ali, dem Fürsten von Ludamar, die Erlaubnis zu erwirken, durch sein Gebiet reisen zu dürfen. Vierzehn Tage vergingen, ehe ich eine Nachricht erhielt, dann kam endlich ein Bote von Ali, der, seiner Aussage nach, den Auftrag hatte, mich sicher nach Gumba zu bringen; doch vergaß er nicht hinzuzusetzen, daß ich ihm für seine Mühe ein blaues baumwollenes Kleid schenken müßte. Als mein treuer Negerjunge sah, daß ich daran war, ohne ihn zu reisen, entschloß er sich doch, mich zu begleiten.«

In Alis Gewalt

Am 27. Februar brach Mungo Park von Dschara auf und erreichte nach einem mühevollen Marsch von mehreren Tagen Dina. »Hier nahmen wir unser Nachtquartier in der Hütte eines Negers, die bald von Mauren umringt war. Diese Kerle behandelten mich auf die un-

verschämteste Weise. Sie zischten, lärmten, beschimpften mich, ja sie spien mir ins Gesicht, um mich zu reizen, damit sie dann einen guten Vorwand hätten, mich zu plündern. Als sie aber sahen, daß das vergeblich war, nahmen sie ihre Zuflucht zu dem letzten und entscheidenden Argument, daß ich ein Christ und also mein Eigentum die rechtmäßige Beute der Nachfolger Mohammeds sei. Dann öffneten sie meine Bündel und nahmen mir alles, was ihnen gefiel.«
Zwei Tage später, nachts um zwei Uhr, machte sich Mungo Park bei Mondschein wieder auf den Weg. Das Brüllen wilder Tiere zwang ihn, auf der Hut zu sein und bei jedem Schritt aufmerksam nach allen Seiten Ausschau zu halten.»Bis Mittag reisten wir nun durch sandiges Land, dann kamen wir zu einer Anzahl verlassener Hütten, wo wir auch Wasser vermuteten. Ich schickte meinen Jungen hin, aber als dieser noch das Wasser suchte, trieb ihn der Schreck vor einem brüllenden Löwen, der wahrscheinlich dieselbe Absicht hatte, eiligst zurück, und wir mußten die Hoffnung aufgeben, hier unseren Durst zu stillen.

Am Abend des 5. März erreichten wir die Ortschaft Dalli. Unterwegs sahen wir die Bäume am Wege mit einer ungeheuren Menge Heuschrecken bedeckt. Diese Insekten verzehren auf ihrem Zug alles, was sie an Pflanzen antreffen und fressen die Bäume in kurzer Zeit kahl. Wenn sie ihren Unrat auf das Laub und das dürre Gras fallen lassen, glaubt man, es regnen zu hören, und wenn man die Bäume schüttelt, fliegen sie wie eine schwarze Wolke davon.«

Da Park nur noch zwei Tagereisen von Gumba entfernt war, fürchtete er die Mauren nicht mehr und glaubte, nun alle Gefahren überstanden zu haben. In Gedanken sah er sich am Ufer des Niger stehen und malte sich die Zukunft in rosigen Farben aus. Doch während er noch den Vormittag bei den gutmütigen Negern von Dalli verbrachte, die ihn, den Weißen, immer wieder neugierig betrachteten, trat auf einmal ein Trupp Mauren völlig überraschend in seine Hütte und scheuchte ihn mit einem Schlag aus seinen überschwenglichen Träumen auf. Sie hatten Befehl, ihn in Alis Lager Binaun zu bringen – notfalls mit Gewalt. Wie sie versicherten, habe Alis Frau Fatima hierzu den Anlaß gegeben, da sie unbedingt einen Christen zu sehen wünsche, von denen sie schon so viel gehört habe. Sobald ihre Neugier befriedigt sei, würde Ali ihn sicherlich reich beschenkt nach Bambarra bringen lassen. Da Bitten und Widerstand nichts halfen, folgte Mungo Park den maurischen Abgesandten, nur von seinem Negerjungen begleitet, denn der andere schwarze Gefährte hatte bei der Annäherung der Mauren das Weite gesucht.

Streng bewacht setzten sie nun ihre Reise fort und sahen am Abend

des 12. März Binaun, Alis Lager, vor sich liegen. Es bestand aus vielen schmutzigen Zelten, die ohne Ordnung in der weiten Ebene zerstreut aufgestellt waren und zwischen denen große Herden von Kamelen, Hornvieh und Ziegen weideten. »Auf die erste Nachricht, daß der Weiße angelangt sei, drängte sich alles zu mir heran. Ich war bald so umringt, daß ich mich nicht rühren konnte; einer zupfte mich am Rock, der andere nahm mir den Hut ab, und wieder ein anderer untersuchte meine Westenknöpfe.«
Endlich erreichten sie das Königszelt, wo eine zahlreiche Menge Frauen und Männer versammelt war. Der finster und stolz aussehende Ali saß auf einem schwarzledernen Kissen. Er stand bereits im vorgerückten Alter, trug einen langen weißen Bart und schien von arabischer Abstammung zu sein. Aufmerksam musterte er den Schotten und fragte die Bewacher, ob der Weiße arabisch spräche. Als sie dies verneinten, wunderte er sich und schwieg.
»Alle Anwesenden und besonders die Frauen waren sehr neugierig, sie stellten tausend Fragen, besichtigten jeden Teil meiner Kleidung, durchsuchten meine Taschen und nötigten mich, die Weste aufzuknöpfen, um sie meine weiße Haut sehen zu lassen. Ja sie zählten mir sogar die Zähne und Finger, als ob sie zweifelten, daß ich ein Mensch sei. Bald darauf kündete ein Priester durch lauten Anruf, daß es Zeit zum Abendgebet sei. Ehe das Volk sich entfernte, sagte mir mein maurischer Dolmetscher, Ali würde sogleich Essen schicken. Es dauerte nicht lange, so brachte ein Junge ein wildes Schwein getrieben und band es an einem Zelt fest. Ali gab mir durch Zeichen zu verstehen, ich solle es schlachten und mir zum Abendessen bereiten. Nun war ich zwar sehr hungrig, hielt es jedoch für klüger, nichts von einem Tier zu essen, das die Mauren so sehr verabscheuen. Also sagte ich ihm, ich äße kein Schweinefleisch. Nun banden sie das Schwein los, in der Meinung, es würde sogleich auf mich zulaufen, denn sie bildeten sich ein, zwischen Christen und Schweinen herrsche eine sehr große Feindschaft. Sie irrten sich aber, denn kaum hatte das Tier seine Freiheit, so fiel es jeden ohne Unterschied an, der ihm in den Weg kam, und endlich verkroch es sich unter den Sitz, auf dem der König saß. Die Versammlung ging nun auseinander, und ich wurde nach dem Zelt von Alis Sklavenaufseher geführt, aber nicht hineingelassen, ja ich durfte nicht das mindeste von dem anrühren, was dazu gehörte. Ich forderte etwas zu essen und bekam endlich ein wenig Korn mit Salz und Wasser gekocht, das man in einem hölzernen Gefäß vor mich hinsetzte. Am Abend wurde auf dem Sand vor dem Zelt eine Matte ausgebreitet, und auf dieser mußte ich, umgeben von der neugierigen Menge, die Nacht zubringen.«

Am nächsten Morgen wurde Mungo Park zu einer Hütte geführt, wo er vor der Sonne geschützt war. An einem der Stäbe, die diese Hütte stützten, fand er übrigens einen alten Bekannten angebunden: das wilde Schwein, mit dem man ihn als Christen verspotten wollte. Es erwies sich als lästiger Mitbewohner, denn alle Negerjungen machten sich einen Spaß daraus, das Schwein so lange mit Stöcken zu schlagen, bis es so wild wurde, daß es jeden biß, der in seine Nähe kam.
Kaum hatte der junge Forschungsreisende seine Hütte bezogen, als die Mauren scharenweise herbeiströmten, um ihn wie ein Fabelwesen näher zu betrachten. »Ich mußte einen von meinen Strümpfen ausziehen, um sie meinen Fuß sehen zu lassen, und ebenso meine Jacke und Weste, um ihnen zu zeigen, wie ich meine Kleider an- und auszöge. Der Gebrauch der Knöpfe gefiel ihnen dabei vorzüglich. Jedem, der mich besuchte, mußte ich dies wiederholen, denn jeder, der die Wunder gesehen hatte, wollte, daß auch sein Freund sie sähe, und so mußte ich mich von Mittag bis Abend unaufhörlich an- und ausziehen, auf- und zuknöpfen.«
Von unausstehlicher Wißbegier gepackt waren auch die Hofdamen des arabischen Herrschers. »Abends kam eine große Anzahl von ihnen (ob auf Anstiften anderer, ob aus unbezwingbarer eigener Neugier oder ob aus bloßem Scherz, kann ich nicht sagen) in meine Hütte und gaben mir sehr deutlich zu verstehen, daß sie kämen, um eine Besichtigung abzuhalten, ob die Nazarener auch wie die Mauren beschnitten seien. Diese Erklärung kam mir sehr unerwartet, und um der Untersuchung zu entgehen, hielt ich es für das beste, die ganze Sache als einen Scherz zu behandeln. Ich sagte ihnen, in meinem Lande sei es nicht Sitte, in Gegenwart so vieler schöner Frauen einen augenscheinlichen Beweis von solchen Dingen abzulegen. Wenn sie sich aber alle, diese junge Frau ausgenommen (ich zeigte dabei auf die jüngste und schönste), entfernen wollten, so würde ich ihre Neugier befriedigen. Die Damen verstanden den Spaß, lachten herzlich und gingen allerseits unverrichtetersache fort. Der jungen Frau mußte der Vorzug, den ich ihr gegeben hatte, auf keine Weise zuwider sein, denn sie schickte mir am Abend etwas Mehl und Milch.«
Wenn Park, wie er sagt, der jüngsten und schönsten Frau Alis den Vorzug gab, ihren Wissensdrang zu stillen, so bedeutet das noch lange nicht, daß diese Hofdame auch nach dem Geschmack des arabischen Herrschers die Auserwählte war, denn dort galten dicke Frauen sozusagen als Statussymbol für Wohlhabenheit:
»Von weiblicher Schönheit haben die Mauren einen sonderbaren Begriff. Grazie in Gestalt und Bewegung und eine ausdrucksvolle Physiognomie kommen gar nicht in Betracht. Korpulent und Schönheit

scheinen gleichbedeutende Worte bei ihnen zu sein, und eine Frau von den geringsten Ansprüchen muß wenigstens so dick sein, daß sie ohne Hilfe zweier Sklaven nicht gehen kann. Soll sie eine vollkommene Schönheit sein, so darf geradezu ein Kamel sie nicht einmal tragen können! Schon in ihrer frühen Jugend sind die maurischen Frauen bemüht, sich diesen ungeheuren Umfang zu verschaffen. Die jungen Mädchen werden von ihren Müttern gezwungen, jeden Morgen eine gewisse Portion Kuskus und einen großen Napf Kamelmilch zu verzehren. Die Mädchen mögen Appetit haben oder nicht, es muß hinunter, und wenn sie auch durch Prügel dazu gebracht werden sollten. Ich selbst sah ein armes junges Mädchen, mit dem Napf am Mund, eine Stunde lang weinend sitzen. Die Mutter stand mit einem Stock in der Hand vor ihr, und sobald sie bemerkte, daß die Tochter nicht schluckte, schlug sie unbarmherzig auf sie los. Diese sonderbare Diät verursacht indessen bei den Mädchen weder Verdauungsstörungen noch andere Übel und verschafft ihnen bald den Grad von Korpulenz, den die Mauren für den höchsten Grad von Schönheit halten.«

Flucht in die Freiheit

Mungo Parks Gefangenschaft waren Wochen voller Schmähungen, Hunger und Durst. Sogar der Tod schien ihm zu drohen, als am Morgen des 20. März eine geheime Beratung stattfand, die über sein Schicksal entscheiden sollte. Was man dabei beschlossen hatte, ließ ihn nichts Gutes ahnen. »Einige sagten, man wolle mich umbringen, andere, daß ich bloß die rechte Hand verlieren sollte, das wahrscheinlichste aber war wohl das, was ich von Alis eigenem Sohn erfuhr, einem Knaben von neun Jahren, der am Abend zu mir gelaufen kam und mir ganz entsetzt hinterherbrachte, daß sein Onkel den Vater überredet habe, mir die Augen ausstechen zu lassen, weil sie wie Katzenaugen aussähen und daß alle diesem Antrag beigepflichtet hätten. Jedoch würde sein Vater das Urteil nicht eher vollziehen lassen, bis die Königin Fatima, die sich jetzt im Norden aufhalte, mich gesehen habe.
Da in dieser Jahreszeit wegen der entsetzlichen Hitze und des großen Wassermangels an eine Flucht nicht zu denken war, so blieb mir nichts anderes übrig, als mich in Geduld zu fassen und bis zur Regenzeit hier auszuharren, wenn nicht etwa ein unerhörter Glücksfall mich früher erlösen würde.«

Eine Änderung, wenn auch nicht die erhoffte Erlösung, trat erst Wochen später ein. Bedrängt durch anrückende Feinde zogen sich Alis Leute in ein anderes Lager zurück, wo auch Königin Fatima von ihrer Reise nach dem Norden eintraf. Als Mungo Park ihr vorgestellt wurde, schien sie der Gedanke, einem Christen so nahe zu sein, anfangs zu erschrecken. Das änderte sich jedoch, nachdem er ihr durch einen Negerjungen viele Fragen beantwortet hatte. Sie reichte ihm sogar einen Becher Milch, was er für ein günstiges Zeichen hielt.

»Die Hitze war jetzt unerträglich, und die ganze Natur schien darunter zu leiden. Der Wassermangel war hier noch größer als in Binaun, aber niemand im Lager fühlte ihn so sehr wie ich. Denn obschon mir Ali einen Schlauch erlaubte, um Wasser zu holen und auch Fatima mir etwas zukommen ließ, wenn ich in Not war, so waren die Mauren doch so hartherzig, daß sie meinen Jungen mit einer derben Tracht Prügel zurückwiesen, wenn dieser an den Brunnen kam, um den Schlauch zu füllen, denn jeder fand es unerhört, daß der Sklave eines Christen die Vermessenheit hatte, aus Brunnen schöpfen zu wollen, die von Nachfolgern des Propheten gegraben worden waren. Diese Behandlung jagte dem Jungen endlich solche Furcht ein, daß er lieber vor Durst umgekommen wäre, als daß er den Schlauch noch einmal am Brunnen gefüllt hätte. Statt dessen bettelte er sich Wasser von den Negersklaven, die im Lager waren. Ich folgte seinem Beispiel, aber mit schlechtem Erfolg, obschon ich es bei Negern und Mauren an guten Worten nicht fehlen ließ. So verbrachte ich manche Nacht in einem wahren tantalischen Zustand, denn kaum hatte ich die Augen geschlossen, so versetzte meine Phantasie mich an die grünenden Ufer irgendeines Flusses in meiner schottischen Heimat. Ich eilte, einen erquickenden Trunk daraus zu schöpfen – und fand mich allein, gefangen und fast sterbend vor Durst mitten in der Wüste von Afrika.«

Als Park eines Tages wieder einmal im Lager vergebens um Wasser gebeten hatte und nach einem Fieberanfall doppelt heftigen Durst litt, wollte er in der Nacht selbst sein Glück an den Brunnen versuchen. Um Mitternacht schlich er sich also aus seinem Zelt. Um den Weg zu den Brunnen, die eine halbe Meile weit von der Siedlung entfernt lagen, in der Dunkelheit nicht zu verfehlen, richtete er sich nach dem Brüllen der Herde. Die Mauren waren gerade damit beschäftigt, Wasser zu schöpfen, als der junge Schotte dort eintraf und sie bat, ihn einmal trinken zu lassen. Sie beschimpften ihn jedoch und wiesen ihn schroff ab. Ähnlich erging es ihm an anderen Brunnen, bis er schließlich zu einer Stelle kam, wo nur ein alter Mann und zwei Jungen Wasser schöpften. Tatsächlich ließ sich der Alte erweichen und reichte dem Durstenden einen vollen Eimer. »Als ich ihn aber nehmen woll-

49

te, besann er sich, daß ich ein Christ sei und befürchtete, der Eimer könne durch meine Lippen verunreinigt werden. Er goß also das Wasser in den Trog und sagte mir, ich möchte nur daraus trinken. Der Trog war nicht groß, und drei Kühe tranken schon daraus. Ich wollte aber meinen Teil auch davon haben, kniete also nieder und trank in Gesellschaft der Kühe mit viel Behagen, bis beinahe kein Wasser mehr da war.

Unter Ereignissen solcher Art verfloß der heiße Maimonat, ohne daß sich meine Lage im wesentlichen verändert hätte. Die Regenzeit nahte heran, in der die Mauren stets die Negergegenden verlassen und an die Grenze der Großen Wüste zurückgehen.« Mungo Park schöpfte neue Hoffnung, daß sich damit auch sein Schicksal wenden möge. Blieb er, so stand zu befürchten, daß er bald ein Opfer der barbarischen Mauren werden würde. Also mußte er fliehen, sobald sich ihm die erste Gelegenheit dazu bot. Er wollte sich geradewegs nach Bambarra durchschlagen, sobald es nur so viel geregnet hätte, daß er genügend Wasser in den Wäldern finden konnte.

Vier Monate hatte der junge Forschungsreisende nun bereits in maurischer Gefangenschaft verbracht, als sich ihm bei Tagesanbruch des 2. Juli endlich die langersehnte, günstige Gelegenheit zur Flucht bot, die er allein wagen mußte, da Ali ihm einige Zeit zuvor den treuen Negerjungen als Sklaven für sich selbst weggenommen hatte. Alles, was er außer seinem stark heruntergekommenen Pferd mitnehmen konnte, war ein Bündel Kleidungsstücke. Nicht eine einzige Koralle oder sonst etwas von Wert hatte ihm die Mauren gelassen, um Lebensmittel für sich oder Korn für sein Pferd zu kaufen.

Trotz einiger Verfolger gelang ihm die Flucht aus Alis Lager in die Freiheit. Als er sich endlich sicher glaubte, schlug er die Richtung in die Wälder ein und ritt möglichst schnell weiter. »Meine Empfindungen waren die eines Genesenden, die Wüste selbst schien mir reizend, und ich fürchtete nichts so sehr, als einem Trupp umherstreifenden Mauren zu begegnen, der mich in das Land der Räuber und Mörder, aus dem ich eben glücklich entronnen war, wieder zurückschleppen könnte.«

Doch dieses Hochgefühl wich schon bald nach Mittag einem quälenden Durst, als die stechende Sonnenhitze von dem glühenden Sand verstärkt zurückgeworfen wurde. Sein Mund war entzündet, oft flimmerte es ihm schwarz vor den Augen, und auch andere Anzeichen von Ohnmacht stellten sich ein. Dazu war sein Pferd fast am Ende seiner Kräfte. Um den brennenden Schmerz in Mund und Hals zu lindern, kaute er die Blätter verschiedener Stauden, was ihm aber nichts half.

Seine Befürchtung, bald verdursten zu müssen, wuchs an, als er auf einem Berg einen hohen Baum hinaufkletterte und von dort aus nicht, wie erhofft, eine menschliche Siedlung erspähte. Vor ihm dehnten sich vielmehr flach und weit wie die See Sandflächen und dürre Wildnis aus.

»Als ich vom Baum wieder hinabstieg, fand ich mein Pferd mit großer Begierde an dem Gesträuch nagend, und da es viel zu schwach war, um mich zu tragen, so hielt ich es für einen Akt der Menschlichkeit, es von seinen Zügeln zu befreien und sich selbst zu überlassen. Indem ich das tat, fühlte ich mich plötzlich krank und schwindlig. Ich fiel auf den Sand und hatte die Empfindung, als ob meine Todesstunde nun mit starken Schritten herannahe. Ich warf – wie ich es fest glaubte – noch einen letzten Blick auf das, was mich umgab, und indem ich über die schauerliche Veränderung, die mir bevorstand, nachdachte, schien diese Welt mit allem, was drin ist, schon aus meinem Bewußtsein zu schwinden. Endlich aber setzte sich das Triebwerk der Natur wieder in Bewegung, und als ich zur Besinnung kam, fand ich mich im Sand hingestreckt, die Zügel in meiner Hand, und die Sonne ging eben hinter den Bäumen unter. Ich raffte nun all meinen Mut zusammen und beschloß noch einmal, das Möglichste zu versuchen, um mein Leben zu erhalten. Da der Abend etwas kühl war, nahm ich mir vor, so weit zu gehen, als meine Beine mich tragen würden, in der Hoffnung, einen Tränkplatz zu erreichen. So legte ich meinem Pferd die Zügel an, trieb es vor mir her und schlich langsam fort, wohl eine Stunde lang, als ich von Nordosten her einige Blitze wahrnahm; das war ein erfreulicher Anblick, denn er verhieß Regen. Finsternis und Gewitter nahmen sehr schnell zu, und in weniger als einer Stunde hörte ich den Wind in den Büschen sausen. Schon hatte ich meinen Mund geöffnet, um die erfrischenden Tropfen aufzufangen, die ich erwartete, als ich plötzlich von einer Sandwolke eingehüllt wurde, die der Wind mit solcher Gewalt fortwälzte, daß es mich an Gesicht und Händen schmerzte. Ich war genötigt, mein Pferd zu besteigen und unter einem Busch zu halten, um nicht zu ersticken. Eine Stunde lang flog unheimlich viel Sand, dann machte ich mich wieder auf den Weg und wanderte, jedoch mit großer Beschwerde, bis gegen zehn Uhr. Um diese Zeit wurde ich durch mehrere sehr heftige Blitze angenehm überrascht, denen einige schwere Regentropfen folgten. Nun hörte der Sandsturm auf. Ich stieg ab und breitete alles aus, was ich an reinen Kleidungsstücken hatte, um den Regen zu sammeln. Es regnete dann auch länger als eine Stunde reichlich, und ich löschte meinen Durst, indem ich meine Wäsche auswrang und aussog.«
Sich richtig satt trinken konnte Mungo Park jedoch erst, als er beim

nächsten Tagesanbruch, angelockt von einem vielstimmigen Quaken, einige sumpfige Pfützen aufspürte, so voller Frösche, das man kaum das Wasser sehen konnte. Da bei diesem Lärm sein Pferd scheute, schlug er mit einem Zweig ins Wasser, worauf die Frösche sofort verstummten. Erst jetzt konnte das Pferd in Ruhe trinken, und nachdem auch Park seinen Durst gestillt hatte, setzte er seinen mühseligen Marsch fort.

»Seht da, das Wasser!«

Am Morgen, dem 5. Juli, erreichte Mungo Park die Negersiedlung Waara, die König Mansong von Bambarra zinspflichtig war. Da sich hier der erschöpfte Forschungsreisende vor den Mauren endlich sicher fühlen konnte, legte er einen Rasttag ein, zumal ihn der Häuptling des Ortes freundlich willkommen hieß.
»Am nächsten Morgen, als ich eben abreisen wollte, bat mich mein Wirt sehr schüchtern um eine Locke von meinem Haar. Er habe gehört, sagte er, daß das Haar des Weißen Zauberkraft habe und dem Eigentümer alle Einsicht vermittle. Nie hatte ich vorher von einer so einfachen Art, sich zu bilden, vernommen, aber ich bewilligte anstandslos die Forderung. Die Begierde des Mannes nach Erkenntnis war so groß, daß er immer darauf losrupfte und schnitt, bis er mir eine Seite des Kopfes ganz kahl geschoren hatte. Gewiß würde er es mit der anderen ebenso gemacht haben, hätte ich nicht meinen Hut aufgesetzt und ihm versichert, daß ich von dieser köstlichen Ware auch noch für andere Gelegenheiten zu behalten wünsche.«
Am folgenden Tag schloß sich Park acht Männern an, die nicht mehr länger unter dem tyrannischen Regiment der Mauren leben und sich lieber unter die Herrschaft des Königs von Bambarra stellen wollten. Fast zwei Wochen lang blieben sie seine Gefährten. Erst am Morgen des 19. Juli verlor er sie bald aus den Augen, weil er sein Pferd, das von Tag zu Tag schwächer geworden war, vor sich hertreiben mußte und er selbst außerdem barfuß war. »So begegnete ich einem Zug von etwa siebzig Sklaven. Sie waren mit Riemen von Rindshaut am Nakken zusammengebunden, je sieben an einen Riemen, und zwischen jeder Gruppe ging immer ein Mann mit einer Flinte. Viele von den Sklaven waren in einem sehr schlechten Zustand. Ich erfuhr, daß sie über Ludamar und die Große Wüste nach Marokko gebracht werden sollten.«

Als Mungo Park am Abend das Dorf Dulinkibu erreichte, gab ihm der Dorfälteste nur einen Trunk Wasser, jedoch nichts zu essen. In der regnerischen und stürmischen Nacht fand er auch kaum einen erholsamen Schlaf.
»Am folgenden Morgen bemühte ich mich erneut, etwas Speise zu erhalten, aber vergeblich. Ich bat sogar eine Sklavin, die eben Korn am Brunnen wusch, um eine Kleinigkeit davon, und bekam auch hier zu meiner Kränkung eine abschlägige Antwort. Als der Älteste ins Feld gegangen war, sandte mir jedoch seine Frau eine Handvoll Mehl, das ich mit Wasser vermischte und so zum Frühstück trank.
Zwei Neger sollten von hier aus nach Segu gehen, und ich war sehr froh, in ihrer Gesellschaft zu sein. Wir machten uns sogleich auf den Weg. Um vier Uhr hielten wir bei einem kleinen Dorf, wo einer der Neger einen Bekannten antraf, der uns zu einer Art öffentlicher Lustbarkeit einlud, wobei es weit besser und ordentlicher als gewöhnlich herging. Ein aus saurer Milch und Mehl bereitetes Gericht und Bier, aus ihrem Korn gebraut, wurden mit großer Freigibigkeit ausgeteilt. Auch die Weiber waren mit bei der Gesellschaft, wovon ich bisher noch kein Beispiel in Afrika gesehen hatte. Es war kein Gedränge, jeder hatte Freiheit, so viel zu trinken, als er Lust hatte. Männer und Frauen schienen etwas berauscht zu sein, waren aber weit davon entfernt, Händel anzufangen.
Von da aus kamen wir durch verschiedene große Dörfer. Überall wurde ich für einen Mauren gehalten und mußte als Zielscheibe für den Spott der Bambarraner dienen, wenn sie mich so mein Pferd vor mir hertreiben sahen und sich über die ganze Gruppe von Herzen lustig machten.
›Er ist in Mekka gewesen‹, sagte einer, ›das könnt ihr an seiner Kleidung sehn.‹
Ein anderer fragte mich, ob mein Pferd krank sei, ein dritter wollte es kaufen usw., so daß ich glaubte, die Sklaven selbst schämten sich, in meiner Gesellschaft getroffen zu werden. Gerade als es finster wurde, nahmen wir unser Nachtquartier in einem kleinen Dorf, wo ich mir für den mäßigen Preis eines Knopfes Lebensmittel für mich und etwas Korn für mein Pferd verschaffte. Hier erfuhr ich auch, daß ich den Niger, den die Neger Joliba oder das Große Wasser nennen, am anderen Tag schon früh zu Gesicht bekommen würde. Die Löwen sind hier sehr zahlreich, die Tore werden daher bald nach Sonnenuntergang geschlossen, und niemand wird hinausgelassen. Der Gedanke, am nächsten Morgen den Niger zu sehen, und das fatale Summen der Moskitos ließen mich die ganze Nacht kein Auge zumachen. Schon vor Tage hatte ich mein Pferd gesattelt und war reisefertig, aber we-

gen der wilden Tiere mußten wir warten, bis die Leute lebendig wurden und man die Tore öffnete. Es war eben Markttag in Segu, und die Straßen waren überall voll Menschen, die verschiedene Artikel zum Verkauf brachten. Wir kamen durch vier große Dörfer, und um acht Uhr sahen wir den Rauch von Segu.

Als wir uns der Stadt näherten, war ich so glücklich, die flüchtigen Kaartaner einzuholen, deren Güte ich auf meiner Reise durch Bambarra so viel zu danken hatte. Wir ritten durch ein Stück Marschland, und eben, als ich mich ängstlich nach dem Fluß umsah, rief einer von ihnen aus:

›Geo affili!‹ – Seht da, das Wasser!

Ich blickte vorwärts, und mit unendlichem Vergnügen sah ich den großen Gegenstand meiner Sendung, den majestätischen Niger, so breit wie die Themse bei Westminster, in der Morgensonne flimmern und langsam nach Osten fließen. Ich eilte an das Gestade, trank von dem Wasser, und mein glühender Dank strömte in Gebeten zu dem großen Lenker aller Dinge, der so weit wenigstens meine Bemühungen mit einem glücklichen Erfolg gekrönt hatte.«

Am 20. Juli 1796 hatte Mungo Park also als erster Europäer den Niger erreicht und sich an Ort und Stelle davon überzeugen können, daß er nach Osten floß. Damit hatte er, der erst fünfundzwanzigjährige Forschungsreisende, endlich geklärt, worüber sich die Gelehrten aller Länder und Zeiten seit mehr als zweitausend Jahren den Kopf zerbrochen hatten:

»Der Umstand, daß der Niger n a c h O s t e n und den nächstgelegenen Kompaßstrichen zufließt, setzte mich aber nicht in Verwunderung. Denn obwohl ich Europa in großen Zweifeln über diesen Gegenstand verlassen hatte und eher glaubte, er nehme einen ganz entgegengesetzten Verlauf, so hatte ich doch bei allen Nachfragen über diesen Fluß, die ich während meiner Reise häufig anstellte, von Negern verschiedener Nationen immer so deutliche und entscheidende Versicherungen erhalten, im ganzen fließe er d e r a u f g e h e n d e n S o n n e e n t g e g e n, daß mir kaum noch ein Zweifel übrigblieb.«

Aus Furcht vor den arabischen Sklavenhändlern verweigerte ihm der König von Bambarra den Empfang und ließ ihm, um den Fremdling schnellstens loszuwerden, fünftausend Kaurimuscheln zuschicken, das damals fast überall in Innerafrika übliche Geld. Da Park für sich und sein Pferd täglich etwa nur hundert Kauris brauchte, konnte er den kommenden zwei Monaten sorgenfrei entgegenblicken.

Trotz starker Entkräftung und bedrohlicher Gefahren durch die Mauren entschloß sich Mungo Park, nicht zurückzukehren, sondern den

Niger stromabwärts noch weiter zu erforschen. Gut 120 km folgte er dem Flußlauf und stellte fest, daß er ständig nach Nordosten floß. Obwohl sein Pferd bereits nach wenigen Tagen den Strapazen erlag und er selbst an Fieber erkrankte und immer schwächer wurde, schleppte er sich mit äußerster Willensanstrengung noch weiter und gelangte mit einem Fischerboot bis zur Stadt Djenné im Sumpfgebiet des mittleren Niger. Völlig erschöpft mußte er hier aufgeben, zumal die Regenzeit begonnen hatte und die Feindseligkeiten der fanatischen Araber zunahmen. Zwar versuchte er noch, von den Negern Näheres über den weiteren Verlauf des Niger zu erfahren, doch ihre Kenntnis reichte nicht über Timbuktu hinaus. Niemand wußte, wohin der Niger fließt.

Auf seinem Rückmarsch folgte er dem Niger noch eine längere Strecke aufwärts bis Bamako, wobei er manchmal kilometerweit bis an die Knie durchs Wasser waten mußte, da der Fluß durch die starken Regenfälle über die Ufer getreten war und weite Teile der eben noch trockenen Savanne überflutet hatte. Die arabischen Händler, die in dem weißen Fremden einen lästigen Spion und Geschäftskonkurrenten witterten, hatten alles aufgeboten, ihn unschädlich zu machen, und damit auch die an sich gutmütigen Neger aufgehetzt. Um so mehr wunderte sich der Schotte, in einem kleinen Dorf am Niger nicht nur freundlich, sondern sogar mit Hochachtung begrüßt zu werden. Der Dorfvorsteher, der in seiner Jugend Sklave eines arabischen Kaufmanns gewesen war, erinnerte sich, wie dieser oft von weißen Menschen wie von überirdischen Wesen gesprochen hatte. Als der schwarze Dorfgewaltige nun erfuhr, daß dieser zerlumpte und mit Eiterbeulen bedeckte Fremde schreiben konnte, bat er ihn um einen Zauberspruch.

»Er brachte deshalb sein Walha oder Schreibbrett zum Vorschein und sagte, er wolle mir Reis zur Abendmahlzeit geben, wenn ich ihm ein Safi, einen Zauber gegen böse Menschen, schreiben wolle. Der Vorschlag war zu reizvoll, um abgelehnt zu werden; ich schrieb also das Brett von oben bis unten auf beiden Seiten voll, und mein Wirt, um gewiß die ganze Kraft des Zaubers zu besitzen, wusch die Schrift mit etwas Wasser von dem Brett in seine Kalebasse, sprach einige Gebete darüber und schluckte den kraftvollen Trank hinunter. Hernach leckte er noch das Brett ab, bis es ganz trocken war, damit ihm auch nicht ein einziges Wörtchen entweiche.«

Sein Ruhm als Safischreiber verbreitete sich wie ein Lauffeuer und bescherte Mungo Park eine Zeitlang bessere Tage. Das Fieber aber plagte ihn auch weiterhin, und Banditen beraubten ihn bis auf Hemd und Hose. Zum Glück gewährte ein gutmütiger und gebildeter Kaufmann aus Kamalia dem fast Erschöpften ein halbes Jahr lang Gastfreundschaft. Erholt schloß sich Mungo Park nach dem Ende der Regenzeit Mitte April 1797 einer Karawane nach Westen an und traf acht Wochen später, im Juni, endlich wieder in Pisania ein, von wo er anderthalb Jahre zuvor aufgebrochen war. Längst hatten ihn dort alle für tot gehalten, desto größer war die Freude, als man schließlich in dieser abgerissenen Gestalt den schottischen Wundarzt erkannte. Nach seiner Rückkehr nach England erschien zwei Jahre später sein für die »Afrikanische Gesellschaft« verfaßter Bericht als Buch und machte den jungen Forschungsreisenden über Nacht zu einem weltberühmten Mann.

Mit diesem Erfolg aber gab sich Mungo Park nicht zufrieden. Dem Zauber des Dunklen Erdteils verfallen fuhr er Anfang 1805 erneut nach Afrika, um den Niger noch weiter zu erforschen, diesmal mit einer beträchtlichen finanziellen Unterstützung des Kolonialministeriums. Am 27. April 1805 brach er von Kayes bei Pisania auf, begleitet von vierundvierzig vollbepackten Eseln und vierzig Leuten, vor allem Europäern, darunter sein Schwager und ein Freund.

Als er am 19. August — diesmal auf einer kürzeren Wegstrecke als bei seiner ersten Expedition — den Niger bei Segu erreichte, war der Trupp auf ganze acht Mann zusammengeschmolzen. Die übrigen waren unterwegs dem tückischen Klima erlegen, an Ruhr und Fieber erkrankt oder gestorben. Der König von Bambarra, dem er kostbare Geschenke sandte, gab ihm einen neuen Führer, Amadi Fatuma, mit, der ihn bis über Timbuktu hinaus begleiten sollte. Außerdem stellte er ihm zwei Kanus zur Verfügung, aus denen Park ein größeres Boot mit flachem Boden baute.

Nachdem auch noch sein Schwager sowie sein Freund gestorben waren, begann Park am 16. November 1805 seine Flußfahrt den Niger hinunter mit dem kleinen Rest seiner übriggebliebenen Mannschaft sowie drei Sklaven und dem Führer, der jedoch bald wieder an Land ging.

Dann hörte man nichts mehr von der Expedition. Erst fünf Jahre später ergaben Nachforschungen, daß Park mit seinen Begleitern etwa 1500 Kilometer über Timbuktu hinausgelangt war. In den engen Stromschnellen von Bussa soll dann das Boot von Eingeborenen in einen Hinterhalt gelockt worden und auf ein Felsenriff aufgefahren sein. Bei dem Versuch, sich durch einen Sprung in die Fluten zu retten, seien vermutlich alle ertrunken.

»Ich überlasse mich der Strömung des Niger mit dem festen Entschluß, seine Mündung zu entdecken oder bei diesem Unternehmen

umzukommen. Wenn ich das Ziel meiner Reise nicht erreiche, soll mir der Strom zum Grab werden.«
So hatte es noch in einem der letzten Briefe des Schotten geheißen – und so war es dann auch tatsächlich geschehen.

Mungo Park war der erste Europäer, der diesen gewaltigen Strom weit über die Stadt Timbuktu hinaus wissenschaftlich erforscht und die Südgrenze der Sahara bestimmt hat. Seinem letzten Ziel, der Nigermündung, hatte er sich bereits bis auf rund 750 km genähert. Zwar hatte er noch in seinem letzten Brief, der in London eintraf, berichtet, daß der Niger nicht, wie angenommen, in den Tschadsee fließe, aber andererseits weiter nach Südosten und vereinige sich dort irgendwo mit einem der Quellflüsse des Kongo. Kurz bevor sich der Niger nach Süden wendet, um dann schließlich in den Atlantik zu münden, hatte Mungo Park das Schicksal ereilt. Wäre die Expedition nicht vorher gescheitert, so hätte er schon damals den seit anderthalb Jahrhunderten dauernden Streit der europäischen Gelehrten darüber beendet. Die Aufklärung dieses Irrtums sollte später leider noch viele Menschenleben kosten.

Das ändert jedoch nichts daran, daß Mungo Park zu den größten Persönlichkeiten der Entdeckergeschichte zählt.

Den Jugendtraum erfüllt

»Mein Herr!
Ich schrieb Ihnen in meinem letzten Brief, das es meine Absicht sei, Kairo Ende Mai zu verlassen; aber mein Plan ist vereitelt worden. Die Pest, die sich hier im April einstellte, hinderte mich nicht nur abzureisen, sondern fesselte mich auch an meine Wohnung. Dessen ungeachtet war ich sehr geneigt, mich hinauszuwagen, um mich an den Ort zu begeben, wo sich die nach Fessan zurückkehrenden Kaufleute versammelt hatten; aber der Umstand, daß ich zu jener Zeit nicht genug Geld in den Händen hatte, um mich gehörig ausrüsten zu können, legt mir auch von dieser Seite Hindernisse in den Weg.
Sobald ich mich aber wieder mit Sicherheit hinausbegeben konnte, erneuerte ich die Bekanntschaft mit einigen Männern der Karawane, die in der Stadt geblieben waren, um einige Freunde zu erwarten, die von Mekka kommen sollten. Ein französisches Handlungshaus, an welches ich keine weiteren Empfehlungen hatte als die, welche in Wohlwollen und Freundschaft gegründet waren, versprach mir, das

nötige Geld vorzustrecken, und ich sah mich schon abreisen, als mir plötzlich durch den Einfall der Franzosen in Ägypten alle Hoffnungen abgeschnitten wurden. Unsere Karawane zerstreute sich, die von Mekka war noch nicht angekommen, und wir Europäer wurden, um vor der Wut des Volkes gesichert zu sein, in die Festung geführt, wo wir bis zur Ankunft der Franzosen in Kairo verweilen mußten.«
So beginnt der Brief, den der junge Deutsche Friedrich Konrad Hornemann am 31. August 1798 von der ägyptischen Hauptstadt Kairo aus dem Sekretär der Afrikanischen Gesellschaft in London schrieb. Eigentlich hätte er wie sein Vater Pfarrer in Hildesheim werden sollen, aber den Theologiestudenten, der schon als Junge begeistert Bücher über fremde Länder, vor allem über Afrika, verschlungen hatte, lockte die weite Welt. Er wollte als Forscher nach Afrika gehen, und durch Vermittlung des Göttinger Professors Blumenbach, der mit Joseph Banks in London befreundet war, trat er in den Dienst der Afrikanischen Gesellschaft. 1795 traf Hornemann in der britischen Hauptstadt ein, um dort zwei Jahre lang Naturwissenschaften und Arabisch zu studieren, und brach Mitte Juli 1797 von dort über Paris und Marseille nach Kairo auf. Sein Auftrag lautete, nach Fessan und noch weiter bis zum Niger vorzustoßen.
In Kairo wurde die ungestüme Reiselust des jungen Mannes auf eine lange und harte Probe gestellt, da dort die Pest ausgebrochen war und deshalb niemand die Metropole am Nil verlassen durfte. Eine erneute Verzögerung trat dann durch die Landung eines französischen Armeekorps unter Napoleon in Ägypten ein, was, wie Hornemann der Afrikanischen Gesellschaft schrieb, dazu führte, daß die christlichen Europäer in die Festung eingesperrt wurden, um sie vor der Volkswut zu schützen. Erst mit der Einnahme Kairos durch die Franzosen erhielten sie wieder ihre Freiheit.
»Einige Tage darauf machte ich die Bekanntschaft zweier französischer Gelehrter, Bertholet und Monge«, heißt es weiter in Hornemanns Brief vom 31. August 1798. »Diese führten mich bei General Bonaparte ein, dessen Liebe für die Wissenschaft allgemein bekannt ist. Er versicherte mich seines Schutzes, gab mir die erforderlichen Pässe und bot mir selbst Geld an.«
Hornemann verlor nun keine Zeit mehr, seine Freunde, die Fessaner Kaufleute, wieder aufzusuchen und seine Bekanntschaft mit ihnen zu erneuern. Sobald die öffentliche Ruhe wieder hergestellt war, kehrten sie einer nach dem anderen nach Kairo zurück.

Ein »Araber« flucht auf deutsch

Schon zuvor, während des langen, unfreiwilligen Aufenthalts in der Stadt am Nil, hatte Hornemann die unerwartete Bekanntschaft eines anderen jungen Mannes gemacht. Bei einem Bummel durch den Bazar hörte er plötzlich zu seiner größten Überraschung einen kräftigen deutschen Fluch.
»Zum Teufel noch mal, du Idiot, kannst du nicht aufpassen?« rief ein Mann mit dem Aussehen eines waschechten Arabers einem jungen Burschen nach, der ihn angerempelt hatte.
Verblüfft blieb Hornemann stehen. »He, was hör ich denn da? Sind sie auch Deutscher?«
»Was heißt hier auch?« polterte der arabisch gekleidete Mann im unverkennbaren Tonfall des Rheinländers.
»Ich bin Friedrich Hornemann aus Hildesheim.«
»Und ich bin Joseph Freudenberg aus Köln.«
»Dabei sehen Sie aus wie ein geborener Araber«, sagte Hornemann, indem er dem Landsmann lachend die Hand reichte. »Nur Ihre Haut ist ein bißchen zu hell.«
»Ja, obwohl ich mich schon jahrelang hier herumtreibe und sogar vor zwölf Jahren Mohammedaner geworden bin«, erwiderte Freudenberg mit breitem Grinsen. »Übrigens, was hat Sie hierhin verschlagen?«
»Ich mache eine Expedition durch die Libysche Wüste nach Mursuk – und wenn möglich noch weiter hinunter bis zum Niger.«
Freudenberg schnalzte mit der Zunge. »Das wäre was für mich! Abenteuer haben mich immer gelockt. Wie wärs, wenn ich als Ihr Dolmetscher mitkäme?«
Ein solches Angebot von einem Mann, der Land und Leute bereits seit Jahren bestens kannte, war Hornemann höchst willkommen. Möglicherweise hat diese Begegnung ihn auch auf den Gedanken gebracht, als mohammedanischer Kaufmann verkleidet durch die unerforschten Gebiete Innerafrikas zu reisen, wie er in seinem Brief an die Afrikanische Gesellschaft besonders hervorhebt:
»Man pflegt sich gewöhnlich zur Erreichung außerordentlicher Zwecke ebenso außerordentlicher Mittel zu bedienen. Der Plan, den ich mir vorgezeichnet habe und den ich auf meiner ganzen Reise befolgen werde, ist sehr einfach; eine einzige Zeile faßt ihn: ich werde als mohammedanischer Kaufmann reisen. Unter diesem Charakter bin ich imstande, mit derselben Sicherheit wie ein Eingeborener des Landes zu gehen. Da viele Mitglieder der Karawane in Mekka gewesen sind, so wissen diese gar wohl, daß es viele Mohemmedaner gibt, die

nicht arabisch sprechen, und die selbst von den ihrigen sehr verschiedene Sitten und Gebräuche haben. Weiß man nur die Gebete und Religionsgebräuche, so ist es nicht sehr schwer, für einen Mohammedaner zu gelten. Außerdem ist man durch das natürliche Zartgefühl der Mohammedaner vor jeder unangenehmen Nachforschung sichergestellt. Als Christ zu reisen, wird gewiß für wenigstens fünf Jahre eine Sache der Unmöglichkeit sein; denn es ist unglaublich, wie groß der Eindruck ist, den die Landung der Franzosen auf die Pilger von Mekka gemacht hat, die ihren vermehrten Haß gegen die Ungläubigen weit und breit bis in das Herz von Afrika mit sich nehmen und ausbreiten werden . . . Die Fessanische Karawane besteht aus reichen, ehrlichen und unternehmenden Männern, die aber zugleich die fanatischsten Muselmanen sind.«

Diese Tarnung konnte ihn, den Christen, natürlich nur schützen, solange niemand das Geheimnis lüftete, und sei es auch mit den besten Absichten. Deshalb sprach Hornemann in dem Brief an den Sekretär in London die Bitte aus:

»Wenn Sie an den englischen Konsul zu Tripolis schreiben, so haben Sie doch die Güte, ihn zu ermahnen, sich niemals bei Fessanischen Kaufleuten und anderen nach mir zu erkundigen, auch dann nicht, wenn ich ihm Briefe für die Gesellschaft übersenden werde. Diese Menschen sind sehr argwöhnisch; die Nachfrage eines Christen könnte sie daher leicht aufmerksam machen und die Ursache meines Todes werden. Selbst wenn Sie in drei Jahren nichts von mir hören sollten, erkundigen Sie sich ja nicht nach mir, ich bitte Sie sehr darum!«

Hornemanns Schreiben schließt mit dem zuversichtlichen Satz:

»Mein nächster Brief wird hoffentlich von Fessan sein, und nach Verlauf von etwa drei Jahren werde ich mich imstande sehen, um vieles mehr von dem Innern Afrikas mitteilen zu können.«

Wenige Tage später, am 5. September 1798, brach Hornemann mit Kaufleuten von einem Dorf in der Nähe Kairos zu seiner Expedition auf. Eine Stunde später vereinigten sie sich mit einer Karawane, die jährlich von Mekka über Kairo und Fessan in die westlichen Länder Afrikas zurückkehrte. Wie sein Dolmetscher und Diener Freudenberg als Mohammedaner verkleidet, nannte sich Hornemann jetzt Musa ben Jussuf. Meist ritt er am Ende des Zuges und fand dabei noch Zeit, Ortsbestimmungen vorzunehmen und sich Notizen zu machen. In seinem Tagebuch hat er auch anschaulich beschrieben, wie sich die Araber zu einer Wüstenreise in diesen Gegenden ausrüstet und wie er sich seine Nahrungsmittel zubereitet:

»Alles, was er auf einer solchen Reise mit sich führt, besteht in Mehl, Kuskus, Zwiebeln, Datteln, Hammelfett und Öl oder Butter. Die reicheren Reisenden fügen noch etwas Zwieback und zuweilen ein wenig gedörrtes Fleisch hinzu. Sobald das Gepäck niedergelegt ist, suchen die Kameltreiber und Sklaven Holz zusammen und nehmen drei Steine, die sie um ein in den Sand gegrabenes Loch legen, in welchem das Feuer angezündet wird. Man setzt nun den kupfernen, mit Wasser gefüllten Kessel darauf und beratschlagt sich, ehe das Wasser siedet, was für Speisen zubereitet werden sollen. Das gewöhnlichste Gericht ist Hasside, ein steifer Mehlbrei, über den man, wenn er in der großen kupfernen Schüssel aufgetragen wird, die eigentlich zum Tränken der Kamele dient, eine Brühe gießt. Oder man knetet einen losen Teig, macht kleine Kuchen daraus und wirft diese in kochendes Wasser, das gibt dann eine Art dichter Mehlklöße. Auch kocht man wohl etwas gedörrtes Fleisch und Hammelfett mit kleingeschnittenen Zwiebeln und brockt in diese magere Suppe, die man aber reichlich mit Salz und Pfeffer würzt, etwas trockenen Zwieback. Das Fleisch wirft der Herr nur für sich in den Topf, denn keiner der übrigen erhält etwas davon. Das Abschlachten eines Kamels ist ein großes Fest für die Kameltreiber und Sklaven. Kein Teil des Tieres, der von menschlichen Zähnen zerbissen werden kann, geht bei dieser Gelegenheit verloren. Nur die Knochen wirft man als unbrauchbar fort, aber sicher nicht eher, als bis sie bei der ganzen Gesellschaft durch Hand und Mund gegangen sind. Aus den Fellen bereiten sie Sandalen, aus den Haaren Schnüre, wenn es lang genug dazu ist.

Wenn keine Zeit zur Bereitung der Speisen übrig ist, zeigt sich die Reisegesellschaft noch genügsamer. Um sich für solche Fälle vorzubereiten, versieht man sich mit Simite. Dieses Nahrungsmittel besteht aus Gerste, die so lange gekocht wird, bis sie quillt. Dann wird sie in der Sonne getrocknet, in einem Topfe über dem Feuer gedörrt und nachher gemahlen. Zu dem auf diese Weise bereiteten Mehle mischt man Salz, Pfeffer, Kümmel und dergleichen und bewahrt es in ledernen Schläuchen auf. Will man es gebrauchen, so knetet man es mit Wasser zu einem dicken Teig und schüttet etwas Butter oder Öl darüber. Dies ist die Diät des Reisenden, wenn es an Wasser zum Kochen der Speisen fehlt. In Ermangelung dieses zubereiteten Gerstenmahls nimmt man wohl auch gewöhnliches Mehl, welches man mit etwas kaltem Wasser anmengt und mit Butter übergießt. Ich selbst befand mich mehrmals in der Lage, daß ich tagelang nichts als diesen ungekochten Mehlbrei und einige Datteln zu essen bekam. Zwiebeln, Salz und roter spanischer Pfeffer sind die einzigen Gewürze, die der Reisende in diesen Gegenden kennt; aber eine Würze, die alles andere ersetzt, ist ihm – der Hunger, der nach einer mühseligen Tagesrei-

se auch die schlechtesten Lebensmittel schmackhaft macht.«
Wie die Araber das schwierigste Problem aller Wüstenreisen, nämlich die Versorgung mit Trinkwasser, meisterten, hat Hornemann so geschildert:
»Das Wasser, welches man auf diesen Reisen mit sich führt, wird in ledernen Schläuchen aufbewahrt. Die Wasserschläuche vom Sudan sind die besten. In ihnen kann man das Wasser fünf Tage lang aufbewahren, ohne daß es schlecht schmeckt; in den weniger guten Schläuchen dagegen nimmt es schon am zweiten Tag einen unangenehmen Geschmack an und riecht nach Leder. Um die Schläuche geschmeidiger und haltbarer zu machen, reibt man sie innen zuweilen mit geschmolzener Butter ein. Dadurch wird das Wasser im Anfang beinah ungenießbar.«

In der Oase Siwa

Schon seit einiger Zeit waren die beiden Deutschen, Hornemann und Freudenberg, mit den mohammedanischen Kaufleuten unterwegs, immer nach Südwesten auf der alten Karawanenstraße. Nachdem sie im Tal von Ummesogeir einige Tage ausgeruht hatten, setzten sie von dort aus ihre Reise nach der Oase Siwa weiter fort, die noch etwa zwanzig Stunden weit entfernt lag. Ein mühsamer Weg über Berge führte sie in ein grünes fruchtbares Tal, in dem sie bald Bauern erblickten, die Futter schnitten. Da die Einheimischen aus dem Anblick der schwerbeladenen Lastkamele schlossen, daß die Fremden keine feindlichen Araber seien, kamen sie vertrauensvoll der Karawane entgegen und hießen alle willkommen. Die ganze Gegend sei ruhig, so versicherten sie, und die Reisenden könnten ohne Furcht vor Räubern ihr Lager bei ihnen errichten. Sie bestiegen darauf ihre Esel und führten die Karawane westlich von Siwa, wo die Fremden ihre Zelte aufschlugen.
»Siwa ist um und auf einem Felsen erbaut«, schrieb Hornemann damals in sein Tagebuch. »Die Tradition sagt, daß die ehemaligen Einwohner in Höhlen dieser Felsenmasse wohnten. Wirklich sind auch jetzt noch die Häuser in ihrer Bauart Höhlen ziemlich ähnlich und dabei so nahe aneinander, daß man in vielen Gassen auch bei hellem Tage nicht sehen kann. Ein Fremder muß sich daher, wenn er in dem Orte umgehen will, eines Führers bedienen. Unsere Karawane verglich Siwa mit einem Bienenkorbe, ein Vergleich, welcher bei der

Bauart des ganzen, der Menge der in den Gassen umherstreifenden Einwohner und wegen des dumpfen Getöses, das man schon in einer beträchtlichen Entfernung hört, ungemein zutreffend ist.
Der Charakter der Einwohner von Siwa steht aber in einem sehr schlechten Rufe. Auch ich fand diese Leute zudringlich und diebisch. Unsere Zelte, besonders das meinige, wurden beständig von ihnen heimgesucht. Um Diebstählen vorzubeugen, verwahrten die Kaufleute unter uns ihre Waren so fest, als hätten sie einen Überfall zu befürchten.

Als wir im Tale von Siwa unser Lager aufgeschlagen hatten, entdeckte ich einige Meilen westlich vom Wege die Ruinen eines großen Gebäudes und schloß, daß es dieselben sein müßten, die ein englischer Reisender sah, von dessen Entdeckung ich bereits in London und nachher in Ägypten gehört hatte. Die Vorsicht erforderte, daß ich mir vor der Untersuchung der Ruinen und Katakomben das Zutrauen der Einwohner verschaffte, die, wie man mir sagte, mich und meinen Dolmetscher für Christen hielten. Sie waren teils durch unsere weiße Kleidung, die wir trugen, auf diese Vermutung gekommen. Als ich die Unordnung, in der Kairo und die umliegenden Gegenden zur Zeit meiner Abreise war, benutzte, um mich als Mohammedaner bei der Karawane einzuführen, sprach ich freilich weder türkisch noch hinlänglich arabisch; aber der angenommene Charakter eines jungen Mamelucken war mir hinlängliche Entschuldigung. Auf meinen Dolmetscher, der ein Deutscher war, den man aber vor zwölf Jahren zu Konstantinopel gezwungen hatte, die mohammedanische Religion anzunehmen, konnte ich mich verlassen.«

Nahe bei den Ruinen des großen Gebäudes waren einige Männer dabei, einen Garten anzulegen. Hornemann kam mit ihnen ins Gespräch und erfuhr von einem weißhaarigen Alten:

»Es ist so, Herr: Vor langen, langen Zeiten haben Ungläubige hier in Siwa gewohnt. Und in dem Gebäude dort, das jetzt verfallen ist, haben sie ihre Versammlungen abgehalten.«

»Sie müssen geschickte Baumeister gewesen sein«, sagte Hornemann anerkennend, sonst hätten sie nicht so schwere Steine aufeinanderschichten können.«

»Damals besaßen die Menschen noch mehr Kräfte als jetzt«, behauptete ein anderer Fellache. »Zwei Männer waren imstande, die großen Steine zu heben, die sie für die Decke verwendeten. Übrigens«, fügte er mit geheimnisvoller Miene hinzu, »unter den Ruinen ist noch viel Gold vergraben.«

Erwartungsvoll drang Hornemann in die Ruinen ein, wenn er auch nicht so recht an den vergrabenen Goldschatz glaubte. Gern hätte er diese alte, historische Stätte gründlich untersucht, was leider nicht möglich war, da ihm die ganze Schar neugierig auf dem Fuße folgte. Bei einem zweiten Besuch hatte er genauso wenig Glück, und als er nach einigen Tagen nochmals dorthin zurückkehrte, sagte einer der Männer zu ihm: »Du bist sicher ein Christ, da du so oft hierher kommst, um dieses Gebäude der Ungläubigen zu betrachten!« Da Hornemann sehr daran gelegen war, auch weiterhin als Mohammedaner zu gelten, beschränkte er seine »Wißbegierde mehr auf die Katakomben und auf allgemeine Gegenstände«. Die Ruinen waren zwar unvollständig, aber er vermutete darin die Reste des berühmten Tempels Jupiter Ammons, wie er uns von antiken Schriftstellern beschrieben worden ist.

Die Zukunft sollte erweisen, wie richtig Friedrich Hornemanns Vermutung war. Während seines ägyptischen Feldzugs hatte Alexander der Große im Jahre 331 v. Chr. auch einen Abstecher in die Libysche Wüste unternommen und dort das berühmte Heiligtum des Jupiter Ammon in der Oase Siwa besucht. In den folgenden Jahrhunderten geriet die Lage des Tempels jedoch völlig in Vergessenheit – bis Friedrich Hornemann ihn schließlich wiederentdeckte.

»In der Umgebung von Siwa gibt es vier verschiedene Orte, wo man Katakomben finden kann«, schrieb er in sein Tagebuch. »Einen davon, den Berg El-Mota, untersuchte ich genauer, er enthält eine Menge Katakomben an den Seiten, die merkwürdigsten befinden sich aber auf dem Gipfel. Jede hat ihren besonderen Eingang, durch den man in einen größeren Raum tritt, dessen Seitenwände die kleineren Höhlen für die Mumien enthalten. Die Steine am Rande der Eingänge sind so behauen, als wären sie mit Türen versehen gewesen. Die Katakomben sind von verschiedener Größe. Sie sind ohne Ausnahme mit großem Fleiß gearbeitet ... Überall fanden sich mehr oder weniger Überbleibsel von Mumien, ich suchte einen ganzen Schädel, aber vergebens. Einzelne Stücke, besonders Hinterhauptknochen, fand ich in Menge, aber sie waren alle ihrer Bedeckung beraubt. Ich nahm einige Rippen mit mir, an welchen noch Überreste einer Bekleidung hingen, sie waren aber so verwittert, daß man nichts weiter daran sehen konnte, als daß das Zeug, womit man die Mumien umwunden hatte, ungemein grob war.«

In Lebensgefahr

Nach achttägigem Aufenthalt verließ die Karawane Siwa schließlich am 29. September nachmittags um drei Uhr und lagerte um sechs Uhr am Fuße eines Hügels. In den nächsten Tagen legten sie nur eine kurze Strecke zurück, bis sie endlich am vierten Tag das fruchtbare Tal Schiatha erreichten. Aus ihrer Ruhe dort wurden sie plötzlich aufgescheucht, als um acht Uhr abends einige Einwohner Siwas in ihrem Lager auftauchten. Was sie berichteten, ließ sich Hornemann sofort von seinem Reisegefährten und Dolmetscher Freudenberg erzählen: »Keine gute Nachricht! Sie behaupten, ein starker Trupp Beduinen lauere uns in der Nähe auf – achthundert bis tausend Mann. Die Leute aus Siwa seien gekommen, um uns zu warnen und zu einem sicheren Wasserplatz zu führen. In wenigen Stunden träfe ein starker Trupp von ihnen ein, um uns zu beschützen.«
»Glauben Sie das?« zweifelte Hornemann.
»Ich vermute eher, daß die Siwi selbst uns überfallen und ausplündern wollen.«
Das war auch die Ansicht des Scheichs, der die Handelskarawane anführte. Eiligst berief er die vornehmsten Männer vor sein Zelt, wo die Versammlung beschloß, im Lager zu bleiben und jedem Angriff standzuhalten.
Voller Sorge und Unruhe verstrich die Nacht; jeder setzte seine Waffen instand und bereitete sich auf das erwartete Gefecht bei Tagesanbruch vor. Kurz vor Sonnenaufgang näherten sich die Siwi zu Fuß, was den Schluß zuließ, daß sie gegen die Karawane nichts Gutes im Schilde führten. Der Scheich schickte ihnen Boten entgegen, darunter auch Freudenberg, der schon bald erregt zu Hornemann zurückkehrte. Sein schneller Gang und seine Blicke verrieten, daß er etwas Wichtiges erfahren hatte.
»Verflucht sei der Augenblick«, rief er Hornemann entgegen, »an dem ich mich zu dieser Reise entschlossen habe! Wir sind beide unvermeidlich verloren. Man hält uns nämlich für Christen und will uns deshalb töten!«
Gleich darauf lief Freudenberg zum Gepäck, wo er sein Gewehr mit Hornemanns Doppelflinte vertauschte und zwei Paar Pistolen zu sich steckte.
»Wenn Sie so offen Angst zeigen, lenken Sie erst recht den Verdacht auf uns«, hielt ihm Hornemann vor.
»Sie wollen ja nie was von Gefahr hören, aber diesmal werden Sie Ihren Leichtsinn teuer bezahlen müssen.«

Da Hornemann sah, daß jedes weitere Wort zwecklos war, ließ er den anderen einfach stehen und ging unbewaffnet, aber festen Schrittes auf die lärmende Versammlung zu. Mit dem üblichen Gruß der Mohammedaner »Assalam aleimkum« trat er in ihren Kreis, doch keiner der Siwi erwiderte ihn. Im Gegenteil, sie warfen ihm finstere Blicke zu und riefen in feindlicher Haltung:
»Da kommt einer von den neuen Christen aus Kairo!«
»Ihr seid hierhergekommen, um unser Land auszukundschaften!«
»Ja, nieder mit den Christen!« schrie einer aus der Menge und schüttelte drohend die Faust. »Nieder, nieder!«
Wütend stimmten viele Siwi in das Geheul ein, doch Hornemann übertönte sie:
»Ruhig, Freunde, hört, was ich euch sage!«
»Nieder mit den Ungläubigen! Nieder!« stießen einige erneut hervor.
Beschwichtigend hob der Älteste unter ihnen die Arme. »Schweigt und hört ihn an!«
»Du bist ein alter Mann, Bruder, und darum weise«, lobte ihn Hornemann. »Sage mir, hast du jemals erlebt, daß dreihundert Bewaffnete eine Reise von drei Tagen machen, um zwei Männer zu verfolgen, die zehn Tage als Freunde unter ihnen gelebt, mit ihnen gegessen und getrunken haben und deren Zelt jedem offenstand? Du selbst hast uns angetroffen, als wir beteten und im Koran lasen. Und nun beschuldigst du uns, wir gehörten zu den Ungläubigen in Kairo! Weißt du nicht, daß es eine große Sünde ist, einem Rechtgläubigen vorzuwerfen, er sei ein Heide? Von dir erwarte ich mehr Verstand und mehr Gottesfurcht!«
»Ich weiß sehr wohl, daß ihr nicht zu den Ungläubigen gehört«, beteuerte der Alte sichtlich beeindruckt. »Wenn es von mir allein abhinge, dann würden wir jetzt alle nach Siwa zurückkehren!«
»Frag ihn doch, was er vom Islam weiß!« rief ein Mann dem Alten zu.
»Ja, frag ihn!« klang es aus allen Richtungen.
Auch diese gefährliche Klippe wußte Hornemann geschickt zu umschiffen. Gelassen forderte er die Menge auf:
»Schweigt, Freunde! Wolle Allah, ich spräche so fließend arabisch wie ihr, dann würde ich euch Fragen vorlegen, die beweisen würden, daß ich gründlicher im Islam unterwiesen bin als ihr.«
»Warum fürchtet sich denn dein Begleiter vor uns?« wollte ein Fellache wissen.
»Er fürchtet sich nicht vor euch, denn wir haben Freunde, vor denen ihr euch fürchten müßt! Weißt du überhaupt, was es heißt, einem Mann, der mit Sultanen und Prinzen zusammenlebt, vorzuwerfen, er

sei ein Ungläubiger?«
»Wozu habt ihr denn christliche Briefe bei euch?«
»Ja, wozu?« schrie die Menge durcheinander.
Erst jetzt wurde Hornemann klar, daß sein Dolmetscher ihnen unvorsichtigerweise den Paß vorgezeigt hatte, den er sich von General Bonaparte verschafft hatte, um unterwegs nicht von französischen Posten aufgehalten zu werden. Er verließ für wenige Augenblicke die versammelten Männer und holte freiwillig die Papiere. Dann kehrte er mit ihnen und mit einem Koran zurück, diesmal begleitet von seinem Dolmetscher, der wieder Mut gefaßt hatte.
»Hm, kann einer unter euch diesen Brief lesen?« fragte der Alte verlegen, dem Hornemann die Schriftstücke unter die Nase hielt.
Die meisten warfen einen neugierigen Blick darauf, doch niemand meldete sich.
»Es sieht nicht danach aus, als könne jemand sie lesen«, stellte Hornemann fest.
Der Alte sah die zwei Verdächtigen an. »Und wie steht es mit euch beiden?«
Hornemann zuckte die Achseln. »Tut mir leid, ich verstehe den Inhalt auch nicht.«
»Ich weiß nur, warum man uns dieses Papier gegeben hat«, erklärte Freudenberg. »Nämlich damit wir Kairo frei verlassen durften. Aber dieses Buch hier —«
»Das ist ja der Koran!« unterbrach ihn der Alte überrascht.
»Ja, das einzige Buch, das ich verstehe.«
»Dann lies uns daraus vor!« forderte ein Mann Freudenberg auf.
»Alle beide!« rief ein Fellache.
»Ja, zeigt uns, daß ihr dieselbe Religion habt wie wir!«
Glücklicherweise beschränkten sich die Kenntnisse der beiden Deutschen nicht auf bloßes Lesen. Freudenberg konnte den ganzen Koran auswendig, und Hornemann schrieb schon damals ziemlich gut Arabisch, was in jenen Gegenden für tiefe Gelehrsamkeit gehalten wurde. »Die Häupter der Karawane, welche bis jetzt geschwiegen hatten, nahmen jetzt laut für uns Partei, und selbst viele Siwi verwendeten sich für uns.« Die ganze bedrohliche Untersuchung verlief somit glücklich im Sande, wenn auch die meisten Männer sich ein Murren nicht verkneifen konnten, da ihnen so unerwartet die Gelegenheit zum Plündern entgangen war.
Ohne weitere Zwischenfälle erreichte die Karawane am 17. November 1798 Mursuk, die Hauptstadt Fessans und zu damaliger Zeit ein wichtiger Handelsplatz, wie Hornemann in seinem Tagebuch vermerkt:

»Der Handel ist in Fessan sehr ansehnlich, aber es sind nur ausländische Waren, mit denen er getrieben wird. Vom Oktober bis zum Februar ist Mursuk der große Markt und Sammelplatz für verschiedene Karawanen von Kairo, Bengasi, Tripoli, Burnu Twat, Sudan und für die kleinen Karawanen der Tibbo, Rschade, Twarik und Araber.«
Am liebsten wäre der junge Forscher von diesem ersten großen Etappenziel sofort zum Niger und nach Timbuktu weitergereist. Als er aber hörte, daß die nach Süden führenden Karawanenwege immer wieder von Räubern unsicher gemacht wurden, kehrte er erst einmal nach Tripolis an der Mittelmeerküste zurück, um dort, immer noch in der Rolle das arabischen Kaufmanns Musa ben Jussuf, dem englischen Konsul seine Beobachtungen und Berichte über Handelswege, geographische Lage, Klima und Bodenbeschaffenheit zu überreichen. Er wollte, daß diese Notizen nicht verlorengingen, falls ihm bei seiner weiteren Expedition etwas zustoßen sollte. Denn die Gefahr, von fanatischen Mohammedanern getötet zu werden, war nach den grausamen Christenmassakern in Nordafrika gestiegen, die auf den Einfall der Franzosen in Ägypten gefolgt waren.
Anfang Dezember 1799 brach Friedrich Konrad Hornemann von Tripolis aus zu seiner zweiten Sahara-Expedition auf. Wieder kam er dabei nach Mursuk, wo er sich im Januar 1800 einer Karawane nach Bornu anschloß, um das Land der Haussa, eines Volks im mittleren Sudan, zu erforschen und dann bis zum Niger und zur Stadt Timbuktu, der »Königin der Wüste«, am südlichen Rand der Sahara vorzustoßen.
Doch von dieser Reise kehrte er nicht mehr zurück. Er blieb verschollen, und nie konnte sein wirkliches Schicksal einwandfrei geklärt werden. Wahrscheinlich hat er über den Tschadsee noch den Niger erreicht und ist dann in der Hauptstadt des Landes Nupe einem Ruhranfall erlegen.
Friedrich Konrad Hornemann war der erste Europäer, der nach den Römern die Wüste durchquert hatte.

Zum Tschadsee

Mungo Parks Gefangennahme durch die Mauren während seiner ersten Entdeckungsreise sowie sein Tod auf dem Niger durch den Angriff von Eingeborenen hatte die britische Regierung zu der Überzeugung gebracht, daß die dort wohnenden afrikanischen Stämme die

Europäer als Eindringlinge betrachteten. Um den Gefahren, den Niger von der Westküste des Dunklen Erdteils aus zu erreichen, aus dem Wege zu gehen, entschied man sich daher in London, zukünftige Forscher von Norden her in die Sahara eindringen zu lassen, wie es bereits Friedrich Hornemann versucht hatte.

Im Jahre 1818 brach von Tripolis aus eine Expedition unter dem schottischen Arzt Joseph Ritchie auf, der zusammen mit dem Marinekapitän Lyon und dem Schiffsbauer Belford durch den Fezzan bis zum Niger vorstoßen wollte. Doch bereits in Mursuk starb Ritchie. Seine beiden Gefährten setzten die Reise nur noch ein kleines Stück fort und schlossen sich dann einer Sklavenkarawane an, mit der sie nach Norden zurückkehrten. Den Niger hatten sie also nicht erreicht, aber verleitet durch die verwirrenden Antworten auf seine Fragen war Lyon zu dem Schluß gekommen, daß der Fluß in den Tschadsee münde und dann weiter bis zum Nil fließe.

Diese falsche Ansicht, die er der britischen Regierung mitteilte, beeinflußte die Marschstrecke der nächsten Expedition. Dieses Mal wollte man nach Bornu, dem Königreich um den Tschadsee, auf der Karawanenstraße gehen, der bereits Hornemann gefolgt war. Im Jahre 1822 begannen die drei britischen Forschungsreisenden Hugh Clapperton, Walter Oudney und Dixon Denham von Tripolis aus ihre Forschungsreise in die Sahara mit einer Kamelkarawane. Obwohl

Fischerboote am Ufer des Niger bei Bamako, der Hauptstadt des heutigen Mali am Südrand der Sahara

auch sie in Mursuk an Malaria erkrankten, kämpften sie sich dennoch vorwärts, bis sie nach elf Monaten voll unsäglicher Schwierigkeiten Kuka, die Hauptstadt von Bornu, am Tschadsee erreichten. Sie waren nachweislich die ersten Europäer, die diesen flachen Südwassersee in der Wüste mit eigenen Augen erblickten. »Mein Herz hüpfte bei diesem Anblick«, berichtete Denham, »denn ich sah in diesem See das große Ziel unserer Suche.«
Bei ihrer Erforschung des Tschadsees stellte das Dreiergespann fest, daß er nichts zur Entschlüsselung des Geheimnisses des Nigers beitragen konnte. Kein einziger Fluß, der von Westen her in den See mündete, konnte der Niger sein, dafür waren sie alle zu klein. Aber es verließ auch nach Osten hin kein großer Fluß den Tschadsee.
Während Denham in der Folgezeit nach Südosten hin dem Lauf des Schari folgte, wandten sich Clapperton und Oudney westwärts, um dort den Niger zu suchen. Dabei schlossen sie sich einer Karawane an, die nach Kano zog. Vor ihrer Ankunft dort starb Oudney. Clapperton aber gelangte in die Hauptstadt des Haussa-Königreichs, die damals eine der bedeutendsten Haupthandelsplätze der Sahara war und ein ähnlich legendäres Ansehen wie Timbuktu genoß.
Auf seinem Weitermarsch nach Westen erreichte Clapperton auch noch Sokoto, die Hauptstadt der Fulani, deren Herrscher Mohammed Bello als der mächtigste Mann im westlichen Sudan galt. Obwohl der Niger nur noch gut zweihundert Kilometer entfernt war, hinderte Bello den Europäer daran, seine Reise dorthin fortzusetzten. Als Clapperton den Sultan jedoch nach dem Verlauf des Flusses fragte, zeichnete dieser den Niger in den Sand und ließ ihn ins Meer münden.
Auf seinem Rückweg traf Clapperton in Kuka am Tschadsee wieder auf seinen Expeditionsgefährten Denham, mit dem er gemeinsam von Mitte September 1824 bis Ende Januar 1825 über Mursuk nach Tripolis zurückkehrte.
Hier erfuhr Clapperton vom britischen Konsul, daß Alexander Laing in London offizielle Unterstützung für seine Forschungsreise zum Niger erhalten habe. Die Regierung wünschte, daß Laing durch die Sahara bis zum Niger vorstoßen solle. Clapperton war jedoch inzwischen davon überzeugt, daß man nur von Süden her über See, und zwar vom Golf von Guinea her, zum Niger gelangen könne. Da er in London einen Brief von Sultan Mohammed Bello vorlegte, in dem dieser unter anderem gute Handelsbeziehungen mit Großbritannien wünschte, war die »African Association« gern bereit, Clapperton erneut auf Entdeckungsreise zu schicken. Er sollte von der Bucht von Benin aus das Gebiet von Sokoto, Bornu und den Oberlauf des Niger erforschen.

Im November 1825 landete Clapperton in Badagri im heutigen Nigeria, begleitet von vier Engländern, darunter sein Diener Richard Lemon Lander. Nachdem die kleine Expedition auf dem Landweg nach Norden etwa 300 Kilometer zurückgelegt hatte, starben die drei anderen Engländer an Malaria, so daß nunmehr Clapperton mit Lander allein war.
Auf seinem Weg nach Sokoto im Norden kamen sie zufällig an den Wasserfällen von Bussa vorbei, wo Mungo Park mit seiner Expedition ums Leben gekommen war. An dieser Stelle erblickte Clapperton nun auch zum erstenmal den Niger, den er überquerte, um dann weiter nach Sokoto zu marschieren. Als dort bei einem Empfang der Sultan schließlich Clapperton erlaubte, den Niger zu bereisen, schien der erfolgreichen Erforschung des großen Stromes nichts mehr im Wege zu stehen. Bald darauf erkrankte Clapperton zunächst an Malaria, dann auch noch an Ruhr und starb am 13. April 1827.
Richard Lander kehrte nach England zurück und verstand es, die Regierung davon zu überzeugen, daß man den Verlauf des Niger von Bussa aus bis zum Meer erforschen könne. Er und sein Bruder John erhielten den Auftrag, Clappertons Werk fortzusetzen. Ende Januar 1839 verließen die beiden Brüder England und trafen Ende Mai in Bussa ein, wo sie jedoch erst Ende September ihre Weiterreise im Kanu flußabwärts begannen. Als sie Mitte November die Küste bei der kleinen Siedlung Brass Town erreichten, hatten sie nun endlich die Aufgabe erfüllt, die sich Mungo Park im Jahre 1805 gestellt hatte: die Mündung des Niger war entdeckt; der drittgrößte Fluß Afrikas endete in der Bucht von Benin.

Timbuktu — die »Königin der Wüste«

»Sobald ich lesen und schreiben konnte, ließ man mich ein Handwerk lernen. Ich wurde seiner bald überdrüssig, weil ich all meine Zeit auf das Lesen von Reisebeschreibungen verwandte. Ich lieh mir geographische Werke und Karten. Die Karte von Afrika, auf der ich nur öde oder als unerforscht bezeichnete Gebiete erblickte, erregte meine Phantasie mehr als alles andere. Diese Neigung wuchs sich zu einer Leidenschaft aus, um deretwillen ich auf alles andere verzichtete.« So hat René Caillié, der Sohn eines Sträflings, über seine Jugendzeit berichtet. Am 17. November 1799 war er in Mauzé an der Westküste Frankreichs nahe Rochefort zur Welt gekommen. Bereits als Sech-

zehnjähriger fuhr er als Diener eines Offiziers auf einem französischen Schiff zum Senegal, wo er sich heimlich von Bord schlich, als er hörte, daß erneut eine englische Expedition Vorbereitungen träfe, um ins Innere der dortigen Gebiete vorzustoßen. Nach dem ersten Fehlschlag gelang es ihm erst beim zweiten Versuch, die Forschungsgruppe zu erreichen, die nach Spuren von Mungo Parks zweiter Expedition suchen sollte, und nahm nach deren Mißlingen an ihrer kläglichen Rückkehr im Jahre 1819 teil.
Entkräftet und fieberkrank traf er wieder in Frankreich ein, um zunächst einmal seine Gesundheit wiederherzustellen. Drei Jahre später ermöglichte ihm ein Großkaufmann aus Bordeaux, sich wieder in Saint-Louis an der Senegalmündung niederzulassen, denn der Wunsch des jungen, abenteuerlustigen Caillié, die legendäre Stadt Timbuktu, die »Königin der Wüste«, kennenzulernen, war durch die Rückschläge eher noch stärker in ihm geworden.
Fast ein Jahr lang lebte er im Gebiet der Brakna-Mauren, wo er sich mit Feuereifer daran machte, Arabisch zu lernen und den Koran zu studieren. Als ihm jedoch die französischen Behörden jede finanzielle Unterstützung für seine Forschungsreise verweigerten, wandte er sich an den Gouverneur der englischen Kolonie Sierra Leone, der ihm den gutbezahlten Posten des Leiters einer Indigofabrik verschaffte. Von seinem Plan, sich durch unbekanntes Gebiet bis Timbuktu durchzuschlagen, hielten jedoch auch die Engländer nichts.
So blieb dem jungen Franzosen nichts anderes übrig, als von seinem Gehalt möglichst viel auf die hohe Kante zu legen, und als er schließlich zweitausend Francs zusammengespart hatte, schrieb er überschwenglich in einem Brief: »Das ist so viel Geld, daß ich damit bis ans Ende der Welt reisen werde.« Die fünffache Summe, nämlich zehntausend Francs, winkten ihm dazu noch als Belohnung. Denn gerade zu diesem Zeitpunkt hatte die Pariser »Geographische Gesellschaft« diesen Betrag für den französischen Forscher ausgesetzt, der als erster nach Timbuktu gelangen und aufschlußreiche Nachrichten aus Innerafrika heimbringen werde.
In aller Stille schiffte sich Caillié im März 1827 in Freetown in Sierra Leone ein und traf neun Tage später in der Mündungsbucht des Rio Nuñez in Französisch Guinea ein − zwischen Sierra Leone und dem Senegal. Hier, in Kakondy, schloß er sich schon bald einer Karawane an, die ins Landesinnere nach Timbuktu reiste. Da er wußte, daß ein Reisender, der Geld besaß und dazu noch ein Christ und Europäer war, Gefahr lief, durch Lösegeld erpreßt oder gar ermordet zu werden, gab er sich gegenüber seinen Führern und Begleitern als Araber aus, der in der ägyptischen Hafenstadt Alexandrien geboren, aber

von den Franzosen entführt und nach Frankreich verschleppt worden sei. Jetzt wolle er nach Mekka pilgern und seine Familie suchen.
Anfang Juni erreichte die Reisegruppe den Niger bei Kourussa, wo eine andere Karawane Caillié und seine drei Diener aufnahm, die sie nach Kankan und Djenné bringen sollte. Trotz hohen Fiebers hielt der junge Franzose mit der Karawane Schritt, die durch die Überquerung zahlreicher Nebenflüsse des Niger viel Zeit verlor.
Erschöpft vom Fieber und von den langen Fußmärschen traf Caillié in der Stadt Tieme ein, wo sich eine Fußwunde so sehr entzündete, daß er kaum noch gehen konnte. Dazu erkrankte er an Skorbut und Malaria, an eine Weiterreise war also zunächst nicht mehr zu denken. Man brachte ihn in einer alten Grashütte unter, wo ihn eine alte Negerin fünf Monate lang pflegte. Über diese Leidenszeit hat Caillié später berichtet:
»Schon bald zeigten sich an mir die schrecklichen Symptome des Skorbuts. Mein Gaumen trocknete völlig aus, das Fleisch fiel mir von den Knochen, und meine Zähne schienen allmählich herauszufallen. Ich fürchtete, daß mein Gehirn durch die schrecklichen Kopfschmerzen, die ich hatte, in Mitleidenschaft gezogen werden konnte; fast vierzehn Tage fand ich kaum Schlaf. Zu allem Unglück brach die Wunde an meinem Fuß erneut auf, alle Hoffnung auf baldige Weiterreise schwand dahin ... Ich war allein im Innern eines wilden Landes,

So sah Heinrich Barth 1853–54 Timbuktu.

lag auf feuchtem Boden, mein Kopfkissen war ein Lederbeutel, der mein Gepäck enthielt; Arzneien fehlten mir . . . Die gute Negerfrau brachte mir zweimal am Tag etwas Reiswasser, das sie mich zwang zu trinken, denn ich konnte nichts essen. Bald war ich zum Skelett abgemagert . . . Die Krankheit hatte mir jede Kraft genommen. Ich wünschte nichts sehnlicher als zu sterben. Ich erbat den Tod vor Gott, auf den ich mein ganzes Vertrauen setzte, nicht mehr in der Hoffnung, wieder gesund zu werden, denn die hatte ich aufgegeben, sondern in der Zuversicht auf ein glücklicheres Leben im Jenseits.«
Doch sein Leben im Diesseits war noch nicht abgelaufen. Im Januar 1828 hatte sich René Caillié wieder soweit erholt, daß er mit einem neuen Führer von Tieme in Richtung Timbuktu aufbrach. Als er Anfang März in Djenné an einem Nebenfluß des Niger eintraf, hatte er die ganze Strecke von Kakondy bis dorthin, das sind rund 1600 Kilometer, zu Fuß zurückgelegt – ein Leidensweg, der einem Martyrium gleichkam.
Nur noch 350 Kilometer trennten ihn von Timbuktu, seinem Traumziel, das er nun mit einer Piroge flußabwärts zu erreichen suchte. Hatte man ihn bisher auf seiner Reise immer freundlich behandelt, so sammelte er nun auf dieser einmonatigen Schiffsreise die schlechtesten Erfahrungen. Obwohl er zu jener Zeit erneut sehr krank war, mußte er mit den Sklaven zusammengepfercht in den unbequemsten und von der Hitze stickigen Quartieren unter Deck liegen und durfte sich tagsüber nicht oben an Bord zeigen. Auch lebte er ständig in der Furcht, von den Tuareg entdeckt zu werden.

Welche Befriedigung – und welche Enttäuschung!

Doch endlich lief das Boot in Kabara, dem Hafen von Timbuktu, ein. »Am 20. April 1828 um halb vier machten die Leute von Sidi Abdallahi Chebir und ich mich auf den Weg nach Timbuktu«, erzählt Caillié in seinem Reisebericht. »Die Sklaven, die an Bord des Bootes gewesen waren, mit dem wir den Niger herabkamen, begleiteten uns. So bildeten wir eine recht zahlreiche Karawane. Da die Straße sehr sandig und ermüdend war, wurden die jüngsten Sklaven auf die Esel gesetzt. Der Weg, der zeitweilig an Sümpfen vorbeiführte, bot mit seiner geringen Vegetation einen trostlosen Anblick, außerdem war er stellenweise durch den Flugsand verweht, was den Marsch noch besonders erschwerte. Dabei wurden wir auch von einem Tuareg ver-

folgt, der sich eines unserer jungen Negersklaven bemächtigen wollte. Da ihm aber die Leute Sidi Abdallahis bei der Ankunft in der Stadt ein Geschenk versprachen, hörte er endlich mit seinen Belästigungen wieder auf. Dieser Räuber musterte mich ständig, da man ihm aber versicherte, ich sei sehr arm, gab er auch hier die Hoffnung auf, etwas zu erhalten.
Als es Abend wurde, kamen wir endlich glücklich in Timbuktu an. Im Lichte der untergehenden Sonne lag die Hauptstadt des Sudan, die schon so lange das Ziel meiner Sehnsucht gewesen war, vor meinen Augen. Ein nie gekanntes Gefühl der Befriedigung erfüllte mich, als ich endlich diese geheimnisvolle Stadt betrat, die zu erreichen schon so viele europäische Forscher vergeblich versucht hatten . . .
Als aber die erste Begeisterung verflogen war, fand ich doch, daß sich meinen Augen ein ganz anderes Bild darbot, als ich erwartet hatte; denn meine Vorstellungen von Größe und Reichtum der Stadt waren eigentlich ganz andere. Da lagen lauter schlecht gebaute Lehmhäuser und ringsherum wie überall der weißgelbe Flugsand – bis hin zum Horizont, wo der blaßrote Abendhimmel die Erde berührte. Die ganze Natur schien zu trauern, nicht einmal das Lied eines Vogels war zu hören. Dennoch ist es etwas Erhabenes, so eine große Stadt mitten in der Wüste zu sehen, und man muß die Anstrengungen bewundern, die sich wohl einst ihre Begründer machen mußten, um dies alles zu schaffen.«
Diese Beschreibung klingt völlig anders als die überschwengliche Lobpreisung, die Leo der Afrikaner in seinem Exil am Hofe des Papstes dreihundert Jahre zuvor angestimmt hatte:
»Die Stadt bietet einen prächtigen Anblick, hier gibt es zahlreiche Händler und Künstler, und die Bewohner sind meist sehr reich . . . Zahlreiche Zisternen sorgen für Frischwasser, auch Getreide und Vieh gibt es genug . . . Der König hat eine sehr vornehme Hofhaltung. Sooft er auszureiten pflegt, besteigt er ein Kamel, das dann von einigen Adeligen geführt wird, so auch im Kriege, obgleich alle seine Soldaten mit Pferden ausgerüstet sind . . . Stets hat er dreitausend Reiter und eine gewaltige Schar Fußvolk, die mit vergifteten Pfeilen ausgerüstet sind, unter Waffen . . . In der Stadt gibt es auch zahlreiche Gelehrte, die der König äußerst großzügig unterstützt. Viele Bücherhandschriften werden daher aus der Barbarei eingeführt und oft mehr Geld dafür ausgegeben als für alle anderen Handelsartikel zusammen.«
Von dieser geradezu mystischen Erhöhung, die alle europäischen Saharareisenden zuvor und sogar noch Jahre danach immer dazu verlockt hatte, diese »Königin der Wüste« aufzusuchen und die Pracht

und Herrlichkeit darin mit eigenen Augen zu sehen, entdeckte Caillié nun keine Spur mehr. Als er am nächsten Morgen einen Spaziergang durch die Stadt unternahm, fand er sie auch jetzt bei Tageslicht nicht so groß und bevölkert, wie er sie sich vorgestellt hatte. »Der Handel hat ebenfalls nicht die Bedeutung, die man ihm allgemein beimißt. Man sieht hier nicht den gleichen Zustrom von Fremden wie an anderen Handelsplätzen. Nur die Kamele, welche die Handelsgüter vom Flußhafen Kabra brachten, durchzogen die Straßen. Einige Bewohner hockten auf Matten und unterhielten sich miteinander, andere wiederum lagen vor der Tür und schliefen im Schatten der Hausmauer. Kurzum, alles atmete tiefe Traurigkeit. Ich war erstaunt über die geringe Aktivität, ja fast möchte ich sagen über die Faulheit und Bequemlichkeit, die hier herrschte. Nur einige Kolanuß-Händler priesen laut schreiend ihre Ware an . . .
Wegen der drückenden Hitze wurde der Markt erst am späten Nachmittag abgehalten, trotzdem war er wie ausgestorben im Vergleich zu dem an anderen Handelsplätzen. Nur ein paar Araber aus der Umgebung strolchten umher.«
In wenigen Läden, die in Wirklichkeit nur kleine Zimmer waren, fand er auch einige europäische Handelsgüter, darunter Eisenwaren, Bernstein und sogar französische Gewehre. Timbuktu war also, so schien es, ein sterbender Ort. Die einzigen Einnahmen erzielte die Stadt als Umschlagplatz für Salz, das mit Karawanen aus den Abbaustätten im Norden herangeschafft wurde. Brennholz gab es so selten, daß nur reiche Leute den teuren Preis dafür bezahlen konnten; die Armen heizten mit getrocknetem Kuhmist. »Selbst das Wasser wird hier auf dem Markt verkauft, so kostbar ist es. Das wenige Regenwasser wird in großen Zisternen aufgefangen, es ist sehr klar, hat aber einen äußerst unangenehmen Geschmack.
Der Handel von Timbuktu wird beträchtlich durch die Nähe der räuberischen Tuareg gestört. Ein sehr kriegerisches Volk, das zahlreich und stark genug ist, die Handelsverbindungen zwischen der Stadt und den anderen Märkten abzuschneiden. Kein Wunder, daß die Bewohner Timbuktus sie aufs äußerste hassen und mit den Christen vergleichen, von denen sie annehmen, daß sie ebenfalls solche Vagabunden seien . . .
Das Haus meines Gastgebers war meist von einigen Tuareg besucht, die ihre Forderungen stellten. Die Kaufleute können sich dieser Forderungen nicht erwehren und betrachten sie gleichsam als Tribut an die Räuber. Wenn der Häuptling des Stammes nach Timbuktu kommt, dann wird er zwar von allen gehaßt und gefürchtet, aber die

Kaufherren wetteifern miteinander, ihm ihre Dienste zu erweisen. Manchmal bleibt er dann bis zu zwei Monaten da, wird zusammen mit seiner räuberischen Begleitung auf beste versorgt und kehrt dann mit reichen Geschenken beladen in die Wüste zurück.

Das ist ein Musterbeispiel dafür, wie gefürchtet diese Wüstennomaden sind, die auch alle umwohnenden Negerstämme unterworfen und tributpflichtig gemacht haben. Wie die Araber besitzen sie sehr schöne und gute Pferde, die ihnen die räuberischen Streifzüge wesentlich erleichtern. Die Furcht vor ihrer Macht geht sogar so weit, daß die Anwesenheit von drei oder vier Tuareg genügt, um gleich mehrere Dörfer in Schrecken zu versetzen.

In Timbuktu läßt man auch die Sklaven erst nach Sonnenuntergang aus der Stadt heraus, aus Angst, sie könnten von den Tuareg geraubt werden, die sich aller bemächtigen, die in ihre Hand fallen. Das Los dieser geraubten Sklaven ist dann noch viel bedauernswerter als das der anderen. Sie müssen fast nackt arbeiten und werden von ihren Herren stets mit Schlägen belohnt.

Durch die großen Rinder- und Schafherden sind die Tuareg auch völlig unabhängig von anderen Stämmen und gerade in der Milch- und Fleischversorgung auf niemanden angewiesen. Ihr Getreide rauben sie von den am Rand der Wüste wohnenden, Ackerbau treibenden Stämmen und von den Märkten der Städte.«

Der Mord an Major Laing

Nachdem Caillié zunächst im Haus seines Gastgebers Sidi Abdallahi gelebt hatte, besorgte ihm dieser bald großzügig eine neue Wohnung nahe am Markt, wo der junge Forschungsreisende endlich ungestört seine Notizen machen konnte, was er sonst immer nur im verborgenen hatte besorgen müssen. »Gegenüber lag das Haus, in dem seinerzeit der unglückliche Major Laing gewohnt hatte. Oft saß ich auf der Schwelle meiner Behausung und dachte an das traurige Los des Reisenden, der vor mir nach so vielen Mühen und Entbehrungen Timbuktu erreicht hatte und dann auf dem Weg in die Heimat hinterlistig ermordet worden war. Dabei konnte ich mich eines Furchtgefühls nicht erwehren, denn wenn auch ich entdeckt würde, so stand mir ein noch viel schlimmeres Schicksal als der Tod bevor, nämlich die Sklaverei. So nahm ich mir vor, möglichst vorsichtig zu sein, um ja keinen Verdacht zu erwecken.«

Was hatte es eigentlich mit diesem Major Laing auf sich – und was wußte Caillié darüber? Der 1793 in Edingburgh geborene Schotte Alexander Gordon Laing war als Siebzehnjähriger in die englische Kolonialarmee eingetreten, wo er bald zum Leutnant und später zum Major aufrückte. Als er in Sierra Leone an der westafrikanischen Küste stationiert war, kam er 1822 bei einem ausgedehnten Streifzug zu der Überzeugung, daß zwischen Niger und Nil keine Verbindung bestehe, und neigte zu der Ansicht, der Niger münde schließlich in den Atlantik.

Nach einem kurzen Aufenthalt in England kehrte er 1825 wieder nach Afrika zurück, diesmal nach Tripolis an der Mittelmeerküste, um von dort aus durch eine Forschungsreise diese Theorie zu beweisen. In Begleitung einer kleinen Karawane brach Laing am 18. Juli 1825 auf und traf zwei Monate später in der Oase Ghadames ein, nur 480 Kilometer von Tripolis entfernt. Wegen eines Bürgerkrieges hatte Laing einen Umweg von fast tausend Kilometern machen müssen und war dabei unterwegs ständig von Eingeborenen verschiedener Stämme zur Abgabe von Wegegebühren gezwungen worden.

Einen Monat später erreichte Major Laing die Oasenstadt In Salah im Zentrum der algerischen Sahara. Damit befand sich die Karawane nun völlig außerhalb des Herrschaftsbereichs des Paschas von Tripolis, von dem der Forschungsreisende Empfehlungsschreiben erhalten hatte. Sie waren jetzt dem Wohlverhalten oder der Feindseligkeit der Tuaregstämme ausgeliefert, die sämtliche Wüstenstraßen von Oase zu Oase überwachten. »Man mußte ihnen geben, was sie wollten«, heißt es dazu in einem Brief Laings. »Weigerte man sich, hätte es Mord und Plünderung gegeben. Konnte man sie zufriedenstellen, zeigten sie sich als wohlwollende und gute Führer und Beschützer durch das öde Wüstenland ...«

Erst Anfang Januar 1826 konnte sich Laings kleine Expedition einer großen Karawane nach Süden anschließen. Zwischen In Salah und dem 1400 Kilometer entfernten Ziel Timbuktu lagen keine Oasen oder größere Rastplätze mehr. Eine beschwerliche und gefährliche Reise stand ihnen also bevor.

Bereits nach zwei oder drei Wochen wurden Laing und seine wenigen Begleiter in der Karawane von einer Tuaregbande überfallen. Nur vier Expeditionsmitglieder überlebten, Laing selbst trug schwere Verletzungen davon. Von der Karawane verlassen, die sich durch die Verwundeten auf ihrem Weitermarsch behindert glaubte, schleppte sich der noch einmal davongekommene Rest der Expeditionsmannschaft 650 Kilometer durch die Wüste in das Gebiet eines freundlich gesinnten Araberfürsten, bei dem sich der verwundete Laing vier Mo-

Die rote Oasenstadt In Salah in der Mitte der algerischen Sahara. Die Bewohner befinden sich im ständigen Kampf gegen die wandernden Dünen.

nate lang erholen konnte. Während des dortigen Aufenthaltes brach jedoch in der Stadt das Gelbfieber aus, das die drei übrigen Expeditionsmitglieder sowie den Araberfürsten dahinraffte. Auch Laing wurde von der Epidemie heimgesucht, kam aber gerade noch am Tod vorbei. Sobald er wieder bei Kräften war, verpflichtete er einen Führer, der ihn nach Timbuktu bringen sollte, wo er dann schließlich Mitte August 1826 eintraf. Er hatte damit die Sahara von Tripolis im Norden bis nach Timbuktu im Süden durchquert und dabei rund 2000 Kilometer voller Strapazen und Lebensgefahr zurückgelegt.
Da fast alles, was wir über Laings Reise wissen, aus den Briefen stammt, die er durch einen Boten nach Tripolis sandte, ist es aufschlußreich, nachzulesen, was der Franzose René Caillié, der knapp zwei Jahre später die »Königin der Wüste« erreichte, über den schottischen Forschungsreisenden in Erfahrung bringen konnte:
»Ich benutzte die letzten Tage meines Aufenthaltes in Timbuktu, um Erkundigungen über das unglückliche Ende des Majors Laing einzuziehen. Dabei erfuhr ich, daß man die Karawane, mit welcher der Major gereist war, einige Tagesreisen nördlich der Stadt auf der Straße nach Tripoli angehalten hatte. Die einen sagten, es waren die Tua-

reg, andere nannten die Berbiches, einen Nomadenstamm in der Nähe von Dhioliba. Laing, der als Christ bekannt war, wurde furchtbar schlecht behandelt, und man hörte nicht auf, ihn mit Stöcken zu schlagen, bis man glaubte, daß er tot sei.
Die Mitglieder der Karawane hoben den Totgeglaubten auf und bemühten sich um ihn. Es gelang ihnen tatsächlich, ihn wieder zum Bewußtsein zurückzurufen. Dann setzte man ihn auf ein Kamel, mußte ihn aber festbinden, da er zu schwach war, sich aufrecht zu halten. Der größte Teil seiner Waren war von den Räubern geraubt worden. In Timbuktu angekommen, heilten die Wunden des Majors. Dank der Empfehlungsbriefe, die Laing aus Tripolis mitgebracht hatte, und dank der Unterstützung seines Gastgebers wurde er hier wenig belästigt. Ich hatte Gelegenheit, diesen Gastgeber häufig zu sehen, der mir sehr freundlich und menschlich erschien, öfters gab er mir Datteln, und bei meiner Abreise schenkte er mir sogar eine Hose aus blauer Baumwolle, die im Lande hergestellt worden war.
Nach dem, was man mir erzählte, soll Laing stets seine europäische Kleidung getragen haben. Er erzählte, er sei vom König von England geschickt worden, um Timbuktu und seine Wunder kennenzulernen. Anscheinend hat der Major seinen Plan allen, die es nur hören wollten, mitgeteilt, denn ein alter Maure erzählte mir, daß er ›die Stadt und alles aufgeschrieben habe‹.
Andere Stadtbewohner, die ich über Laing ausfragte, teilten mir nur noch mit, daß der Major wenig gegessen und sich nur von Brot, Eiern und Geflügel ernährt habe. Dann aber hörte ich noch, man habe ihn sogar gefoltert, um ihn zu zwingen, das mohammedanische Glaubensbekenntnis ›es gibt nur einen Gott, und Mohammed ist ein Prophet‹ auszusprechen. Aber immer sagte Laing nur den ersten Teil, die Worte von Mohammed ließ er stets weg.«
Unterbrechen wir hier zunächst einmal Cailliés Darstellung über Laings Schicksal, wie er es von einigen Einwohnern Timbuktus erfahren hatte, und zitieren wir statt dessen einen Auszug aus einem Brief, den der schottische Forschungsreisende von der Stadt am Niger an den britischen Konsul in Tripolis und an dessen Tochter, mit der er verheiratet war, gerichtet hatte:
»Meine Lage in Timbuktu ist wegen der unfreundlichen Haltung der Fulben aus Massina sehr unsicher geworden; sie haben in diesem Jahr die Herrschaft der Tuareg gebrochen und sich zu Herrschern von Timbuktu gemacht. Da ein Trupp Fulben stündlich erwartet wird, hat mich Al Kaidi Boubokar, der ein sehr freundlicher Mann und um meine Sicherheit besorgt ist, um meine sofortige Abreise gebeten. Deshalb kann ich nur ganz kurz Nachricht geben; ich muß alle Vor-

bereitungen für meine Abreise treffen. Ich will weiter nach Segu, das ich in fünfzehn Tagen zu erreichen hoffe; leider ist die Straße schlecht, die Gefahren für mich sind noch nicht am Ende; aber ich vertraue auf Gott, der mich bisher durch die schlimmsten Gefahren geführt hat . . .«
Während sich Laing also in Timbuktu überall frei bewegen konnte, bereitete es ihm große Schwierigkeiten, die Stadt unversehrt zu verlassen, da sie fast völlig von feindlichen Stämmen umgeben war. Man riet ihm, auf demselben Weg, also nordwärts nach Tripolis, zurückzureisen, er aber beabsichtigte, die Strecke nach Südwesten einzuschlagen. Es kam jedoch nicht dazu. Nach fünf Wochen, Ende September 1826, schloß sich Laing einer Karawane an, die nach El-Arauan, also doch nach Norden, ging.
In Cailliés Nachforschungen über Laings Schicksal heißt es dazu: »Nachdem sich Laing eine recht gute Kenntnis der Stadt erworben hatte, plante er, sie wieder zu verlassen und nach Kabra weiterzureisen. Da er befürchten mußte, wieder in die Hände der Tuareg zu fallen, die stets in der Nähe umherstreiften und an deren Behandlung er sich nur zu gut erinnerte, beschloß er, bei Nacht abzureisen. Heimlich bestieg er sein Pferd, und ohne jede einheimische Begleitung kam er auch glücklich nach Kabra, ja angeblich sogar bis zur Grenze von Dhioliba. Von hier aus hoffte er, auf dem Weg nach Westen leichter in die Heimat zurückzugelangen als auf der beschwerlichen Wüstenreise. Kaum hatte er aber seinen Plan den umwohnenden Fullahs mitgeteilt, die ihn schon von Timbuktu her als Christ kannten, da erklärten sie einstimmig, es nie erlauben zu wollen, das ein Ungläubiger auch nur einen Fuß auf ihr Gebiet setze. So blieb dem Major nichts anderes übrig, als für den Weitermarsch die Strecke nach El-Arauan zu wählen, wo er hoffte, sich einer Karawane anschließen zu können. Fünf Tagesmärsche nördlich von Timbuktu traf die Karawane aber auf den fanatischen und fremdenfeindlichen Scheik Hamet der Zaouat, der Laing festhielt und ihn wiederum zwingen wollte, den Islam anzunehmen. Der Major vertraute zu sehr auf die Unterstützung des Paschas von Tripolis, der ihn allen Wüstenscheichs empfohlen hatte, und weigerte sich, dem Ansinnen Hamets nachzukommen. Er erreichte aber nur, daß dieser immer hartnäckiger auf seinem Vorhaben bestand. Doch Laing blieb unbeugsam und wollte lieber sterben als sich schmählich unterwerfen. Sein Entschluß bedeutete für Afrika den Verlust eines bedeutenden Forschers und schuf einen neuen Märtyrer der Wissenschaft.
Ein Maure, den der Scheich beauftragte, Laing umzubringen, lehnte es entsetzt mit den Worten ab:

›Wie, du willst, daß ich den ersten Christen, der hierher kommt und uns nichts getan hat, töte? Tue es selbst!‹

Diese Antwort verzögerte das Ende des Forschers zwar etwas, dann aber wurden einige schwarze Sklaven herbeigerufen, die sich sogleich des Opfers bemächtigten und ihn mit seinem eigenen Turban erdrosselten.

Unglücklicher Laing! Seine Leiche wurde in die Wüste geworfen und diente den Raben zum Fraß. Und trotzdem, das Los, das er gewählt, war doch hundertmal besser als der sofortige Glaubenswechsel, denn auch dann hätte er die Heimat nie wiedergesehen und wäre in der Sklaverei geendet. Sein Entschluß mag vielleicht ein Beweis dafür sein, daß er dies elende Leben voraussah.

Seine geringe Habe wurde unter die Mörder verteilt, die Papiere und Tagebücher vernichtet. Als ich mich in Tafilet aufhielt, fand ich dort noch einen messingnen Taschenkompaß englischen Fabrikats. Ich nehme an, daß er einst zu dem Besitz des Majors gehörte. Meine angenommene Maske als Araber hinderte mich leider daran, den Kompaß zu erwerben, denn was sollte ich nach Ansicht meiner Umgebung mit so einem unbekannten Instrument anfangen? Jeder Kaufversuch hätte mich so nur einem unnötigen Verdacht ausgesetzt, ja, mich sogar verraten können.«

»Caillié ist der Sieger von Timbuktu«

Es ist verständlich, daß Caillié, Laings grausame Ermordung vor Augen, sich nicht wohl in seiner Haut fühlte, wenn er an seine bevorstehende Abreise dachte. Zwei Möglichkeiten standen ihm für den Rückweg offen: entweder konnte er sich nach Westen wenden – oder die Große Wüste nach Norden durchqueren. Der Gedanke einer Wüstenreise während dieser trockenen und heißen Jahreszeit bedrückte ihn schwer, da er befürchtete, den Strapazen und der unerträglichen Hitze nicht gewachsen zu sein. Nach reiflicher Überlegung entschied er sich trotzdem für den beschwerlichen Weg durch die Sanddünen der Sahara, denn die Rückkehr über die französischen Niederlassungen im Westen konnten leicht den Verdacht seiner Feinde erregen.

Einen Vorgeschmack auf die Temperaturen, die ihn bei der Durchquerung der Großen Wüste in dieser ungünstigsten Jahreszeit erwarteten, erhielt er bereits in Timbuktu selbst, wo die Hitze durch den Ostwind verstärkt wurde, der ganze Sandwolken vor sich hertrieb, die sogar die Atmosphäre verdunkelten. »Der Wind war wie heißer Dampf, der die Lungen ausdörrte, ich litt unter dauerndem Unwohlsein.«

Am 4. Mai 1828, also vierzehn Tage nach seiner Ankunft in Timbuktu, schloß er sich einer stattlicher Karawane von vierhundert Mann und vierzehnhundert Kamelen an. Das Frühstück, das ihm sein Gastgeber zum Abschied gab, hatte ihn so aufgehalten, daß er der Karawane mehr als eine Meile durch den Sand nacheilen mußte. Als er sie endlich erreichte, brach er erschöpft zusammen. Man hob ihn auf und setzte ihn auf ein Kamel. So führte der Weg langsam in die Wüste hinein.

Als sich wenige Tagereisen von Timbuktu entfernt auch die letzten Sträucher und Gräser im Sand verloren und die Große Wüste begann, die sich bis nach Norden über mehr als zweitausend Kilometer erstreckt, da erfaßte alle vierhundert Männer der Karawane ein Gefühl der Beklemmung, denn ohne den Schutz Allahs würden sie diese menschenfeindliche Strecke nicht heil überstehen.

»Ich folgte dem Beispiel der frommen Muselmanen, als ich die Sahara betrat, und fiel auf die Knie, aber um zum Gott der Christen zu beten. Den Blick nach Norden, nach meinem Vaterland, meinen Angehörigen, meinen Freunden gewandt, flehte ich Gott an, die Hindernisse für mich abzutragen. In der Glut meiner Wünsche malte ich mir aus, daß mein Gebet erhört worden sei und daß es mir als erstem Europäer gelingen werde, von Süden her diesen Ozean von Sand zu überwinden. Dieser Gedanke elektrisierte mich. Und während auf allen Gesichtern Sorge und Traurigkeit lag, strahlte das meine von Hoffnung und Freude. Von diesen Empfindungen beseelt, schwang ich mich auf mein Kamel, um vor meine Reisegefährten zu gelangen und unerschrocken als erster die Einöden zu betreten, die den fruchtbaren Sudan von den Gebieten Nordafrikas trennen.«

Über Arauan, den Brunnen von Telig in der Nähe von Taudeni, dem Sklavenweg folgend, traf die Karawane am 23. Juli 1828 in der Oase Tafilalet an der Südseite des Atlasgebirges ein. Unterwegs erlitt Caillié alle Entbehrungen einer Saharareise. Er erlebte den Flugsand und mußte, da die Wasservorräte äußerst knapp bemessen waren, genauso dursten wie die Sklaven, da man ihn, den angeblichen Ägypter, für einen völlig mittellosen Bettler hielt und ihn darum genauso niedrig einstufte wie die Sklaven. Dick und geschwollen lag die Zunge im Mund, Halluzinationen narrten den Verzweifelten, und ein entsetzlicher Husten quälte ihn – der Vorbote der Tuberkulose, die ihn zehn Jahre später hinwegraffen sollte. Auch die Rücksichtslosigkeit und ständigen Verhöhnungen seiner Begleiter machten ihm schwer zu

schaffen. Welche Gefahren ihn auf seinem Weg umlauerten, wurde ihm besonders bewußt, als die Karawane genau an derselben Stelle vorbeizog, an der Major Laing ermordet worden war.
Dennoch verlief die Reise ohne Zwischenfall und ohne Stockung, und im Juli erreichte die Karawane Marokko. Mit seinen geringen Geldmitteln tauschte Caillié sein Kamel gegen einen Esel aus und ritt nach Fez, das er am 14. August 1828, nach fünfundsiebzig Tagen unvorstellbarer Qual, erreichte. Als er sich im benachbarten Rabat beim französischen Konsularagenten, einem reichen eingeborenen Kaufmann, meldete, wiesen die farbigen Diener diesen stinkenden und mit Lumpen bedeckten Bettler zurück, dessen Haut die Sonne schwarz verbrannt hatte. Sein Körper, von unaufhörlichem Husten hin und her geschüttelt, war so gealtert, daß niemand seine jungen Jahre oder selbst seine Rasse zu erkennen vermochte.
Niedergeschlagen hungerte sich Caillié bis zum französischen Konsul in Tanger durch, der nun endlich, nach 538 Tagen Reise und fast 4.500 Kilometer, seinen Landsmann erkannte und ihm nach der großen Leistung begeistert um den Hals fiel.
»Caillié ist der Sieger von Timbuktu«, meldete er stolz dem französischen Außenministerium in Paris. »Er hat Afrika als Bettler durchquert. In diesem Zustand hat er sich vor die Schwelle meines Hauses geworfen. Ich habe ihn aufgenommen und schätze mich glücklich, daß ich der erste Franzose bin, der ihn umarmt hat.«
In Paris erhielt René Caillié von der »Geographischen Gesellschaft« den versprochenen Preis, auch andere Ehrungen wurden ihm zuteil sowie eine staatliche Pension. Aber im Laufe der Zeit häuften sich die Zweifel an der Wahrheit seiner Berichte – ja, man glaubte sogar, er sei nie in Timbuktu gewesen. Verbittert zog er sich aufs Land zurück, wo er 1838, im Alter von nur 39 Jahren, starb.
Zwei Jahrzehnte später hat der große deutsche Afrikaforscher Heinrich Barth zum »Fall Caillié« wie folgt Stellung genommen:
»Es ist ein wahres Glück für mich, einem Reisenden Gerechtigkeit widerfahren lassen zu dürfen, der unaufhörlich Angriffe gegen seinen Charakter und seine Wahrhaftigkeit hat hinnehmen müssen und der gestorben ist, bevor er das Übelwollen und die Verleumdung zum Schweigen bringen konnte. Ich betrachte es als meine Pflicht, hier ohne Einschränkung und Hintergedanken zu verkünden, daß René Caillié einer der zuverlässigsten Erforscher Afrikas gewesen ist. Zwar war er kein Wissenschaftler, aber er hat ohne Instrumente und mit den geringsten Hilfsmitteln mehr geleistet, als irgendein anderer Reisender unter gleichen Umständen hätte leisten können.«

Die meisten kehrten nie zurück

Im folgenden halben Jahrhundert nach Cailliés Rückkehr aus Timbuktu wagten immer wieder neue Reisende und Forscher die Sahara zu durchqueren und die »Königin der Wüste« sowie andere Städte am Niger zu erreichen. Von den etwa 200 jungen Männern, die hoffnungsfroh auszogen, kehrten die meisten nie mehr zurück: 165 von ihnen erlagen den Strapazen und tückischen Krankheiten oder fielen den räuberischen Tuareg zum Opfer. Wer jedoch allen Gefahren und Anstrengungen zum Trotz überlebte, der wußte aufschlußreiche Neuigkeiten über bisher unbekannte Wüstengebiete zu berichten, die mit dazu beitrugen, die menschenleeren Gegenden der Sahara zu erschließen.

Auch von den drei europäischen Forschungsreisenden, die am 24. März 1850 die libysche Hafenstadt Tripolis, das »Tor« ins Innere der Großen Wüste, mit ihrer gutausgerüsteten Karawane verließen, sollte es für zwei von ihnen zugleich die letzte Reise sein. Leiter der Expedition war ein englischer Missionar und Afrikareisende James Richardson, der bereits das Sultanat Marokko und danach auch das Wüstengebiet zwischen Tripolis und Mursuk bereist hatte. Nach England zurückgekehrt überredete er die englische Regierung, die großen Karawanenstraßen zwischen den Oasen der Sahara und die Städte am Südrand der Wüste zu erforschen. Richardson selbst wollte diese Aufgabe durchführen. Dabei sollte er der britischen Industrie neue Absatzgebiete gewinnen, indem er mit den mohammedanischen Herrschern des Sudans Handelsverträge abschloß. Richardson wollte als Teilnehmer dieser verantwortungsvollen Expedition keine Abenteurer verpflichten, die den Kopf nur voller romantischer Ideen hatten, sondern Männer, die wissenschaftliche Interessen verfolgten. Die Wahl fiel schließlich auf die jungen Deutschen Heinrich Barth und Adolf Overweg. Sie stammten beide aus Hamburg, wo Barth 1821 geboren worden war und Overweg 1822. Der berühmteste von allen drei Afrikareisenden sollte Heinrich Barth werden, der heute als Pionier der Sahara-Forschung gilt. Nach dem Studium der Philologie und Geschichte widmete er sich bald immer mehr der Geographie der Mittelmeerländer, die er auch 1845 auf einer großen archäologischen Reise besuchte. Dabei wurde er an der ägyptischen Grenze durch die Kugel eines Wüstenräubers verletzt und seiner Barschaft beraubt. Nach einer Erholungspause in Alexandrien setzte er seine Reise fort und kam dabei nach Palästina, Syrien, Zypern und Rhodos.

Er lehrte gerade erst wenige Monate als Privatdozent für alte Geographie an der Universität Berlin, als sich ihm die Möglichkeit bot, an Richardsons Expedition in das Tschadsee-Gebiet teilzunehmen. Noch nie war bis dahin ein Erkundungsunternehmen in die Sahara so gut organisiert, ausgestattet und mit Lebensmittelvorräte versorgt gewesen. Man führte sogar ein großes und in Teile zerlegtes Holzboot mit, das man bei der Erforschung des Tschadsees einsetzen wollte. Wie üblich wurden die drei Europäer von Dienern und Führern begleitet.

In der »Geisterburg«

Das große Abenteuer begann, als die Karawane Ende März 1850 von Tripolis in Richtung Mursuk in Fessan aufbrach, wo unter anderem schon Hornemann auf seiner Erkundungsreise gewesen war. Statt den üblichen Karawanenweg einzuschlagen, der sicherer, aber auch länger ist, wählte man die kürzeste Strecke, die durch die hochgelegene, steinige Wüste führte, ohne jede Spur von Wasser. Der Reiz, als erste Europäer diese unbekannte Öde zu durchqueren, war zu verlokkend. Täglich legte die Karawane an die vierzig bis fünfzig Kilometer zurück. Trotz der Strapazen zeichnete Barth unterwegs Geländeskizzen, las den Kompaß ab und arbeitete abends im Zeltlager an einer Karte des Karawanenwegs von Tripolis nach Süden.
Über diesen Ritt durch die gefürchtete und Schrecken erregende Hammada, die Steinblockwüste, berichtete Barth:
»Dadurch, daß wir diesen westlichen Weg über die Hammada einschlugen, haben wir selbst hier in so geringer Entfernung von der Küste neue Gegenden der wissenschaftlichen Kenntnis eröffnen können. Die Breite dieser steinigen und unbewohnten Wüste beträgt von Norden nach Süden etwa 240 Kilometer, und wir brauchten sechs starke Tagesmärsche, bis wir den nächsten wohlbekannten Brunnen El Hassi erreichten. So verrufen auch die Hammada wegen ihrer schrecklichen Nacktheit und wegen ihres völligen Wassermangels ist, so entspricht sie doch nicht ganz den Vorstellungen, welche man sich in Europa von dem Charakter der afrikanischen Wüste zu machen pflegt. Namentlich war ich überrascht, zu gewahren, daß sich in ihrer ganzen Ausdehnung hin und wieder Stellen frischen, wenn auch spärlichen, Krautwuchses finden. Dieser Umstand ist sehr wichtig für die Ausdauer der Kamele. Auch das Tierleben ist in dieser Wüste sehr

Heinrich Barth, 1821–1865, einer der größten Forscher und Reisenden in der Sahara

schwach und fast noch weniger entwickelt als die Vegetation.
Am 22. April erreichten wir den Brunnen von El Hassi. ›Die Durchglühte‹, die heiße, wasser- und beinahe vegetationslose steinige Hochfläche, die den Wanderer sechs lange Tagemärsche ohne Rast und in Gefahr zu verdursten vorwärtstreibt und ›der Brunnen‹, der ewig wasserreiche Brunnen, der ihn an ihrem Ende empfängt, welch ein Bild des Lebens dieser Weltgegend!«
Trotz Schwierigkeiten traf die Expedition am 6. Mai in Mursuk, dem ersten Reiseziel, ein. »Ich sah voraus, daß wir längere Zeit in der Hauptstadt von Fessan würden verweilen müssen. Denn die Verhandlungen mit den Tuareg-Häuptlingen, unter deren Schutz wir unsere Reise fortsetzen sollten und die wir erst von Rhat hierher kommen lassen mußten, konnten voraussichtlich nicht in wenigen Tagen zu Ende geführt werden.«
Mit dieser Vermutung behielt Barth recht. Erst Mitte Juni nahm die Expedition ihre unterbrochene Reise nach Rhat – auch Ghat geschrieben – im Südwesten wieder auf, wo sie am 18. Juli anlangte. Nur wenige Tage vor dieser Ortschaft geriet Barth zum erstenmal in Todesgefahr. Als sie am 14. Juli in südlicher Richtung in dem breiten, völlig öden Tal Tanesof entlangzogen, lag vor ihren Augen ständig der phantastisch gestaltete Kamm des geheimnisvollen Berges Idinen. Wie Reste verfallener Schlösser und Paläste ragten die zinnenartig geformten Bergruinen aus dem Sand. Die Tuareg glaubten ernstlich, dieser Berg sei der Hort von Geistern und wer diese »Geisterburg« besteige, begehe einen Frevel. Dennoch war Barth fest entschlossen, diese merkwürdigen Felsbildungen zu untersuchen. Die wohlgemeinten Warnungen der Wüstenbewohner vermochten ihn nicht abzuschrecken, vielmehr verstärkten sie noch seinen Wissensdrang.

Schon am frühen Morgen des 15. Juli war er zum Abmarsch bereit. Noch einmal versuchte er, einen Führer für seinen Aufstieg in die Berge zu gewinnen, doch niemand wagte ihn zu begleiten. So machte er sich allein auf den Weg. Als Verpflegung nahm er nur etwas trokkenen Zwieback, einige Datteln sowie einen kleinen Wasserschlauch auf dem Rücken mit. Overweg, der andere junge deutsche Forscher, folgte später mit einem Diener, den ihm Richardson nachgeschickt hatte. Doch davon wußte Barth nichts.

Am Anfang ging alles gut, obwohl der Weg zunächst über Sandhügel und dann über eine große nackte, mit schwarzen Kieselsteinen bedeckte Ebene äußerst beschwerlich war. Völlig zerschlagen erreichte Barth endlich den engen, mauerähnlichen Kamm auf der Höhe des hufeisenförmig gekrümmten Bergrückens. »Unbefriedigt, erschöpft und ängstlich schaute ich um mich her. Es war 10 Uhr geworden; ich war ohne den geringsten Schutz gegen die immer glühender werdenden Sonnenstrahlen, doch war ich genötigt, auf meiner hohen Warte mich niederzulegen; aber die Ruhe, ohne Schatten und ohne einen stärkenden Imbiß, war nicht erfrischend. Meine Schwäche gestattete mir nicht, einen Bissen von dem trockenen Zwieback oder eine Dattel zu verzehren, und bei meinem geringen Wasservorrat durfte ich meinen brennenden Durst nur ungenügend stillen. Ich stieg wieder in die nackte Kluft hinunter, um, ihrem Lauf folgend, in die Ebene zu gelangen und den Brunnen aufzusuchen.« Er litt stark unter der furchtbaren Hitze, und vom Durst gequält trank er aus dem Wasserschlauch die letzten Schlucke, die ihm noch geblieben waren. Aber das Wasser allein stärkte ihn nicht.

»Meine Kraft hatte mich bald völlig verlassen. Ich setzte mich nieder, vor mir die volle Aussicht auf das breite Tal. Nun hoffte ich, bald unsere Karawane zu erblicken, ja einen Augenblick glaubte ich, in der Ferne einen Zug Kamele vorüberziehen zu sehen. Aber es war eine Täuschung, wie denn nichts in der Welt so voll täuschender Gebilde ist, als die von der Sonnenglut erhitzten Täler und Flächen der Wüste. Dies haben auch die Araber von alter Zeit her empfunden und deshalb die Wüste mit Geistern erfüllt gesehen, die den einsamen, genossenlosen Wanderer irre machen und seitabwärts leiten.«

Endlich raffte er sich wieder auf, war aber so schwach, daß er sich kaum auf den Beinen halten konnte. Da die Sonne bald unterging, mußte Barth sich nach einem Nachtlager umsehen. Mit ungeheurer Anstrengung schleppte er sich zu einem Baum, unter dem er die Nacht verbringen wollte. Ein Feuer sollte seinen Gefährten von dort aus ein weithin sichtbares Zeichen geben, aber er war zu kraftlos, ein paar dürre Äste zu sammeln. Fast bewußtlos sank er nieder.

Nach einer Rast von zwei Stunden hatte er sich wieder soweit erholt, daß er sich erheben konnte. Inzwischen war es völlig dunkel geworden, aber gerade deshalb erblickte er in südwestlicher Richtung unten im Tal ein großes Feuer. Die hoch auflodernden Flammen galten Barth als sicheres Zeichen, daß seine Freunde ihn suchten. Das Glücksgefühl, nun bald gerettet zu sein, durchpulste ihn und erfüllte ihn mit neuem Lebensmut. Sich hoch aufrichtend feuerte er eine Pistole ab. Dann horchte er in die Nacht hinaus, horcht lange. Aber alles blieb totenstill, nur die Flammen flackerten hoch zum Himmel empor. Nach langer Pause feuerte er erneut, doch auch diesmal wartete er vergebens auf Antwort. Die Hilfe war nah – und dennoch unerreichbar. In sein Schicksal ergeben legte er sich niedergeschlagen wieder auf den Boden.

»Endlich wich die Finsternis, und Zwielicht trat ein. Alles war Ruhe und Stille. Ich versuchte noch einmal, meinen Freunden ein Zeichen zu geben. Aber keine Antwort traf mein Ohr.

Die Sonne stieg empor, und ich sah ihr mit Furcht und Schrecken entgegen. Mit der zunehmenden Hitze wurde mein Zustand immer unerträglicher. Der Baum, unter dem ich lag, war alt, mit großen, dicken Ästen, aber ohne ein einziges Blatt. Ich kroch umher, jeden Augenblick meine Lage verändernd, um den geringen Schatten zu genießen, den die laublosen Äste warfen. Der Durst quälte mich so unsäglich, daß ich an meinem Blute sog. Endlich wurde ich besinnungslos und verfiel in eine Art von wahnsinniger Träumerei.«

Erst als die Sonne hinter den Bergen versank, kam er wieder zu Bewußtsein und raffte sich auf, um noch einen schwachen, trüben Blick auf die Ebene zu werfen, von der er so sehnlichst seine Retter erwartete. »Da plötzlich traf der Schrei eines Kamels mein Ohr, der klangreichste Ton, den ich je im Leben gehört! Ich erhob mich etwas vom Boden und sah einen unserer Leute in einiger Entfernung nach allen Seiten umherspähend langsam vor mir vorbeireiten. Er hatte meine Fußstapfen im Sande bemerkt, und da er die Spur auf dem steinigen Boden verloren, suchte er ängstlich, nach welcher Richtung ich mich wohl gewendet. Ich öffnete nun meine trockenen Lippen, und mit meiner geschwächten Stimme ›Aman, Aman‹ – ›Wasser, Wasser‹ – rufend, war ich entzückt, zur beruhigenden Antwort das bejahende ›Iwua, iwua‹ zu bekommen. In wenigen Augenblicken saß er an meiner Seite, wusch und besprengte meinen Kopf, während ich unwillkürlich in ein oft wiederholtes ›El hamdu lillahi, el hamdu lillahi‹ – ›Allah sei gelobt‹ – ausbrach.

Im Lager war inzwischen alles in großer Angst und Aufregung gewesen. Zwar hegte man wenig Hoffnung, den Vermißten noch lebend zu finden, da die Eingeborenen behaupteten, niemand könne länger als zwölf Stunden leben, wenn er sich während der Sommerhitze in der Wüste verirre. Dennoch wollte man nichts unversucht lassen und setzte eine Belohnung von 50 Dollar für den Mann aus, der Barth aufspüren würde. Ein Targi, der auf seinem Kamel die Ebene am Abhang des Berges durchstreifte, entdeckte schließlich die Fußspuren des Verschollenen und folgte ihnen, bis er sie dann auf dem harten Felsboden verlor. Da er jedoch überzeugt war, Barth müsse in der Nähe sein, stachelte er sein Kamel zum Schreien an, um so den Gesuchten, falls dieser noch lebte, zum Durchhalten zu ermutigen.

»Nachdem mein Retter mich vorsichtigerweise so erfrischt hatte, reichte er mir einen Trunk. Bei dem gänzlich ausgetrockneten Zustand meines Gaumens und bei meinem hohen Fieber fand ich ihn gallenbitter. Dann hob er mich auf sein Kamel und eilte den Zelten zu. Die Freude des Wiedersehens war außerordentlich groß. Anfänglich konnte ich nur wenig und undeutlich sprechen und war während der ersten drei Tage fast unfähig, etwas zu essen, bis ich allmählich wieder zu Kräften kam.«

Schon am nächsten Tag war Heinrich Barth wieder imstande, die Anstrengungen des Marsches zu ertragen. Am 18. Juli erreichte die Expedition Rhat, die zweite große Station auf ihrer Reise.

Die hungrigen Geier von Agades

Eine Woche danach zog die Karawane von Rhat ins Tassili-Gebirge, wo fast ein Jahrhundert später Tausende von jungzeitlichen Felsmalereien entdeckt wurden. Auch Barth fand dort einige dieser Felszeichnungen, ohne sich jedoch über die außerordentliche Bedeutung im klaren zu sein. Bei dem schweren Weg durchs Gebirge wurde die Expedition oft von Räubern angegriffen. Mal gelang es, die Banditen mit Waffengewalt zu vertreiben, mal mußte man ihnen Wegegeld zahlen.

Besonders bedrohlich wurde die Lage für die drei Europäer, als sie auf ihrem Weg durch die Berge des südlich gelegenen Aïr von feindlich gesinnten Wüstenbewohnern angegriffen wurden, die von ihnen forderten, vom Christentum abzufallen, andernfalls müßten sie bis Sonnenuntergang sterben. Erst nach langer und lebhafter Verhandlung gelang es den weißen »Ungläubigen«, sich durch Waren loszukaufen. »So hatte glücklicherweise das materielle Interesse die Ober-

hand über den religiösen Fanatismus gewonnen.«
Als Barth erfuhr, südlich des 1700 Meter hohen Aïr-Gebirges liege die Stadt Agades, die einst ein bedeutendes Handelszentrum in der Sahara gewesen war, beschloß er, einen Ausflug dorthin zu machen. Trotz der vielen berufenen und unberufenen Ratgeber, die ihn vor einem so gefahrvollen Unternehmen warnten, ließ er sich nicht einschüchtern. Nur von zwei Dienern und dem Schwiegersohn eines einheimischen Häuptlings begleitet, machte sich der wissensdurstige Forscher auf den Weg.
Hatte Leo der Afrikaner noch drei Jahrhunderte zuvor Agades als eine neue Stadt bezeichnet, so fand Barth, als er dort am 10. Oktober 1850 eintraf, »nur noch das Gerippe dessen, was sie früher war«. Die Bevölkerungszahl, einschließlich der Sklaven, schätzte er auf etwa 7.000, während es früher einmal 50.000 gewesen waren. »Der Gesamteindruck, den Agades macht, ist der einer verödeten Stadt; überall sieht man die Spuren eines verschwundenen Glanzes. Selbst in dem wichtigsten Stadtteile, dem Mittelpunkt der Stadt, liegen die meisten Wohnhäuser in Ruinen, von den sonst zahlreichen Moscheen sind nur noch wenige übrig; auf den Zinnen der verfallenen Mauern rings um die Marktplätze sitzen hungrige Geier, lauernd und bereit, sich auf jeden Abfall hinabzustürzen. . .
Eine eigentümliche Bedeutung haben die jährlich wiederkehrenden großen Karawanen der Itisan und Kelgeres nach den Salzminen von Bilma. In diesen Gegenden, wo der einzelne nichts vermag, sondern alle gemeinschaftlich handeln müssen, ist der Abgang der Salzkarawane eine jener charakteristischen Begebenheiten, welche das Jahr in bestimmte Abschnitte teilen.«
Die Bewohner von Agades verhielten sich Barth gegenüber außerordentlich freundlich, obwohl er der erste Christ war, der je diese mohammedanische Stadt besuchte.
Nach einem dreiwöchigen Aufenthalt verließ er die Wüstenstadt und kam am 5. November in Tintellust an, wo der Großteil der Expedition mit Richardson und Overweg zurückgeblieben war.
Zwei Monate später, am 11. Januar 1851, »war der bedeutsame Tag, an welchem früherer Verabredung gemäß unsere Reisegesellschaft sich trennen sollte. Richardson wollte geradewegs über Sinder nach Kuka« — auch Kukaua und Kukawa geschrieben —, »Overweg nach Gober und Maradi und ich selbst mit der Salzkarawane über Katsena nach Kano gehen. Zur Wiedervereinigung waren dann die ersten Tage des Aprils in Kuka bestimmt.«
Als Barth schließlich nach seinem erfolgreichen Abstecher nach Süden in Kuka am Tschadsee, der Hauptstadt Bornus, ankam, fand er

seine Gefährten nicht. Am 4. März, einen Monat vor Barths Ankunft in Kuka, war Richardson unterwegs fieberkrank und zermürbt durch den strapaziösen Marsch gestorben. Overweg traf erst im Mai ein, stark erschöpft und vom Fieber geschüttelt. Während Barth das Gebiet südlich und östlich des Sees erforschte und dabei am 18. Juni das Strompaar Benuë und Faro entdeckte, erholte sich Overweg und konnte danach den Süßwassersee selbst mit dem mitgebrachten Boot erkunden. Insgesamt blieben die beiden Deutschen fünfzehn Monate im Gebiet des Tschadsees.

Aufbruch nach Baghirmi

Heinrich Barth, der inzwischen nach dem Tode Richardsons praktisch zum Leiter der Expedition geworden war, was bald auch von der britischen Regierung bestätigt wurde, verabschiedete sich am 4. März 1852 von seinem Gefährten Overweg, um als erster Europäer in das seit Anfang des 16. Jahrhunderts bestehende Baghirmi-Reich südlich des Tschadsees zu reisen.

Das Schicksal dieses frühen afrikanischen Staates, der bereits einen ausgebildeten Beamtenstand hatte, war durch seine Lage zwischen den beiden mächtigen Reichen von Wadai und Bornu bestimmt. Als Frankreich um 1900 die Herrschaft übernahm, führten die Sultane von Baghirmi, die sich ihrer arabischen Herkunft rühmten, nur noch ein Schattendasein.

Doch bereits nach wenigen Tagereisen stieß Barth auf unerwartete Hindernisse. »Ich war ein wenig vorausgeritten, als ich plötzlich durch die Zweige hindurch den prächtigen Spiegel eines großen Stromes gewahrte und bald an dessen dichtbewaldetem Ufer stand. Tiefe Stille herrschte ringsum, und die durchsichtige Oberfläche des Wassers wurde auch nicht durch den leisesten Windhauch bewegt. Ein paar Flußpferde ausgenommen, welche bei unserer Annäherung im Strome sich verbargen, war keine Spur von Mensch oder Tier zu erblicken; nicht einmal ein Wasservogel ließ sich sehen.«

Erst nach einiger Zeit zeigte sich am jenseitigen Ufer der Fährmann, und einige Leute näherten sich mit Booten. Sie erklärten, der Vorsteher von Asu verbiete dem weißen Mann, über den Fluß zu setzen, da man ihn für einen höchst gefährlichen Menschen hielt, dessen Aufenthalt in Baghirmi während der Abwesenheit des Sultans leicht den Thron des Herrschers in Gefahr bringen könne. So mußte Barth also

versuchen, an einer anderen Stelle unbemerkt den Fluß zu überqueren, was ihm auch gelang.
In der Ortschaft Mele aber bekam er einen Monat später erneut die Fremdenfeindlichkeit zu spüren. Seine Tagebuchaufzeichnungen vom Montag, dem 19. April, beginnen mit den Worten: »Dies war für mich ein denkwürdiger Tag, bestimmt, mich ein größeres Maß unbeugsamer Geduld zu lehren....«
Was war an diesem Tag geschehen?
Nach einer ruhigen Nacht begab sich Heinrich Barth früh zum Vorsteher des Dorfes Mele, um mit ihm das Überschreiten des Flusses zu besprechen. Bei dieser Gelegenheit machte er ihm zugleich ein kleines Geschenk.
Während sich Barth am Vormittag mit verschiedenen seiner Bekannten unterhielt, kam plötzlich der Dorfvorsteher ins Zelt mit der unangenehmen Nachricht:
»Verzeih, Herr, daß ich dich störe. Aber eben ist ein Bote des Vizestatthalters eingetroffen. Er läßt dir ausrichten, daß du nicht weiterreisen darfst.«
Barth stutzte. »Was, er will mich hindern? Warum?«
»Das hat er nicht gesagt«, wich der Vorsteher verlegen aus.
»Nun, wenn ich schon hier warten muß, dann will ich diesen unfreiwilligen Aufenthalt wenigstens zu wissenschaftlichen Arbeiten benutzen, und zwar im Gebiet zwischen Mele, Djogode und Klessem.«
»Nein, Herr, das geht nicht. Du mußt hier in Mele bleiben.«
»Wie lange? Tage, Wochen, Monate? Da kehre ich doch lieber nach Logone zurück.«
»Nein!« beharrte der Dorfvorsteher, indem er einen energischeren Ton anschlug. »Der Befehl des Statthalters lautet: Du mußt hier bleiben!«
»Warum macht man mir solche Schwierigkeiten? Ich habe wichtige wissenschaftliche Aufgaben zu erfüllen. Laß das dem Statthalter melden, und sage ihm weiter. . .«
Während Barth dem Dorfvorsteher ruhig seine Einwände gegen die Anordnung darlegte, kamen allmählich mehr und mehr Leute ins Zelt, und plötzlich rief eine schneidende Stimme:
»Vorwärts, packt ihn!«
Die Männer ergriffen den völlig überrumpelten Fremden und legten seine Füße in Fesseln. Es war vielleicht sein Glück, daß die Sache so unerwartet vor sich ging. Denn nur schon beim geringsten Verdacht an diesen Überfall hätte er wahrscheinlich zu den Waffen gegriffen; aber überrascht und überwältigt wie er war, unterwarf er sich geduldig, ohne auch nur ein Wort zu sprechen. Die Leute schleppten nicht

nur seine Waffen, sondern auch sein Gepäck fort. Dann schlugen sie sein Zelt ab und führten ihn in einen offenen Schuppen, wo er von zwei Dienern des Vizestatthalters bewacht wurde.
Barths Empörung über diese gewalttätige Behandlung stieg noch, als er eine Moralpredigt über sich ergehen lassen mußte, die mit der Mahnung endete:
»Füge dich in dein Schicksal, trage es mit Geduld, denn alles kommt von Gott.«
Sogar seine Diener waren anfangs gefesselt worden. Erst als sie einwendeten, man könne den Europäer nicht ohne Bedienung allein lassen, nahm man ihnen die Fesseln wieder ab und erlaubte ihnen, zu ihm zu gehen.
Gegen Abend bestieg ein Sklave des Dorfvorstehers Barths Pferd, nahm eine seiner Pistolen mit und ritt fort – nach Maseña, der Hauptstadt des Landes.
Bis Sonnenuntergang blieb Heinrich Barth ruhig an dem Platz, den man ihm angewiesen hatte. Dann schickte er seine Diener los, sein Zelt zurückzuverlangen, das man bei seiner Gefangennahme abgeschlagen hatte. Zu seiner freudigen Überraschung wurde ihm diese Forderung erfüllt. Wie ein Sklave gefesselt verbrachte er die folgenden vier Tage still und schicksalergeben im Zelt.
Am Abend des 23. April kam sein Freund Hadj Bu Bakr Sadik, ein alter hagerer Mann, der Barth drei Wochen zuvor in seinem Haus in dem Dorf Bakada bewirtet hatte. Dieser Eingeborene war ebenso liebenswürdig wie fromm und wohlunterrichtet und hatte dreimal die Wallfahrt nach Mekka unternommen und dabei die großen Schiffe der Christen auf dem Roten Meer gesehen. Als er in Mele eintraf, ritt er auf Barths Pferd, mit dem vier Tage zuvor der Sklave nach Maseña aufgebrochen war. Sobald er die Fesseln des Gefangenen sah, befahl er entrüstet:
»Wie könnt ihr diesen Fremden so demütigen? Los, nehmt ihm die Fesseln ab!«
»Dann müssen wir ihn noch strenger bewachen«, wandte der Dorfvorsteher ein.
»Er ist frei, verstanden?«
Hadj Bu Bakr Sadiks Miene duldete keinen Widerspruch. Alle schwiegen betreten, aber keine Hand rührte sich, bis der Dorfvorsteher die Männer antrieb:
»Was steht ihr noch herum? Habt ihr nicht gehört? Ihr sollt dem Fremden die Fesseln abnehmen!«
»Und dann verschwindet von hier – alle!« scheuchte Bu Bakr die gaffende Menge fort.

Erleichtert rieb sich Barth die Fußknöchel. »Endlich wieder frei! Wie soll ich dir danken, mein Freund?«
»Du solltest mich lieber fragen, wie ich mich entschuldigen kann für diese Schmach«, erwiderte Bu Bakr. »Doch eines muß ich dir lassen: du hast dich ungemein klug benommen. Hättest du dich gewehrt, dann hättest du dein Ziel nicht erreicht.«
»Welches Ziel?«
»Maseña, denn dahin willst du doch − oder?«
»Ja, natürlich.«
»Dann reiten wir zu unserer Hauptstadt, sobald es dir paßt. Allah sei mit dir!«
Seine ganze Habe wurde Barth zurückgegeben, doch mit der Abreise mußte er sich noch bis zum folgenden Tag gedulden. Der Hauptdiener des Vizestatthalters war nämlich noch nicht angekommen, und Barths Pferd, das einen Gewaltritt zur Hauptstadt und zurück hinter sich hatte, brauchte noch einige Ruhe.

Gewalt über Wolken

Am nächsten Morgen traten sie in aller Frühe erneut ihre Reise nach Osten an. Obgleich Barth bisher in diesem Land nicht gerade freundlich behandelt worden war, wollte er dennoch nicht auf den Besuch der Hauptstadt verzichten. Seine Diener dagegen, die kein wissenschaftliches Interesse hatten, schauerten vor den Strapazen, Entbehrungen und vielleicht auch bösen Überraschungen, die nach ihrer Ansicht bei dieser Reise auf sie warteten.
Am Dienstag, dem 27. April, erreichten sie eine mit frischem Grün bewachsene Senkung, in der weit verstreut Ruinen von Lehmwohnungen lagen. Es war Maseña, die Hauptstadt, die genauso trümmerhaft und verödet wirkte wie das übrige Land.
So ohne weiteres durfte Barth jedoch nicht die Stadt betreten, erst mußte er dem Vizestatthalter durch eine Botschaft seine Ankunft melden. Länger als anderthalb Stunden ließ man ihn draußen vor der heiligen Mauer in sengender Sonne warten, ehe man ihm nach dieser neuerlichen Demütigung den Einzug durch das Stadttor gestattete.
Kaum hatte er es sich in dem zugewiesenen Quartier bequem gemacht, als ihn auch schon eine Menge Leute im Namen des Statthalters begrüßen kamen. Barth ließ ihm durch Sklaven Geschenke überreichen und stattete ihm dann, zusammen mit Bu Bakr, am Nachmit-

tag seinen Besuch ab. Er fand einen ziemlich wohlwollenden Mann vor, etwas über die mittleren Jahre hinaus, in einfacher dunkelblauer Tobe, die schon einen guten Teil ihres früheren Glanzes eingebüßt hatte.

»Ich muß mich für meine Landsleute entschuldigen, Herr«, erklärte der Vizestatthalter nach der Begrüßung. »Sie kennen nicht die Gewohnheiten der Europäer und haben dich deshalb so behandelt wie jemanden von ihrem eigenen Stamm, wenn er sich gegen die Vorschriften des Landes vergeht.«

»Gegen welche Vorschriften des Landes soll ich mich denn vergangen haben?«

Der Statthalter winkte ab. »Lassen wir das jetzt. Du siehst, daß du wieder frei bist. Deshalb gebe ich dir auch deine Pistole zurück.«

Im Beisein der ganzen versammelten Menge ließ der Vizestatthalter dem Deutschen die Waffe aushändigen.

»Danke! Dann kann ich also von jetzt an gehen, wohin ich will?«

»Habe Geduld! Warte erst noch die Ankunft des Sultans ab. Er wird sicher bald mit seinen Kriegern zurück sein.«

Als Barth den ersten Spaziergang durch die Stadt machte, war er von der bedrückenden Einsamkeit in den wie ausgestorben wirkenden Straßen und Gassen betroffen. In dieser tödlichen Öde und bei mangelnder Bewegung fühlte er sich schon bald so unwohl, daß er fünf Tage lang keinen Bissen aß und nur dann und wann einen Aufguß aus Tamarinden trank, gewürzt mit zerhackten Zwiebeln, etwas Honig und einer starken Dosis schwarzen Pfeffers. Dieses Getränk, das einem europäischen Gaumen abscheulich schmecken mußte, bereitet dem fieberkranken Reisenden in jenen heißen Landstrichen dagegen mit seiner erfrischenden Kühle einen wahren Genuß.

Barth hielt es nicht mehr länger in der Stadt aus und bat deshalb den Statthalter dringend, nach Westen zurückkehren zu dürfen, doch dessen Antwort lautete kurz und bündig:

»Nein, unter keiner Bedingung gestatte ich dir, die Stadt vor Ankunft des Sultans zu verlassen.«

Die ablehnende Haltung des Statthalters wurde bald noch durch wachsendes Mißtrauen verschärft, weil er nicht begriff, was der Fremde, der sich als Forscher und Gelehrter ausgab, eigentlich mit seiner Reise bezweckte.

Heinrich Barth saß am 21. Juni ruhig in seiner Wohnung, als ihm ein Diener zögernd eine Nachricht überbrachte. Es war darin von einem unsinnigen Gerücht die Rede, das in der Stadt die Runde mache. Sobald ein Gewitter aufzöge und der Himmel sich bewölke, würde der Fremde sein Haus verlassen und den Regenwolken gebieten, sich zu-

rückzuziehen. Der Statthalter wollte nun wissen, was an der Sache Wahres sei. Die Leute hätten nämlich öfters bemerkt, wie die Wolken vorüberzögen, ohne einen einzigen Tropfen Regen zu bringen, sobald der Fremde sie nur mit gebieterischer Miene betrachte.
Über so viel Torheit und Aberglauben brach Barth in lautes Gelächter aus. Immer wenn sich ein Gewitter zusammenbraute, war er hinausgegangen, um festzustellen, aus welcher Richtung es kam, da dies in den Tropen von einiger Bedeutung war.
»Geh sofort zum Statthalter«, bat er seinen Diener, »und erkläre ihm, kein Mensch könne weder durch Zauberformeln noch durch Gebete Regen erzeugen oder verhindern. Wenn er aber meine, ich stifte Unheil im Lande, dann solle er mir endlich erlauben abzureisen.«
Statt dieser Erlaubnis schickte ihm der Statthalter am Abend eine Schüssel voll Pudding, reich mit Butter übergossen, und einen kleinen Topf Hirsegrütze. Außerdem stellte er Korn für Barths Pferd in Aussicht. Dadurch wollte er sich überzeugen, ob eine gute Bewirtung des Fremden nicht auch einigen Einfluß auf die Regenmenge habe. Da Barth ihm jedoch als Gegengeschenk keinen Regen herbeizauberte, blieb es bei diesem einmaligen Gunstbeweis von Gastfreundschaft.

Als türkischer Spion verdächtigt

Nach wiederholten falschen Gerüchten von der Annäherung des Sultans rückte er endlich am 3. Juli an. Eine überschäumende Aufregung packte die ganze Bevölkerung, denn fast alle kampffähigen Männer waren länger als sechs Monate fort gewesen und wurden nun sehnlichst zu Hause zurückerwartet.
Gegen 9 Uhr morgens näherte sich von Süden das Heer mit schimmerndem Pomp und barbarischer Pracht, hielt jedoch an diesem Tag noch nicht seinen Einzug in die Hauptstadt selbst. Eine geheiligte Sitte zwang den Sultan, für die folgende Nacht sein Quartier draußen zwischen den Ruinen des ältesten Viertels aufzuschlagen. Erst am Sonntag zog er feierlich in Maseña ein, wobei er in seinem Triumphzug sieben Häftlinge als Gefangene mit sich führte.
Der Herrscher erwies Barth gleich von Anfang an viel Aufmerksamkeit und ließ ihn durch den Bruder und den Sohn eines der ersten Würdenträger des Landes willkommen heißen. Noch am gleichen Abend erfuhr der Deutsche, ein Bote mit mehreren Schriftstücken sei für ihn angekommen. Neben Depeschen vom englischen Außenmini-

sterium befanden sich eine Menge Privatbriefe aus England und Deutschland darunter. Aber das wichtigste war, daß die englische Regierung ihn zu dem Versuch aufforderte, mit einer Karawane nach Westen zu ziehen und die Stadt Timbuktu zu erforschen.
Während er die Briefe verschlang wie ein Hungernder das erste Stück Brot, kam sein Diener ins Gemach gestürzt:
»Herr, ich weiß nicht, was das bedeuten soll. Draußen rückt eine ganze Schar von Hofleuten des Sultans an.«
Barth hatte kaum Zeit gehabt, seinen Briefschatz unter der Matte zu verstecken, als die schwarzhäutigen Hofleute auch schon eintraten und in wenigen Minuten das gesamte Gemach füllten. Nach einigen Augenblicken verlegenen Schweigens druckste ein älterer Mann:
»Verzeih mir bitte, Herr, daß wir so unerwartet bei dir eindringen. Wir . . . wir sind gekommen, weil . . .«
»Unsere Neugier . . .« fiel ein anderer lächelnd ein.
»Ja, unsere Neugier hat uns keine Ruhe mehr gelassen.«
»Was macht euch denn so neugierig?« fragte Barth.
»Eh . . . die Geschenke.«
»Ja, die Geschenke, die du für den Sultan mitgebracht hast.«
»Dürfen wir sie schon jetzt mal sehen?«
»Oh, wenn's weiter nichts ist«, antwortete Barth. »Dort drüben liegen sie.«
Die Geschenke, die er schon lange bereitgehalten hatte, bestanden aus einem guten roten Tuchkaftan, einer Nürnberger Repetieruhr, einem Turban mit Seidenborde, einem englischen Messer und anderen Kleinigkeiten. Barth spürte jedoch deutlich, daß sie diese Neugier nur vorschützten und mit dem wahren Zweck ihres Besuchs noch hinterm Berg hielten. Nachdem sie die Geschenke gebührend begutachtet hatten, steckten sie die Köpfe zusammen, um sich leise zu beratschlagen.
Obwohl Barth dieses verschwörerische Getuschel nicht geheuer vorkam, gab er sich ungezwungen, als er fragte:
»Glaubt ihr, meine Geschenke werden dem Sultan gefallen?«
»Die Geschenke . . .? Ja, ja . . . schon möglich. Du wirst es ja selbst erleben. Es . . . es hängt ganz von der Stimmung des Sultans ab, und wenn es wahr ist, was die Leute sagen . . .«
»Was sagen die Leute?« unterbrach Barth den Hofmann scharf.
»Daß du ein türkischer Spion bist.«
»Ich?« Barth hielt den durchdringenden, prüfenden Blicken der schwarzhäutigen Würdenträger stand. »Ich soll ein türkischer Spion sein?«
Die Männer nickten. »Die vielen Briefe, die du bekommen hast, die

Depeschen. Bestimmt neue Anweisungen – oder?«
»Das ist doch alles Unsinn!« rief Barth fassungslos.
»Wir haben mit einem Pilger aus dem fernen Westen gesprochen. Er ist schon weit herumgekommen und kennt sich aus.«
»So, und was sagt dieser neunmalkluge Pilger?«
»Er ist ganz sicher, daß du ein Arnaut bist.«
»Was?«
»Ein türkischer Söldling.«
»Ach – und warum?«
Der Hofmann deutete auf Barths Beine. »Du trägst Strümpfe, Herr, und die Türken sind die einzigen Leute, die Strümpfe tragen.«
Über so viel Mißtrauen und Unverstand lachte Barth schallend los.
»Sagt eurem Pilger einen schönen Gruß von mir. Alle Menschen in Europa tragen Strümpfe, ob Mann oder Frau, ob jung oder alt.«
Diese erstaunliche Erklärung machte die Eingeborenen stutzig, sie wußten nicht so recht, was sie davon halten sollten. Den Verdacht beseitigen konnte sie jedoch nicht, dafür gab es einen noch schwerwiegenderen Vorwurf gegen den Fremden.
»Eh . . . stimmt es denn, daß du alles in ein Buch schreibst, was du siehst und hörst?« wollten sie nun wissen.
»Natürlich, ich mache mir Notizen über Land und Leute.«
»Warum?«
»Später, wenn ich wieder zu Hause bin, will ich ein dickes Buch über meine Reise schreiben, damit alle Leute erfahren, wie es in diesem Teil der Erde aussieht und welche Menschen hier wohnen.«
»Wo hast du das Buch?«
Ohne Zaudern holte Barth sein Tagebuch hervor. »Hier ist es.«
»Ist das auch wirklich das richtige Buch?«
Um ihren Argwohn zu zerstreuen, las Barth ihnen daraus mehrere Stellen über Geographie und Völkerkunde vor.
»Bitte, Herr, dürfen wir dieses Buch mitnehmen und dem Sultan zeigen?«
»Warum nicht? Ich habe keine Geheimnisse – vor niemandem.«
Seine Offenheit machte das Ränkespiel seiner Feinde vollkommen zuschanden und beschwichtigte den Argwohn der Eingeborenen. Denn, so glaubten sie fest, hätte der Fremde ihnen mit seinen Eintragungen über Land und Leute Schaden zufügen wollen, dann hätte er sicherlich alles aufgeboten, das Buch vor ihnen zu verbergen.
Sie gingen davon und nahmen das Tagebuch mit. Der Sultan ließ nun alle gelehrten Männer der Stadt zu sich rufen, um ihre Meinung über das Buch zu hören.
Am 8. Juli sollte Barth endlich die gewünschte Audienz beim ober-

sten Landesherrn erhalten. Im Palast wurde er mit seinem Begleiter in einen Innenhof geführt, wo Hofleute zu beiden Seiten einer Tür zu einem Gemach saßen. Die Öffnung dieser Tür verdeckte ein durchsichtiger Rohrvorhang, vor den man Barth und seine Gefährten niedersitzen ließ.
Doch an wen sollte er sich wenden? Niemand ließ sich blicken, der sich in irgendeiner Weise vom übrigen Hofstaat links und rechts hervorhob. Deshalb erkundigte sich Barth, ehe er seine Anrede begann, mit lauter Stimme:
»Ist Sultan Abd el Kader anwesend?«
»Ja«, antwortete eine Stimme hinter dem Vorhang.
Natürlich hätte Barth dem Herrscher lieber von Angesicht zu Angesicht gegenübergestanden, aber er durfte jetzt wenigstens sicher sein, den Sultan selbst anzureden. Auf arabisch hielt er eine lange Rede, in der er besonders betonte, die englische Regierung habe ihn gesandt, um in ihrem Namen mit Baghirmi freundschaftliche Beziehungen und Handelsverbindungen anzuknüpfen.
Sein Begleiter verdolmetschte Wort für Wort in die Baghirmi-Sprache und gab ihm auch gelegentlich einen Wink, wenn er glaubte, daß sich der Fremde zu starker Ausdrücke bediente. Dann wurden die Geschenke überreicht, und zum Schluß fügte Barth noch hinzu:
»Nachdem ich in diesem Land fast vier Monate lang wie ein Gefangener festgehalten worden bin, ist es nun mein sehnlichster Wunsch, ohne weiteren Aufenthalt zurückzukehren.«
Mit seinem Auftritt hatte Heinrich Barth den Sultan endlich davon überzeugt, daß er kein Spion war und Baghirmi in keiner Weise schaden wollte.
In der zweiten Augusthälfte 1852 kehrte der Forscher nach Kuka, der Hauptstadt Bornus am Tschadsee, zurück, wo er seinen Gefährten Overweg wiedertraf. Gemeinsam bereiteten sie voller Freude die neue Reise westwärts nach Timbuktu vor, zu der sie die britische Regierung inzwischen beauftragt hatte. Doch zu dieser gemeinsamen Expedition sollte es nicht mehr kommen, denn am 27. September erlag Overweg einem Fieberanfall. Die gewaltigen Anstrengungen durch die Sumpfgebiete des Tschadsees, den er dabei sorgfältig kartierte, hatten seine körperliche Widerstandskraft aufgezehrt.
Sein Grab »lag im Schatten eines schönen Hadjilidj und war gegen Raubtiere wohlgeschützt«, wie Barth tief erschüttert in sein Tagebuch notiert. »So starb mein einziger Freund und Gefährte im 30. Jahr seines Lebens, in der Blüte der Jugend. Es war ihm nicht beschieden, seine Reise zu vollenden und glücklich wieder heimzukehren; aber er fand einen höchst ehrenvollen Tod im Dienste der Wissenschaft. Es

ist in der Tat ein bemerkenswerter Umstand, daß er seine Grabstelle selbst bestimmte, genau am Rande jenes Sees, durch dessen Beschiffung er seinem Namen ewige Berühmtheit verschafft hat. Sicher war es ein Vorgefühl des herannahenden Todes, daß ihn die unwiderstehliche Sehnsucht nach dieser Stelle erfaßte, wo er dicht an der Seite des Bootes starb, in dem er seine Reise gemacht hatte. Viele Einwohner des Dorfes, denen er während seines wiederholten hiesigen Aufenthaltes wohlbekannt geworden war, beklagten bitter seinen Tod, und sie werden gewiß des Tahib, wie er genannt wurde, noch lange gedenken.«

Überraschende Begegnung im Urwald von Bundi

Von Fieber und Ruhr, den beiden Krankheiten, die immer wieder alle Afrikaforscher heimgesucht haben, war auch Heinrich Barth nicht verschont geblieben, doch hatte er alle Anfälle glücklich überstanden. Nach Overwegs Tod trieb er nun die Reisevorbereitungen für die neue Expedition besonders voran, da ihm Kuka durch die ständige Erinnerung an seinen Freund verleidet wurde. Am 25. November 1852 brach er in Richtung Timbuktu auf und erreichte über Sokoto, der Hauptstadt der Fulbe, am 20. Juni 1853 bei Sai, einem bedeutenden Verkehrsknotenpunkt und Fährplatz, den Niger.
Um die Gefahr zu verringern, die ihm in dem von ständigen Stammeskriegen sowie von Räubern und Skavenhändlern heimgesuchten Gebiet drohte, hatte sich Barth als Scherif ausgegeben, also als heiligen, weisen Mann, der dem Scheich von Timbuktu mehrere fromme alte Bücher aus dem Orient zu überbringen habe. Diese Tarnung war so erfolgreich, daß Barth auf seiner ganzen Reise von Sai aus bis nach Timbuktu wiederholt nach dem Erscheinen des Mahdi befragt wurde, also des Rechtgeleiteten, der als der von Gott gesandte Führer den Islam erneuern sollte, »denn die Wiederkehr des Messias, des Erlösers aus aller irdischen Not, wird von Osten her erwartet. Diesem Umstand hatte ich es zuzuschreiben, wenn namentlich die armen, ungebildeten und gedrückten Eingeborenen mich, den ebenfalls von Osten kommenden Fremdling, mit jenem Glauben an den wiederkehrenden Messias in Verbindung brachten und oft sogar geneigt schienen, mich für den ersehnten Propheten selbst zu halten. Auch in Bambara stand ich in dem Rufe, meine Gunst bei dem Allmächtigen sei so groß, daß ich sogar Einfluß auf die Witterung habe. So kamen

denn sämtliche Bewohner des Ortes mit dem Emir an der Spitze in festlichem Aufzuge zu mir und beanspruchten meine Vermittlung, um einen guten Regen zu erhalten. Es gelang mir jedoch, ihren Bitten um ein direktes Gebet auszuweichen und sie mit dem Ausdruck meiner warmen Hoffnung, der Allmächtige möge sich ihrer erbarmen, zu befriedigen. Wirklich fiel auch am Abend ein mäßiger Regen, der dem ausgedörrten Boden zwar unendlich wohltat, leider aber nicht hinreichend war, die unerträgliche Hitze zu vermindern.«

Am 7. September zog er endlich mit seiner Karawane in Timbuktu ein. Aber ähnlich wie Caillié ein Vierteljahrhundert zuvor, war auch er von dieser Stadt enttäuscht, der man den Ehrennamen »Königin der Wüste« gegeben hatte. War man bisher in Europa der ernüchternden Schilderung Cailliés gegenüber mißtrauisch geblieben, so räumte Barth nun endgültig mit der legendären Verklärung auf.

Acht Monate, bis zum 18. Mai 1854, hielt sich der deutsche Forschungsreisende in der Nigerstadt auf, und mehr als einmal hing sein Leben dabei an einem seidenen Faden. Denn schon kurz nach seiner Ankunft hatte man erfahren, daß dieser angebliche Scherif mit dem arabischen Decknamen Abd el Kerim in Kuka und Kano als Botschafter der englischen Königin aufgetreten war, und nun argwöhnte man, dieser europäische Ungläubige, dieser Christenhund, sei nur gekommen, um als Handelsspion für die weißen Kaufleute und die britische Regierung sein Unwesen zu treiben. Auch tauchte das Gerücht auf, er sei der Sohn des vor gut 25 Jahren ermordeten schottischen Majors Laing, der gleichfalls Timbuktu besucht hatte. Nur mit Kaltblütigkeit und Geschick glückte es Barth immer wieder, alle Gefahren zu meistern. Sein sechsschüssiger Revolver, den er einmal bei einer Schießübung dem Scheich von Timbuktu vorführte, verschaffte ihm bei der Bevölkerung außerordentlichen Respekt:

»Dies übte einen gewaltigen Einfluß hinsichtlich meiner ferneren Sicherheit aus. Die Leute glaubten, daß ich überall an mir Waffen trage und so oft schießen könnte, als es mir beliebe.«

Als ihm der Scheich schließlich im Mai 1854 erlaubte, Timbuktu zu verlassen, marschierte Barth von Sai aus durch bereits bekannte Gegenden in Richtung Kuka am Tschadsee zurück. Da man ihn in Europa bereits für tot hielt, hatte die britische Regierung den deutschen Afrikareisenden Eduard Vogel, der sich damals im Tschadsee-Gebiet aufhielt, beauftragt, nach dem Totgeglaubten zu suchen. So unwahrscheinlich es klingt − westlich von Kuka, im Urwald von Bundi, sollten sich die beiden Männer treffen. Von seinem treuen Diener Mohammed begleitet, war Barth der Karawane etwa anderthalb Stunden vorausgeritten, als er am 1. Dezember eine Person höchst fremdartigen Aussehens auf sich zukommen sah. »Es war ein junger Mann, dessen überaus helle, mir schneeweiß erscheinende Gesichtsfarbe auf den ersten Blick zeigte, daß seine Kleidung, eine Filfil-Tobe, wie ich sie selbst trug, und der um seine rote Mütze in vielen Falten gewundene weiße Turban nicht seine eigentümliche Tracht sei. Da erkannte ich in einem seiner schwarzen berittenen Begleiter meinen Diener Madi, den ich bei meinem Aufbruche von Kukaua als Aufseher in meiner Wohnung zurückgelassen hatte und der, sobald er mich sah, seinen weißen Begleiter benachrichtigte, wer ich sei. Nun eilte Dr. Vogel — denn er war es — auf mich zu, und wir hießen uns einander in höchster Überraschung vom Pferde herab herzlich willkommen.

Ich selbst hatte in der Tat nicht die entfernteste Ahnung, daß ich diesem mir zur Hilfe nachgesandten Reisenden begegnen könnte, und er seinerseits hatte erst kurz zuvor die Kunde erhalten, daß ich noch am Leben und glücklich aus dem Westen zurückgekehrt sei. Ich hatte ihm von Kano aus einen Brief geschrieben, der ihm unterwegs zugekommen war; aber wegen der arabischen Adresse, die ich der sicheren Besorgung halber auf den Umschlag gesetzt, hatte er gemeint, es sei ein Brief von einem Araber, und hatte denselben, ohne ihn zu öffnen, zu sich gesteckt, bis er jemand träfe, der ihn vorlesen könnte. Es war ein unendlich erfreuliches, überraschendes Ereignis. Inmitten dieser ungastlichen Waldung stiegen wir nun vom Pferde und setzten uns nieder. Mittlerweile kamen auch meine Kamele nach, und meine Leute waren höchst erstaunt darüber, einen weißen Landsmann neben mir zu finden.

Ich holte einen kleinen Vorratssack hervor, wir ließen uns Kaffee kochen und waren ganz wie zu Hause. Seit länger als zwei Jahren hatte ich kein deutsches oder überhaupt europäisches Wort gehört, und es war ein unendlicher Genuß für mich, mich wieder einmal in der heimischen Sprache unterhalten zu können. Aber unser Gespräch wandte sich bald Gegenständen zu, die keineswegs so ganz erfreulich waren. So hörte ich zu meinem großen Entsetzen von Herrn Dr. Vogel, daß in Kukaua keine Mittel vorhanden seien, und daß das, was er selbst mitgebracht habe, verbraucht sei . . .

Nach einer etwa zweistündigen Unterhaltung mußten wir uns wieder trennen. Dr. Vogel setzte seinen Marsch nach Sinder fort, von wo aus er vor Ende des Monats wieder nach Kukaua zurückkehren wollte, und ich selbst eilte, meine Leute einzuholen.«

Am 11. Dezember traf Barth in Kuka ein, und bald folgte Vogel. Nur zwanzig Tage verbrachten sie dort zusammen, dann brach Vogel nach Süden auf. Auf Befehl des Sultans von Wadai ist er dann später, vermutlich am 8. Februar 1856, ermordet worden.

Heinrich Barth aber gelangte schließlich wieder vom Tschadsee über Mursuk nach Tripolis, wo er am 28. August 1855 eintraf. Fünfeinhalb Jahre waren seit seinem Aufbruch von dort verstrichen, und als er schließlich nach Europa zurückkehrte, wurde er begeistert gefeiert. Barths wissenschaftliche Gründlichkeit war einzigartig, trotz ungeheurer Schwierigkeiten jeder Art zog er ungewöhnlich genaue geographische und topographische Erkundigungen über das damals unbekannte Gebiet zwischen Tschadsee und Niger ein. Keinem anderen Forscher in diesen Landstrichen gelang so viel wie ihm. Durch seine Forschungsarbeiten verschwanden viele weiße Flecken auf der Karte von Nordzentralafrika, und er war auch der erste, der die Sitten und Gebräuche der Negerstämme, die er besuchte, sorgfältig studierte. Er hatte, wie Alexander von Humboldt rühmte, eine neue Welt eröffnet. Nur vierundvierzigjährig ist Heinrich Barth 1865 in Berlin gestorben. Mit ihm war die klassische Zeit der Saharaforschung eingeleitet worden.

Vom Fremdenlegionär zum Saharaspezialisten

»Das erste Erfordernis, das ein Afrikareisender, wie überhaupt jeder, der unbekannte Gegenden durchforschen will, von Hause mitbringen muß, ist, daß er sich selbst gründlich kenne; denn nur nach einer strengen und unparteiischen Selbsterkenntnis darf man hoffen, sich die genügende Menschenkenntnis anzueignen, und letztere ist nirgends so unentbehrlich als bei Reisen in Afrika, wo es täglich darauf ankommt, fremde Völker und Menschen richtig zu beurteilen. Gefahren drohen ja nur von einer Seite, den Menschen. Die klimatischen Einflüsse dieser Gegenden lassen sich wirksam durch Chinin bekämpfen, und die von wilden Tieren kommenden Gefahren sind gleich Null; aber wie schwer ist es, den Freund vom Feinde zu unterscheiden, um so schwerer, eine je höhere Stufe der sogenannten Zivilisation die Menschen einnehmen! Zweitens muß der Reisende Geduld im höchsten Grade besitzen, alle Arten von Strapazen, Hunger und Durst, selbst Kränkungen und Beschimpfungen ertragen können. Ohne diese Eigenschaften wird niemand in das Innere Afrikas einzudringen vermögen.
Mit den größten Schwierigkeiten ist immer der erste Schritt, die erste Etappe verbunden, namentlich das Durchkreuzen der Sahara. Wieviel tausend Dinge gibt es da nicht vorzusorgen und zu bedenken. Zu

Gerhard Rohlfs, 1831–1896. Er durchquerte als erster Afrika vom Mittelmeer bis zum Golf von Benin.

einer Reise durch die Sahara gehört eine ähnliche Ausrüstung wie zur Seereise auf einem Segelschiffe. So wie der Kapitän eines Segelschiffes nie mit Bestimmtheit vorhersagen kann: an dem und dem Tage werde ich den Hafen erreichen, ebenso wenig kann der Karawanenführer zuverlässig behaupten: an dem oder jenem Punkte wird Wasser zu finden sein, oder in so und so viel Tagen werden wir bei der Oase anlangen. Desgleichen muß wie zu einer Seereise hinlänglicher Proviant mitgenommen werden. Trotz der mehr als tausendjährigen Erfahrungen, wie oft geschieht es, daß die Lebensmittel- und Wasservorräte nicht ausreichen. Durch den Simum, durch die Hitze geht kein Mensch zugrunde, aber wie viele verschmachten alljährlich wegen Mangel an Trinkwasser!«

Als Gerhard Rohlfs 1874 diese Worte in seinem zweibändigen Werk »Quer durch Afrika« schrieb, war der internationale Ruf des ehemals draufgängerischen Abenteurers als Saharaspezialist bereits gesichert. Denn die erste Afrikadurchquerung vom Mittelmeer bis zum Golf von Benin lag nun schon sieben Jahre hinter ihm.

In der Schule hatte es der 1831 in Vegesack bei Bremen geborene Gerhard Rohlfs nicht lange ausgehalten. Er war Soldat geworden, hatte einige Semester Medizin studiert und war dann, angelockt vom Reiz der Fremde, von Reisefieber, Abenteuerlust und Ruhm nach Nordafrika gefahren, wo er in die französische Fremdenlegion eintrat.

Als Feldapotheker und Feldscher nahm er 1855 an mehreren Feldzügen Frankreichs in Algerien teil, darunter auch gegen die rebellischen Rifkabylen, einem Berberstamm im Gebirgsland von Algerien und Marokko. Während seiner sechsjährigen Zugehörigkeit zur Fremdenlegion lernte Rohlfs die arabische Sprache, studierte die Sitten und Gebräuche der Nordafrikaner und paßte sich vor allem den harten klimatischen Bedingungen der Atlasländer an.

Als Rohlfs 1861 seinen Abschied von der Fremdenlegion nahm, bereitete er sich auf eine Reise nach Timbuktu vor, das er von Algier aus zu erreichen hoffte. Sein Plan scheiterte jedoch am Aufstand des Scheichs der Monts Ouled-Nail, einem Gebirgszug in Nordalgerien. Daraufhin unternahm er eine große Rundreise durch Marokko und besuchte dabei – als zweiter Europäer nach Major Laing – am 17. September 1864 die Oase In Salah, durchquerte die ganze südalgerische Wüste und kam schließlich über Ghadames in Tripolis an. Auf dieser Reise hatte er als erster Europäer den Hohen Atlas überstiegen und die Draa-Oasen besucht.

Die Reise, die ihm jedoch Weltruhm bringen sollte, trat er am 20. Mai 1865 nach einem kurzen Zwischenaufenthalt in Europa an. Sie sollte ihn durch die große Wüste zum Tschadsee, nach Bornu und Uándala führen, weiter durch die Haussa- und Pullo-Länder nach Jakoba, ferner zum Benuë, dann nigeraufwärts nach Rabbah und schließlich durch das Joruba-Land nach Lagos.

Nach seinem Aufbruch von Tripolis marschierte Rohlfs südwärts über Misda und Ghadames. Aber den Mann, der ihn von dort aus zum Niger führen sollte, traf er leider nicht in der Stadt. Wie es hieß, sollte er erst in einem Jahr von einer anderen Reise zurückkommen.

Doch so lange wollte Rohlfs nicht warten. Er zog weiter nach Süden bis nach Mursuk, aber auch hier war niemand bereit, ihn auf seiner gefährlichen Expedition zu begleiten. Rohlfs wollte ganz Nordafrika bis zur Lagune von Lagos durchqueren – eine gewaltige Leistung, die bisher noch niemandem gelungen war!

Aber wo sollte er einen Führer und einige Männer finden, die ihn wenigstens ein Stück begleiteten?

Nun, vielleicht kann mir der Sultan helfen, dachte der junge Abenteurer. Die Türken haben ihn zwar entthront, aber möglicherweise weiß er einen Rat.

»Warum willst du dich in Gefahr begeben, junger Freund?« fragte ihn der Sultan nach der freundlichen Begrüßung. »Was erwartest du von einer solchen Reise außer Hunger, Durst und vielleicht gar den Tod? Bleib lieber hier in Mursuk, da hast du es besser.«

»Und was soll ich hier?« lächelte Rohlfs.

»Heiraten.«
»Heiraten?«
»Ja, ich gebe dir meine Tochter zur Frau. Sie ist wunderschön, sehr zärtlich und folgsam und erst fünfzehn Jahre alt.«
»Ich glaube gern, daß mir deine Tochter gefallen würde«, erwiderte der junge Mann, über diesen ungewöhnlichen Antrag sichtlich erheitert. »Aber von Liebe allein kann man nicht leben.«
»Als mein Schwiegersohn kannst du bei der Pforte in Konstantinopel Ansprüche auf die Herrschaft über Fessan erheben. Ich selbst wäre mit dem Posten des Ersten Ministers zufrieden. In meinem Alter liebt man mehr die Bequemlichkeit.«
Während der fünf Monate, die Gerhard Rohlfs in Mursuk verbrachte, um im Auftrag des Sultans eine handgeschriebene Geschichte des Fessan zu übersetzen, kam der alte Herr immer wieder auf sein Angebot zu sprechen. Der junge Deutsche hatte seine liebe Not, ihm klarzumachen, daß ihn ein Ausflug in die hohe Politik nicht reizte.
Ende März 1866 hatte er endlich genügend Leute zusammen, so daß er nun aufbrechen konnte. Der Weg zum Tschadsee war schon seit langem bekannt, aber sein Endziel lag ja noch viel weiter südlich. Die Durchquerung der Sahara war kein Spaziergang. Manchmal zeigte das Thermometer bis zu 57° Celsius. Alle halbe Stunde mußte Rohlfs trinken, um im Körper das von der Glutsonne verdunstete Wasser wieder auszugleichen.

Ein verräterischer Karawanenführer

Es war Ende Juni 1866, und die größte Gefahr stand Rohlfs noch auf seiner waghalsigen Reise bevor, ein unerwartetes Verhängnis. Er hatte für seine kleine Karawane einen neuen Führer gemietet, ohne zu ahnen, daß es sich um einen abgefeimten Wüstenräuber handelte. Am letzten Brunnen hatte dieser Mann den Leuten geraten, die Wasserschläuche nicht zu füllen, denn nachmittags werde man die nächste Wasserstelle erreichen.
Doch weder am Nachmittag noch am nächsten und übernächsten Tag kamen sie an einem Brunnen vorbei. Rohlfs wurde mißtrauisch und ebenso sein Hauptdiener Mohammed el Gatroni.
»Die Sache gefällt mir nicht, Herr.«
»Das Gefühl habe ich auch, Mohammed. Komm mit, ich will unserem Karawanenführer mal auf den Zahn fühlen.«

Zusammen gingen sie ein paar Schritte auf den verdächtigen Karawanenführer zu, der ein möglichst unschuldiges Gesicht zu machen versuchte.
»Sag, wo führst du uns eigentlich hin?« sprach ihn Rohlfs an.
»Nach Süden, Herr, wie du befohlen hast.«
»Und immer im weiten Bogen um die Brunnen herum, he?«
»Wie kannst du mich so verdächtigen!« rief der Karawanenführer mit gespielter Empörung aus.
»Seit du dein Wort nicht hältst. Du bist schuld, daß wir unsere Wasserschläuche nicht gefüllt haben. Willst du uns vielleicht verdursten lassen?«
»Herr, bitte, verzeih mir, Herr, ja ich gebe es zu«, stammelte der Karawanenführer plötzlich in unterwürfigstem Tonfall, »ich bin ein schlechter Führer. Ich habe den Weg verloren, schon vorgestern. Deshalb haben wir auch den Brunnen verfehlt.«
»Und warum hast du mir nichts davon gesagt?«
»Ich hatte Angst, Herr, du könntest mich wegschicken, mich entlassen. Und ich hoffte immer noch den Brunnen zu finden.«
»Und jetzt hast du die Hoffnung aufgegeben?«
»Nein, ich finde ihn schon, ganz bestimmt!« beteuerte der Karawanenführer. »Bleib du nur hier mit der Karawane und laß mich allein suchen. Dann habe ich bestimmt Erfolg!«
»Nein, du bleibst bei der Karawane«, entschied Rohlfs. »Entweder finden wir zusammen den Brunnen – oder den Tod!«
»Wie du willst, Herr.«
Trotz all seiner äußeren Ergebenheit war eines unverkennbar: der Karawanenführer log. Sollte es noch irgendwelche Zweifel an seiner verbrecherischen Absicht gegeben haben, so wurden sie gegen Abend ausgelöscht. Der Führer war nämlich plötzlich verschwunden – geflohen!
»Er ist zu seinen Kumpanen zurückgekehrt und wartet ab, bis wir uns vor Durst nicht mehr wehren können«, argwöhnte Mohammed. »Dann kommen sie alle, um uns auszuplündern.«
»Laß uns einen Brunnen graben, Herr«, bat ein schmächtiger Araber.
»Hier?«
»Ja, vielleicht stoßen wir in der Tiefe auf Wasser.«
»Hier bestimmt nicht«, sagte Rohlfs nach einem prüfenden Blick. »Dafür wächst in dieser Gegend zu wenig – und das heißt, daß der Grundwasserspiegel zu tief liegt.«
»Dann laß uns zu unserem letzten Rastplatz zurückkehren, wo ein Brunnen ist«, schlug ein anderer Begleiter vor.
»Ich warne davor!« fiel Mohammed rasch ein. »Ich kenne die Wü-

stenräuber durch und durch. Die habe bestimmt den Brunnen inzwischen vergiftet.«
»Was nun, Herr?«
»Was sollen wir jetzt tun?«
»Du hast uns hierhergebracht!«
»Wir sind dir gefolgt!«
»Was nun?«
So redeten die Araber wild und ängstlich auf Gerhard Rohlfs ein, den sie für das Verhängnis verantwortlich machten.
Bei der hereinbrechenden Dämmerung war es sinnlos, nach Stellen zu suchen, wo der Grundwasserspiegel vielleicht höher lag: auffällige Mulden mit üppigerem Pflanzenwuchs, Kamelfährten und so weiter. Erst am nächsten Morgen suchten sie in allen Richtungen. Vergebens! Einige Männer konnten sich kaum noch auf den Beinen halten, manche brachen vor Erschöpfung zusammen.
Am Nachmittag schickte Rohlfs einen Freiwilligen mit dem besten Reitkamel und einigen Wasserschläuchen fort. Aber er wußte schon beim Abschied, daß sie ihn nie wiedersehen würden.
Die Lage der kleinen Karawane spitzte sich immer mehr zu.
»Mein Magen, Herr, mein Magen«, stöhnt ein Mann, der sich in Krämpfen wand. »Es ist, als ob jemand mit einem Messer darin herumstocherte!«
»Leg dich hin und versuch zu schlafen«, redete Rohlfs auf ihn ein.
»Schlafen – bei den Schmerzen?«
Rohlfs zuckte die Achseln, helfen konnte er dem Mann auch nicht.
»Dahinten ist Wasser, viel Wasser!« schrie plötzlich ein anderer hysterisch auf. »Ein See, ein Fluß! Lauft, lauft hin zum Wasser! Wasser, Wasser, Wasser . . .!«
Es war natürlich nichts anderes als eine Selbsttäuschung, eine Vorspiegelung, eine Gaukelei der Phantasie.
Auch unter diesen verzweifelten Umständen tat Gerhard Rohlfs an diesem Abend dasselbe wie in all den zurückliegenden Monaten: Er maß Temperatur, Windrichtung und Luftdruck. Mit müdem, hoffnungslosem Blick schaute Mohammed ihm zu.
»Wozu das noch alles, Herr? Wenn nicht ein Wunder geschieht, dann sind wir alle bald verloren.«
Rohlfs hatte nur mit halbem Ohr hingehört, aber dafür mit weit aufgerissenen Augen das Barometer beobachtet.
Nanu, was ist das?« rief er aufs äußerste erregt. »Der Luftdruck fällt! Und wie er fällt! So was habe ich in all den Jahren noch nie in der Sahara erlebt!«
»Woher weißt du das?«

»Sieh doch das Barometer an!«
»Vielleicht ist es kaputt«, wandte Mohammed zweifelnd ein.
»Kaputt? Nein, ich habe noch ein zweites. Hier – hier überzeug dich selbst: Es ist genauso gefallen.«
»Und was bedeutet das?«
Begeistert packte Rohlfs den anderen an den Schultern. »Es wird regnen, Mohammed, regnen! Nicht nur ein paar Tropfen, nein, es sieht nach Gewitter aus, nach einem Wolkenbruch!«
»Du willst uns nur Mut machen, Herr«, antwortete der Araber ungläubig. »Jahrelang regnet es hier nicht – und ausgerechnet heute soll ein Wolkenbruch kommen?«
Doch dann zogen die ersten Wolken auf, und bald war der Himmel schwarz. Blitze zuckten, und das dumpfe Rollen des Donners folgte. Ein Sturm fegte über über die Wüste – und dann prasselte es plötzlich los, als habe der Himmel sämtliche Schleusen geöffnet.
»Wasser!«
»Wasser!«
»Wir schwimmen im Wasser!«
»Wasser, Wasser, Wasser!«
So hallten die Freudenrufe in einem wahren Begeisterungstaumel durcheinander.
Sie waren gerettet! Aber wie glücklich diese Rettung war, zeigte sich, als sie nach dem Orkan weiterzogen. Die Regenmassen hatten sich nur über ein ungewöhnlich kleines Gebiet ergossen, in dessen Mitte ihr Lager gelegen hatte.
Ende Juli traf die Karawane in der Hauptstadt Bornus ein – im Nordosten Nigerias. In den folgenden Monaten machte Rohlfs verschiedene Abstecher und fuhr dann den Niger abwärts bis Rabbah. Doch noch immer trennten ihn fast 500 Kilometer bis zur Küste. Die Regenzeit hatte begonnen und erschwerte den Weitermarsch über Höhenzüge, durch Urwälder und Sümpfe, in denen Myriaden von Mükken über die Männer herfielen. Sie verirrten sich, manchen schüttelte das Malariafieber. Und dennoch: Ende Mai 1867 lag ihr Ziel vor ihnen – die Lagune von Lagos.
»Am Ufer standen einige leere Hütten zum Obdach für die hier wartenden Karawanen und ein paar Buden, in denen Lebensmittel feilgehalten wurden«, heißt es dazu wörtlich in Rohlfs' Reisebericht. »Ich erhandelte mir für mein letztes seidenes Taschentuch einen Teller voll in Palmöl gesottener Küchelchen, ekaréo genannt: eine Speise, die zur Not auch ein europäischer Magen genießbar findet. Gegen Abend holte mich das Fährschiff ab, und nach einer sehr stürmischen, gefahrvollen Überfahrt landete ich auf der Reede von Lagos«, das auf einer

Nehrung liegt, vom Festland getrennt, wo er vom englischen Gouverneur und den dort wohnenden deutschen Kaufleuten freudig begrüßt wurde. Vierzehn Tage später trat Gerhard Rohlfs auf einem englischen Postdampfer die Heimfahrt an. Er war mit seinen 36 Jahren ein berühmter Mann geworden, denn als erster hatte er den Schwarzen Kontinent vom Mittelmeer bis zum Golf von Guinea durchquert. Die Geographischen Gesellschaften von Paris und London verliehen ihm ihre goldene Entdeckermedaille, und die Gesellschaft für Erdkunde in Berlin ernannte ihn zum Ehrenmitglied.
Mit diesem großartigen Erfolg gab sich Rohlfs aber noch nicht zufrieden. Nachdem er 1868 große Teile Abessiniens durchstreift hatte, unternahm er noch drei Reisen durch die östliche Wüste. Die erste Expedition führte ihn in den Jahren 1868/69 von Tripolis über Audschila, Dschalo und Siwa im nordwestlichen Ägypten nach Alexandrien. An der zweiten Forschungsfahrt in den Jahren 1873–1874 in die ägyptischen Oasen Dachla, Farafah, Siwa und Baharieh nahmen zehn deutsche Wissenschaftler teil. Die dritte Reise schließlich, die er in den Jahren 1878/79 unternahm, führte ins »Herz der Libyschen Wüste« und enthüllte die »Oase« Kufra, den Hauptsitz der Senussi, als eine ganze Gruppe weit auseinanderliegender Siedlungen. Auf ihrem Rückmarsch wurde die Expedition überfallen und völlig ausgeplündert. Nur die eilige Flucht nach Norden rettete ihn und seine Gefährten vor dem Tod. Rohlfs' Tagebuch, nicht aber die Karte der Kufra-Oasen ging verloren, über die man nun endlich in Europa genaue Kenntnisse erlangte. Mit dieser Expedition von Gerhard Rohlfs war die Erforschung der Libyschen Wüste nahezu abgeschlossen. Während seiner rund zwanzigjährigen Forschungstätigkeit in Nordafrika hatte er der Geographie der Sahara unschätzbare Dienste geleistet. Keiner hat so unermüdlich so viele und so weite Reisen im Raum zwischen Atlantik und Rotem Meer unternommen. Nach einer kurzen Tätigkeit als deutscher Generalkonsul in Sansibar in den Jahren 1884–1885 kehrte er nach Deutschland zurück, wo er 1896 in seiner Villa in Rüngsdorf bei Bad Godesberg starb.

Vom »Afrikafieber« gepackt

Die sogenannte klassische Periode der deutschen Sahara- und Sudanforschung, die mit Heinrich Barth begonnen hatte, sollte mit einem

Mann abgeschlossen werden, der zunächst gar nicht als Afrikaforscher in den Dunklen Erdteil gekommen war: Gustav Nachtigal. Der 1834 geborene Pfarrerssohn war nach dem Studium der Medizin als preußischer Militärarzt in Köln tätig, als er wie sein bereits verstorbener Vater und Bruder an Lungenschwindsucht erkrankte. Um nicht dasselbe Schicksal wie sie zu erleiden, suchte er Heilung im Süden, denn die trockene, heiße Luft sollte, wie die Franzosen bereits festgestellt hatten, gut sein gegen Tuberkulose.

Ende 1862 traf Dr. Gustav Nachtigal in Tunis an der nordafrikanischen Küste ein. Schon nach wenigen Wochen besserte sich sein Gesundheitszustand so erheblich, daß er bald begann, dort als Arzt zu praktizieren. Zu seinen Patienten, die er erfolgreich behandelte, gehörte auch der Ministerpräsident des Beys von Tunis. Die Belohnung für diesen Erfolg blieb nicht aus: der Bey ernannte ihn feierlich zu seinem Leibarzt und bat ihn sogar, als Arzt seiner Truppen an einem Feldzug gegen räuberische Nomaden teilzunehmen. Dabei lernte er die Wüste und das Leben im Zelt kennen und fließend Arabisch sprechen. Auch befaßte er sich damals sowie nach seiner Rückkehr nach Tunis mit naturwissenschaftlichen Studien und der schon ziemlich umfangreichen Literatur über den Dunklen Erdteil. Der Zauber der Wüste, das »Afrikafieber«, das in der zweiten Hälfte des vergangenen Jahrhunderts in Europa ausgebrochen war, hatte nun auch den jungen Mediziner gepackt. Dennoch dachte er nicht ernsthaft daran, Forschungsreisen ins Innere zu unternehmen – es sei denn, es würde sich ihm, wie so manchem anderen in dieser Zeit, eine Gelegenheit dazu bieten.

Da kam ihm ein Zufall zu Hilfe, der sein weiteres Schicksal bestimmte. Da der fast Fünfunddreißigjährige inzwischen gesundet war, wollte er nun Tunis verlassen und sich in der Heimat eine Praxis aufbauen. Doch noch ehe er seinen Plan verwirklichen konnte, tauchte unerwartet ein Landsmann bei ihm auf, der sich schon einen Namen als Afrikaforscher gemacht hatte: Gerhard Rohlfs. Im Auftrag des Königs von Preußen sollte er Scheich Omar von Bornu Geschenke bringen als Dank und Anerkennung dafür, daß dieser Herrscher seinerzeit deutsche Forscher wie Barth, Overweg, Vogel und auch Rohlfs selber so gastfreundlich aufgenommen hatte.

Rohlfs, der erst vor kurzem die Reise zum Tschadsee gemacht hatte, paßte dieser Auftrag gar nicht in seine Pläne, denn er beabsichtigte, die noch unerforschten Oasen in der Wüste zwischen Tripolis und Alexandrien kennenzulernen. In Nachtigal glaubte er, einen zuverlässigen Mann gefunden zu haben, der an seiner Stelle die Geschenke des preußischen Königs nach Kuka transportieren konnte.

»Trotz des Bewußtseins meiner wissenschaftlichen Unzulänglichkeit vermochte ich dieser sich darbietenden Gelegenheit, die mir im ungünstigsten Falle eine erinnerungsreiche Reise versprach, nicht zu widerstehen, zumal ich ohnehin meinen Aufenthalt in Tunis abzubrechen beabsichtigte«, so hat Nachtigal später seine Überlegungen geschildert. »Es erschien mir als Pflicht, wenn kein Besserer gefunden würde, diese Gelegenheit nicht ungenutzt vorübergehen zu lassen, und mein ärztlicher Charakter und meine Kenntnis der arabischen Umgangssprache und mohammedanischen Sitte versprachen, mir die Lösung der Aufgabe zu erleichtern.«
Er ließ sich also überreden, verlockt vom Abenteuer – ohne zu ahnen, was ihn in den kommenden Jahren erwarten sollte:
»Wenn ich damals gewußt hätte, daß mein Schicksal mich länger als fünf Jahre in den unbekannten Gebieten des verhängnisvollen Kontinents zurückhalten würde: hätte ich wohl den Mut gehabt, zur Ausführung zu schreiten? Länger als fünf Jahre eine gänzliche geistige Isoliertheit zu ertragen, inmitten harter Entbehrungen, schwerer Entsagung, unerbittlicher Krankheiten und drohender Gefahren, ist mehr, als selbst glühender Enthusiasmus auf sich zu nehmen liebt. Später freilich, fern von der fieberhaften Hast des europäischen Lebens und seinen mannigfachen Genüssen, lernt man Zeit und Raum anders beurteilen, wird bescheidener in seinen Zielen, zäher in der Ausführung seiner Pläne, geduldiger im Ausharren und Leiden. Körperliche Elastizität und Widerstandskraft in Krankheit und Anstrengung, die natürliche Gabe, mit Menschen aller Art inmitten jener fremdartigen Welt zu verkehren, sind die unerläßlichen Bedingungen, mit denen der Entdeckungsreisende ausgestattet sein muß. Geduld aber ist die Tugend, welche das Geheimnis des Erfolges in sich birgt. Sie zu üben ist oft nicht leicht, und manchen schweren Kampf sollte ich noch durchkämpfen, ehe ich, in dieser Hinsicht einigermaßen geläutert, durch die Torheit und die Unzuverlässigkeit der Menschen meinen Weg zu finden wußte.«

Von Tripolis nach Mursuk

Mitte Februar 1869 verließ er mit einigen Begleitern, darunter Barths langjähriger Hauptdiener Mohammed el Gatrun, und sieben Kamelen die Hafenstadt Tripolis und zog auf der sogenannten östlichen Route, die zwar erheblich länger, dafür aber auch brunnenreicher ist,

südwärts nach Mursuk. »Die Schnelligkeit unserer Karawane betrug nach sorgfältigen Messungen drei und einen halben Kilometer pro Stunde in Gegenden, wo die Kamele seitlich am Wege von den vorhandenen Kräutern fraßen, vier Kilomter, wenn ihnen keine Gelegenheit dazu geboten war – und bei günstigen Bodenverhältnissen und keinerlei Aufenthalt noch etwas mehr.« So legte die Karawane täglich 35–40 Kilometer zurück.
Fast doppelt so schnell war dagegen die Kamelpost, von der Nachtigal unterwegs mehrfach überholt wurde. Diese Stafettenpost, von der türkischen Regierung zwischen Tripolis und Mursuk eingerichtet, brauchte für die fast 900 Kilometer der östlichen Route nur achtzehn Tage, wie der Forschungsreisende bewundernd berichtet:
»An den Hauptstationen werden zur festgesetzten Zeit Ersatzkamele bereitgehalten, und der Verwaltungschef entnimmt der verschlossenen Posttasche, zu der er einen Schlüssel besitzt, die für ihn und seinen Bezirk bestimmten Briefe. Der Bote übernimmt gegen Bezahlung auch die Besorgung von Paketen, und ich bekam später in Mursuk durch seine Vermittlung aus Tripolis recht ansehnliche Kisten.«
Fast täglich begegnete Nachtigal kleinen Sklavenkarawanen, »doch war Haltung und Physiognomie der Armen im ganzen recht zufriedenstellend. Gut gekleidet und genährt, scheinbar heiter und zufrieden, zogen sie dem Ende ihrer mühseligen, leidensvollen Wanderung entgegen. Der Handel mit Sklaven war offenbar noch in ziemlicher Blüte, und man fragte nach ihrem Preise gerade so einfach, als man sich nach dem des Getreides, des Öls und der Butter erkundigte.«
Ungeschoren erreichte die Expedition nach fünfunddreißig Tagen das Wüstenstädtchen Mursuk in der südlibyschen Landschaft Fessan. Einst hatte der Ort als Rastplatz für Karawanen und »Umschlagplatz« für Sklaven eine gewisse Bedeutung genossen, doch war er mit dem Schwinden des transsaharischen Handels heruntergekommen.
Um weiter zum Tschad zu gelangen, reiste man damals zum Schutz gegen Überfälle durch die Saharavölker der Tuareg im Westen und der Tibbu im Osten stets in großen Karawanenverbänden. Da jedoch erst in Monaten eine solche Karawane in Mursuk eintreffen und von dort wieder weiterziehen würde, dehnte sich Nachtigals Aufenthalt länger aus als ihm lieb war, was er, so gut es ging, zu Studien ausnutzte.
»Entsprechend dem mich umgebenden Leben verliefen meine Tage in einförmiger Regelmäßigkeit. Während des Vormittags bereitete ich mich, soweit mir Mittel zu Gebote standen, für meine weitere Reise vor, studierte die Bornusprache, wozu die Gelegenheit nicht mangelte, registrierte meine meteorologischen Beobachtungen, behandel-

Gustav Nachtigal, 1834–1885. Ihm gelang als erstem Europäer die Erforschung des Tibesti-Gebirges, die ihn beinahe das Leben gekostet hätte.

te oft recht interessante Kranke und empfing Besuche, die selten fruchtbringende waren.

Die häuslichen Arbeiten waren in dieser Jahreszeit, unserem Frühling, in qualvoller Weise erschwert durch das Treiben der Fliegen, das seinen Höhepunkt erreicht hatte. In der größten Winterkälte nimmt dasselbe an Lebhaftigkeit ab, und im Hochsommer erstirbt es ganz. Jetzt waren die Tiere zum Verzweifeln hartnäckig, besonders auf der Tageshöhe, wo sie, von der Hitze gelähmt, sich nicht einmal leicht verscheuchen ließen. Das Tintenfaß mußte verschlossen gehalten und bei jedem Eintauchen der Feder vorsichtig geöffnet werden; beim Genuß einer Tasse Kaffee oder eines Glases Laqbi« – des landesüblichen Dattelschnapses – »mußte die freie Hand ununterbrochen be-

strebt sein, die massenhaft andringenden Insekten zu verjagen, und nicht selten drang bei unvorsichtigem Sprechen eine Fliege mit dem Einatmen bis zum Kehlkopf. Weniger hatte ich von den Mücken zu leiden, welche den Leuten, die an der Stadtmauer in der Nähe der Salzsümpfe wohnen, ebenfalls recht lästig fallen.«
Wenn die Fliegen ihn tagsüber manchmal fast zur Verzweiflung brachten, so genoß er dafür um so ungestörter die Nachtruhe, da die Wüstenortschaften von Flöhen verschont blieben, einer sonst in Afrika weitverbreiteten Landplage. Die Laus dagegen fand dort alle Bedingungen, die zu der rapiden und massenhaften Vermehrung dieser Plagegeister gehören. »Zwar nimmt die Kopflaus merklich ab, doch die Kleiderlaus ist so unzertrennlich vom Menschen, daß man den exorbitanten Anspruch, frei von ihr bleiben zu wollen, nur bei längerem Aufenthalt an einem Ort mit einigem Erfolg aufrecht zu erhalten vermag. Nicht selten wurde ich von Arabern gefragt, ob es wahr sei, daß die Christen frei von diesem Ungeziefer seien, wobei ich zu meiner Verwunderung bemerkte, daß sie die vermutete Läuselosigkeit durchaus nicht für einen Vorzug, sondern eher für eine göttlicherseits beabsichtigte Vernachlässigung zu halten schienen.« Wanzen fehlten dort ebensowenig wie Motten, die besonders gefräßig und zerstörungswütig waren. Auch blieb Nachtigal von Magen- und Darmkatarrhen sowie von Malaria und Ruhr nicht verschont.

Nach Tibesti, ins »Bergland des Hungers«

»Ich habe deinen Freunden in Tripolis versprochen, dich wohlbehalten nach Bornu zu führen, wie ich auch deine Brüder Abd-el-kerim« – so hatte sich Heinrich Barth genannt – »und Mustafa Bei« – der arabische Tarnname von Gerhard Rohlfs – »dorthin geleitet habe. Mit Gottes Hilfe werden wir dieses Ziel gemeinsam erreichen. Bis dahin werde ich dich nicht verlassen, und wenn dir bei den verräterischen Tibbu ein Unglück zustoßen soll, so will ich es mit dir teilen.«
Mit diesen Worten versuchte Mohammed, der treue Hauptdiener, Nachtigal davon abzuhalten, einen Abstecher in das noch unbekannte Gebirgsland von Tibesti zu unternehmen, dessen Bewohner, die Tibbu, als Räuber der Wüste gefürchtet waren. Mohammed, dessen Vater aus Tibesti stammte, hatte damit zugleich entrüstet den Vorschlag abgelehnt, den Forscher nicht bei diesem gefahrvollen Unternehmen zu begleiten, sondern in der sicheren Oase auf seine Rückkehr zu

warten. Doch Nachtigal nahm Mohammeds Sorgen ebensowenig ernst wie die gutgemeinten Ratschläge und Warnungen zahlreicher Bewohner von Mursuk. Er wollte die lange Wartezeit dort bis zum Eintreffen einer Karawane, die nach Bornu zog, zu einer Expedition in das gefürchtete Hochgebirge von Tibesti nutzen.

Wie recht Mohammed hatte, sollte sich schon bald erweisen. In den ersten Tagen quälte vor allem die entsetzliche Hitze den deutschen Forschungsreisenden, der an den Schenkeln so schwere Verbrennungen erlitt, daß er sich kaum noch im Sattel des Kamels halten konnte. »Wie glühendes Eisen hingen meine Beine herab, und jede zufällige Berührung mit den Knochen des Kamels oder dem Holz einer der Kisten, auf denen ich saß, bereitete mir Schmerzen, die mich fast der Besinnung beraubten.«

Unter den 49° Celsius im Schatten, die Nachtigal nachmittags um 2 Uhr maß, litten nicht nur die Menschen. Halbtot, mit weit aufgesperrtem Schnabel lagen die geschenkten Hühner im Lager, und die beiden Hunde der Karawane gruben verzweifelt an schattigen Stellen Löcher in den Sand, ohne jedoch die kühle Bodenschicht zu erreichen. Jeder Trunk des lauwarmen Wassers schien die Qual zu vermehren, und auch »die Verminderung der Kleidungsstücke gab nur für wenige Augenblicke das Gefühl der Erleichterung«.

In der Oase Gatrun, südöstlich von Mursuk, machte Nachtigal eine kurze Rast, ehe er die Reise quer durch die Wüste fortsetzte. Um den befürchteten Überfällen zu entgehen, wählte er den Weg abseits der gewöhnlichen Karawanenstraßen, wobei er in Kauf nehmen mußte, statt erwarteter Wasserstellen auf ausgetrocknete und versandete Brunnen zu stoßen. Zu den Brandwunden an den Beinen kam nun auch noch eine Entzündung beider Augen hinzu. »Mit verbundenen Augen und peinigenden Schmerzen auf dem Kamel hockend, konnte ich bei der großen Lichtscheu und der reichlichen Eitersekretion nur mit der größten Anstrengung und Selbstüberwindung von Zeit zu Zeit die Wegrichtung und den Charakter der Umgebung kontrollieren.«

So erreichten sie eines Tages den wichtigen Brunnen Bir Meschru, die einzige Wasserstation zwischen der südlichen Grenze Fezzans und dem Tümmogebirge mit sehr wohlschmeckendem Wasser in einer Tiefe von 7,50 Meter. »Die nächste Umgebung des Brunnens war bedeckt mit gebleichten menschlichen Gebeinen und Kamelskeletten. Schaudernd bemerkte ich halb im Sand begraben die mumifizierten Leichname einiger Kinder, noch mit den blauen Kattunfetzen bedeckt, welche einst die Kleidung der Lebenden gebildet hatten. Es scheint, daß auf dieser letzten Station einer langen, trostlosen,

Tod in der Sahara. Die Wüste kennt keine Gnade.

schmerzensreichen Reise die armen Kinder der Negerländer in auffallend großer Anzahl ihren Tod finden. Die lange, bei unzureichender Nahrung und sparsamem Wassergenuß zurückgelegte Reise, der Gegensatz zwischen der hilfsquellenreichen Natur und der feuchten Atmosphäre ihrer Heimat und der zehrenden trockenen Wüstenluft, die Anstrengungen und Entbehrungen, welche ihre Herren und die Umstände ihnen auferlegten, haben die Kräfte der jugendlichen Organismen allmählich aufgezehrt; der Rückblick auf die in unerreichbare Ferne geschwundene Heimat, die Furcht vor der unbekannten Zukunft, das endlose Reisen unter Schlägen, Hunger, Durst und tödlicher Ermattung hat ihre letzte Widerstandskraft gelähmt. Fehlt den Armen die Kraft zum Wiederaufstehen und Weiterwandern, so werden sie einfach im Stich gelassen, und langsam erlöschen ihre Lebensgeister unter dem vernichtenden Einfluß der Sonnenstrahlen, des Hungers und des Durstes. Kein Grab deckt dann die jugendlichen Gebeine, sondern die trockene Wüstenluft mumifiziert und skelettiert allmählich die Opfer menschlicher Barbarei. Oft mögen die Ärmsten nach dem wasserlosen Wege vom Tümmogebirge unter Aufbietung ihrer letzten Kräfte den Brunnen erreichen, um für kurze Zeit neuen Mut und neues Leben aus seinem Inhalt zu schöpfen, finden ihn viel-

leicht verschüttet und sinken verzweifelnd dem Tode in die Arme, ehe nach mühevoller Arbeit der Lebensquell wieder fließt.«
Solche Warnzeichen vermochten Nachtigal nicht zu erschüttern. Doch schon bald drohte auch ihm und seinen Begleitern das entsetzliche Schicksal der verdursteten Sklaven. Da ein wichtiger Brunnen, mit dem der Karawanenführer Kolokômi, ein Vornehmer der Tibbu, gerechnet hatte, versiegt war und der zweite in der Nähe liegende durch den bei der Sonnenglut des Tages gebotenen Nachtmärschen verfehlt wurde, geriet die Expedition in arge Bedrängnis. Was dann folgte, wurde bereits zu Anfang des Buches geschildert.

Ohnmächtig oder dem Wahnsinn nahe, so schmachteten die Männer, nachdem das letzte Wasser getrunken war, dahin, als im letzten Augenblick doch noch Kolokômi zurückkam mit der erlösenden Nachricht, Wasser gefunden zu haben. Einen kleinen Vorrat hatte er gleich mitgebracht, um wenigstens den ersten Durst seiner Gefährten zu löschen.

Auch in der Folgezeit hatte die Expedition noch qualvolle Durstmärsche durch Wüstengebiete zu bestehen, in denen es weder Pflanzen noch Tiere gab. Noch nie war ein Weißer in diese Öde voll unheimlicher Einsamkeit eingedrungen.

Auf dem Weitermarsch überquerten sie mit 2.500 Meter über dem Meeresspiegel die höchste Paßhöhe des Tarso, eines Bergrückens mit dem ihm aufgesetzten Kegel des Tusidde, der mit 2.700 Meter die größte Erhebung von Tibesti ist. Selbst auf dem Paß herrschte trotz der Höhe tagsüber noch eine Temperatur von 40° Celsius, während sie nachts auf 10° sank, was die an Hitze gewöhnten Männer als bitterkalt empfanden.

Bald stand Nachtigal auch am Rande eines einstigen Kraters, der sogenannten »Natrongrube«, die sich zu Füßen des Tusidde ausdehnt. Schon oft hatte er davon gehört, aber der Anblick war noch überwältigender als alle Beschreibungen. »Wie gern hätte ich hier einige Ruhetage gehabt, wäre den Tusidde hinauf- und den Krater hinabgestiegen, hätte von der höchsten Höhe, so weit meine Augen und mein Fernglas reichten, das ganze weite Panorama Tibestis umfaßt und mich in der Tiefe an den Wirkungen der zerstörenden und schaffenden Naturkräfte geweidet. Unwillkürlich setzte ich mich an den Rand des Abgrundes und versank in träumerische Bewunderung ... Doch der Hunger ist eine mächtige Triebfeder. Traurig schlich ich den am östlichen Horizont verschwindenden Gefährten nach ...«

Unter Wüstenräubern

Wenige Tage später traf Nachtigals Karawane in Bardaï ein, dem Hauptort des Berglandes von Tibesti. War er unterwegs schon ständig von Erpressern und Schmarotzern genötigt geworden, dies und jenes seiner begehrten Habe herzugeben, so sollte er nun erst richtig erfahren, was es hieß, unter Wüstenräuber zu fallen.

Das letzte Stück des Weges führte durch ein breites Tal, wo sich die Karawane zwischen malerischen Gruppen von Dattelpalmen hindurchwand, in deren Schatten die Hütten der Einwohner standen. Plötzlich vernahmen die Expeditionsmitglieder ein dumpfes, verdächtiges Brausen, das von einer schreienden und tobenden Menschenmenge herzurühren schien.

»Wir hielten an und lauschten ratlos. Wenn ich anfangs noch nicht glauben wollte, daß dies die Einwohner Bardaïs seien, welche sich beim Gerücht unserer Ankunft zusammengerottet hatten und uns blutig zu begrüßen kamen, so dauerten meine Zweifel doch nicht lange. Das Getöse kam näher und näher, die Männer brüllten, die Weiber kreischten, die Kinder schrien. Schon unterschied man die einzelnen Stimmen, hörte ihre Verwünschungen gegen die Christen und ihre blutdürstigen Vorsätze, die mir einer meiner Begleiter mit einer Art resignierter Ironie verdolmetschte. In seiner Kenntnis von Land und Leuten zweifelte er keinen Augenblick daran, daß unser letztes Stündlein gekommen sei. Kein Wort des Vorwurfs kam dabei über seine Lippen, nur die Bitterkeit, die im Ton seiner Worte lag, schien mir zu sagen:

›Da sind sie, du hast es so gewollt, da du die Ratschläge der Vernünftigen zurückgewiesen hast!‹

Entsetzt, doch ergeben in die eiserne Notwendigkeit, richtete ich meine Augen auf die dunkle, sich heranwälzende Masse, deren einzelne Schatten man schon unterscheiden konnte.

Eine zaudernde Unschlüssigkeit hatte sich meiner anderen Begleiter bemächtigt. Alles hing von der Haltung Aramis, eines Tibbu-Edelmanns, ab, der uns begleitete und dessen Schutz wir uns durch Geschenke teuer genug erkauft hatten. In dessen Innern kämpften nun widerstreitende Gefühle. Seine edleren Regungen, wie Pflichten der Gastfreundschaft oder Mitleid, würden uns nie gerettet haben, doch es gab glücklicherweise noch andere Gründe. Der kindliche Patriotismus der Menge, die einen Verrat an den ihnen selbst unbekannten Schätzen des Landes fürchtete, ihre Angst vor Christen und ihr Haß gegen alles Fremde hatten keine Macht über ihn; aber sein Stolz, seine Abhängigkeit von Fezzan und die politischen Verhältnisse innerhalb ihres Gemeinwesens sprachen für uns. Er war der mächtigste Mann unter den eigentlichen Felsentibbu, und hier war eine lockende Gelegenheit, sein Ansehen im eigenen Lande zu erproben und mir, Fezzan und der Fremde seine Macht zu zeigen. Auf der anderen Seite riet ihm die Klugheit, den Bogen nicht allzu straff zu spannen und seine Popularität nicht durch einen allzu rücksichtslosen Kampf gegen den Willen seiner eigenen Landsleute aufs Spiel zu setzen. Aber sein Entschluß war bald gefaßt. ›Mit Gottes Hilfe wird dir kein Unheil widerfahren, denn ich habe dir meinen Schutz zugesagt!‹ rief er mir zu und ging stolz der andringenden Menge entgegen. Es war die höchste Zeit; schon schleuderten die ersten ihre Wurfspeere, doch ungeschickt und zögernd, da wir nicht allein waren, wenn wir auch abgesondert standen. Arami schlug die Waffen in der Hand der vordersten Angreifer nieder, und seine Begleiter folgten dem entschlossenen Beispiel, und nun ging es an ein lebhaftes Parlamentieren.«

In diesem Augenblick kamen die etwas weiter entfernt wohnenden Anhänger und Freunde Aramis, zu denen das Gerücht von der Ankunft der Fremden etwas später gedrungen war. »Sie waren durch reichlichen Genuß von Palmwein größtenteils im Zustand vorgeschrittener alkoholischer Begeisterung. Während die meisten mit Arami zurückblieben, um die ihnen so angenehme Gelegenheit zu Zank und Streit auszubeuten, führten andere uns und unsere Kamele unbemerkt von der Menge, die von der wortreichen Unterhaltung ganz in Anspruch genommen war, in die Gegend der Niederlassung Aramis. Meine neuen Freunde und Beschützer suchten mich durch möglichst wüstes Geschrei und wildes Schwingen ihrer Waffen zu ermutigen. Während dabei einige sich der Mordtaten rühmten, die sie schon begangen hatten, gingen andere so weit, zu behaupten, daß derjenige, welcher noch keinen Menschen getötet habe, überhaupt kein Mann sei. Eine wüste Bande und ein unerquicklicher Schutz!«

Wenn auch Nachtigal und seine Gefährten die erste Nacht in Bardaï vor der Tür von Aramis Wohnung ohne weitere Belästigung verbrachten, so bangten sie desto mehr dem folgenden Tag entgegen. Mit Sonnenaufgang erschienen wieder die Freunde Aramis, diesmals ernüchtert, aber nicht weniger habgierig auf die angeblichen Schätze des Fremden, und hockten sich, Lanzen, Speere und Wurfeisen aufrecht in der Hand haltend und auf den Boden stemmend, vor Nachtigals Zelt nieder, um eine Vorberatung über das Schicksal der Christen abzuhalten, denn außer dem Deutschen gehörte auch noch dessen piemontesischer Diener Giuseppe dieser Religion an.

Von den Leuten Bardaïs, also von der feindlichen Partei, war niemand erschienen. Doch auch sie bestanden weiterhin auf ihrem Recht, keinen gemeinschädlichen Fremden in ihrem Tal zu dulden. Höhnisch forderten Nachtigals Beschützer die Gegner auf, den Weißen doch mit Waffengewalt zu holen, wenn sie den Mut dazu hätten. Sie zogen es jedoch vor, auf weniger gewaltsamem Weg zum Ziel zu gelangen, indem sie Tafertemi, den Häuptling von Bardaï, bearbeiteten, der die Expedition eingeladen hatte.
Tafertemi hing stark vom guten Willen der Bevölkerung von Bardaï ab. Er war arm und erwartete von ihrem Wohlwollen nicht nur während seines Aufenthalts im Tal ernährt zu werden, sondern auch noch eine »Winterprovision zu empfangen. Trotz der hohen Würde, die er bekleidete, ließ ihn seine Armut versuchen, die seltene Gelegenheit außerordentlichen Gewinns mit größter Rücksichtslosigkeit und raffinierter Habsucht auszubeuten. Nur diese Absicht hatte ihn bestimmt, mich trotz des Widerspruchs der Bewohner des Tales, die wohl wußten, daß ihnen nichts von meiner Habe zufallen würde, in lügnerischer Weise einzuladen. Er war ein alter Mann, und die Regierung von Fezzan würde ihn sicherlich nicht meiner Ermordung wegen in seinen heimatlichen Bergen beunruhigt haben.«
Im Hause des Häuptlings fand nun eine Beratung über den noch nie dagewesenen Fall eines Christenbesuchs statt. Tafertemi beschuldigte dabei Arami, er habe seine königliche Würde geschmälert, weil er die Fremden seinem Schutz unterstellt habe.
Armai stellte daraufhin Nachtigal anheim, weiter unter seinem Schutz zu bleiben oder zu Tafertemi überzusiedeln. »Der letztere Gedanke ließ mich schaudern, weder das, was ich über die Häuptlingswürde in Tibesti und die damit verbundene geringe Macht im allgemeinen, noch das, was ich über die Persönlichkeit Tafertemis im besonderen erfahren hatte, ließ mir den Gedanken auch nur erträglich erscheinen.«
Weniger die Verletzung seiner Häuptlingswürde durch Arami war der Grund für die feindliche Einstellung Tafertemis als vielmehr die Ansicht, seine materiellen Interessen seien geschädigt. Er war nämlich überzeugt, Arami und dessen Gefolgsleute hätten die Expedition schon gründlich ausgeplündert. Die fremdenfeindliche Partei schürte eifrig diesen Argwohn, während Arami und die übrigen Beschützer ebenso entschieden leugneten, außer den offiziellen Geschenken und Entlohnungen auch nur das geringste erhalten zu haben – was natürlich gelogen war. Deshalb hatte Arami dem Forscher gedroht, seine schützende Hand abzuwenden, falls dieser die Wahrheit über die unverschämten Erpressungen berichten würde. »Noch hatte Tafertemi

die Hoffnung nicht aufgegeben, Schätze aus mir herauszupressen, und wenn er eine feindselige Stellung mir gegenüber einnahm, so stimmte er nicht etwa mit den Leuten von Bardaï für meinen gewaltsamen Tod, sondern er weigerte sich nur, sein Gewicht für mich in die Waagschale zu legen, um mich auf diese Weise zur Herausgabe dessen, was ich nach seiner Ansicht besitzen mußte, zu zwingen.«

In Erwartung einer Einigung hielten die Tibbu täglich Beratungen vor Nachtigals Zelt ab. Sie versammelten sich bei Sonnenaufgang, und erst wenn die Sonnenstrahlen ihnen unerträglich auf den Kopf brannten, schlossen sie ihre Morgenberatung, um sie dann vom Nachmittag bis zum späten Abend fortzusetzen. Anfangs gehörten die Teilnehmer dieser Ratssitzungen alle zu der Partei, die Nachtigal günstig gesinnt war. Dabei hofften sie meist, durch ihre freundliche Haltung oder durch ihre engen Beziehungen zu Arami Vorteile für sich herauszuschlagen; denn sie waren überzeugt, daß bei dem Weißen allerhand zu holen sei, auch wenn dieser immer wieder das Gegenteil behauptete.

Das Gebaren der Tibbu kam dem Gefangenen geradezu unheimlich vor. Oft schlichen sie zu zweit oder dritt aus der Versammlung beiseite und flüsterten stundenlang, als handle es sich um etwas Großes und Geheimnisvolles, das man nicht offen auszusprechen wage. Immer wieder wurde dabei Arami mal zu der einen, mal zu der anderen Partei geschleppt, doch glücklicherweise handelte es sich bei diesen vertraulichen Verhandlungen häufig nur um ein paar Nähnadeln, um ein Stück Turbantuch oder ähnliche Kleinigkeiten. Solchen Kuhhandel trieben sie besonders gern in der Nacht, die ihrem heimlichen Wesen und ihrer Verschlagenheit besonders zusagte. So manche Gestalt huschte dann auf der Suche nach Bundesgenossen in der Finsternis hin und her.

Nachtigal hatte dem Häuptling einen roten Tuchburnus, eine Tobe und zwei tunesische Tarbuschs mit Turban zum Geschenk gemacht, aber Tafertemi benahm sich, als habe er nichts empfangen. »Sämtliche Großen des Landes hatten rote Tuchburnusse und verschiedene Kleinigkeiten erhalten, und während sie aus eigenen Mitteln kaum imstande waren, sich ein einfaches Baumwollhemd zu schaffen, sprachen und handelten sie gerade so, als wenn sie die unscheinbarsten Dinge empfangen hätten, und manche gaben nicht undeutlich zu verstehen, daß ihre aristokratische Würde durch meine bescheidenen Geschenke geschädigt worden sei und also einer materiellen Reparatur bedürfe.«

Als sie die Erfolglosigkeit ihrer Bemühungen erkannten, versteifte sich ihre feindselige Haltung, und sogar in den Reihen von Nachtigals

Anhängern wurde das Murren lauter und lauter. Schon mußte sich Kolokômi, der Tibbu, der ihn als Reiseführer ins Land gebracht hatte, aus dem Staub machen, da man ihn wegen seines Vorgehens ernstlich bedrohte.
Dazu kam, daß Tafertemi, das Staatsoberhaupt, erkrankte und sein Zustand sich zusehends verschlechterte. Zwar hinderte ihn die Krankheit anfangs nicht daran, Tag und Nacht darüber zu grübeln, wie er dem Christen die verheimlichten Schätze entreißen könne, doch als mehrere erpresserische Versuche und eine heimliche Aufforderung, ihm sieben Maria-Theresia-Taler zu schenken, erfolglos blieben, schien er sich nur noch um seine körperlichen Leiden zu kümmern.
Immer wieder bat Nachtigal Arami und dessen Freunde um die Erlaubnis, abreisen zu dürfen – doch vergebens. Sie erklärten ihm, er müsse wenigstens das Ende von Tafertemis Krankheit abwarten, denn obwohl ihr Oberhaupt nur geringes Ansehen genoß, wollten sie nicht über seinen Kopf hinweg handeln.

Gesteinigt

Der unfreiwillige Aufenthalt wäre für Nachtigal leicht zu ertragen gewesen, wenn er frei umherschweifen und mit den Bewohnern hätte verkehren dürfen. So aber war er ans Zelt gebannt, in dem er tagsüber bei 40° Celsius vor Hitze schmachtete wie in der Hölle. Außerdem quälte ihn der Hunger, da Arami morgens und abends als einzige Nahrung ein paar Datteln brachte.
Zweimal wagte der Forscher, nur für kurze Zeit draußen frische Luft zu schnappen, mußte dabei aber jedesmal noch größere Unannehmlichkeiten in Kauf nehmen als bei seinem Aufenthalt im Zelt.
»Das eine Mal wollte ich die Zeit der größten Tageshitze ausnutzen, um einmal im Schatten einer nur wenige hundert Schritte entfernten Palmengruppe zu ruhen. Auch frisches Wasser sollte dieser Platz bieten, und so schlich ich, mit einer Trinkschale versehen, zu dem seltenen Genuß. Mit Wollust streckte ich mich in den reinlichen Sand und hielt den ersten erquickenden Mittagsschlummer. Leider wurde ich in sehr unfreundlicher Weise aufgeschreckt. Ein junges Mädchen von 12 bis 14 Jahren hatte mich erspäht, schnell gleichaltrige Genossen herbeigelockt und begann mit ihnen einen so energischen Angriff mit Steinwürfen auf mich, daß ich an schleunigen Rückzug denken mußte. Die Kinder schleuderten mit einer solchen Kraft und Geschick-

lichkeit so ansehnliche Geschosse, daß ich bei größerer Entfernung meines Zufluchtsortes ernstliche Besorgnisse hätte hegen müssen. So kam ich mit zahlreichen Prellungen davon, deren Schmerz mich während der nächsten Zeit in jedem Augenblick daran erinnerte, wie machtlos ich war.
Das andere Mal wollte ich, als ich fast alle Einwohner bei einem gemeinsamen Fest glauben konnte, einen Brunnen ganz in der Nähe unseres Lagerplatzes auf seine Tiefe untersuchen. Kaum hatte ich ihn erreicht, so war auch hier die hoffnungsvolle Jugend wieder da und griff mich unter lautem Kriegsgeschrei ›Auf den Heiden! Auf den Heiden!‹ mit den oben erwähnten Waffen und der gleichen Energie an. Zu der Gefahr der Steinigung kam hier noch ein betrunkener Mann mit seinem Wurfeisen, der, angefeuert durch die Kampfeswut der Kinder und entmutigt durch meinen Rückzug, den ich so würdevoll als möglich auszuführen bestrebt war, von seiner gefährlichen Waffe Gebrauch machte. Glücklicherweise hatte ihm der Palmwein Auge und Hand unsicher gemacht, so daß ich mit einem ›Flachen‹ davonkam und ungeschädigt meinen Zufluchtsort oder vielmehr mein Gefängnis erreichte.«
Der Sultan oder Häuptling blieb länger als eine Woche krank. Als es ihm wieder besser ging, befaßte er sich erneut eingehend mit dem Thema, das alle Leute in Bardaï beschäftigte – nämlich, wie man für sich den größten Vorteil aus dem gefangenen Weißen herausschlagen konnte. Auch Arami wurde es allmählich müde, seinem Versprechen gemäß fünf Personen zu ernähren und zu schützen, und bemühte sich deshalb eifrig, die Fremden friedlich und unter Tafertemis Mitwirkung loszuwerden.

Der Sultan sucht nach Schätzen

Fast vierzehn Tage nach der Ankunft der Expedition waren vergangen, als endlich Arami nach einem Gespräch mit Tafertemi zuversichtlich meldete, die friedliche Lösung sei nun nahe. Der Häuptling habe versprochen, den ersten Schritt der Annäherung zu tun und den Gefangenen am nächsten Morgen zu besuchen.
Zahlreiche Tibbu hatten sich bereits vor Nachtigals Zelt versammelt, als gegen Sonnenaufgang der Sultan mit seinem einzigen Beamten, dem sogenannten Dolmetscher, herankam. Nichts Königliches lag in seiner äußeren Erscheinung. Tafertemi war ein kleiner, vom

Alter gekrümmter Greis, mager, mit hastigen Bewegungen und dürftigem Bartwuchs. Seine blaue Bornu-Tobe verriet durch Schmutz und Risse ein ansehnliches Alter. Auf dem Kopf trug er einen verschossenen, abgescheuerten Tarbusch mit schmierigem, ursprünglich weißen Turban, und seine Füße steckten in Sandalen. Er stützte sich auf einen dicken Stab, länger als er selbst, den er in der Mitte umfaßt hielt. Noch weniger Vertrauen erweckte sein Dolmetscher, ein zerlumpter, dunkelhäutiger Kerl.
Nachtigal ging ihnen mit seinem eigenen Dolmetscher zur Begrüßung entgegen, sprach seine Freude aus, ihn, das Oberhaupt, endlich persönlich kennenzulernen und hielt dann eine längere Ansprache, in der er besonders seine jetzigen Verhältnisse darlegte. Aber die Rede machte anscheinend nicht den geringsten Eindruck auf das verstockte Gemüt des zielbewußten alten Herrn. Ohne auf ihren Inhalt Bezug zu nehmen, ließ er dem Gefangenen durch den Dolmetscher sagen: »Bevor wir weitersprechen, beantworte mir eine Frage. Wer hat bei deiner Ankunft in Tibesti dein Besitztum so verringert, daß du sozusagen mit nichts hierher nach Bardaï gekommen bist? Ich muß dies wissen, denn ich bin für Sicherheit und Gerechtigkeit im Lande verantwortlich.«
Nachtigal hütete sich, die geforderte Auskunft zu geben, und erklärte, den Edelleuten nur das vorher bekannte »Recht des Flußtals« bezahlt zu haben. Tafertemi hielt dies jedoch für völlig unwahrscheinlich, da die Expedition mit vier beladenen Kamelen ins Land gekommen sei. Als alle Nachweise und Auseinandersetzungen über die Belastungsart der Tiere nichts halfen, wurde Nachtigal schließlich ärgerlich und sagte ihm kurz:
»Ich begreife nicht, was du willst, du hast doch deine Geschenke bekommen. Warum traust du meinen Worten nicht? Dort ist mein Zelt, das ich nicht einmal verlassen kann, ohne in unwürdiger Weise von Kindern belästigt zu werden, und in dem Zelt ist alles, was ich besitze. Überzeuge dich selbst von seinem Inhalt!«
Wortlos erhob sich Tafertemi und verschwand mit dem Dolmetscher in Nachtigals Zelt, um alles genau zu besichtigen. Besonders hatten es ihm zwei Kisten angetan, in denen er Schätze vermutete. Doch als er sie öffnete, fand er darin nichts als Bücher und meteorologische Instrumente, mit denen er nichts anzufangen wußte. Für ihn waren sie so gut wie leer. Auch sonst entdeckte er außer der Matratze, einer einzigen Bettdecke und den Schußwaffen keinerlei Gegenstände, die sein Wohlwollen für den Gefangenen hätten wieder erwecken können.
Erwartungsvoll hingen die Augen aller Umstehenden an der Zeltöff-

nung. Bald trat der enttäuschte Greis hervor, nahm von niemandem Notiz, durchschritt stumm den Kreis der Neugierigen und begann sich zu entfernen. Da erhob sich Arami und hielt hoch aufgerichtet, die Lanze in den Sand gestemmt, eine glänzende Rede:
»Wohin gehst du, König? Bist du nicht heute hierher gekommen, damit wir endlich über das Schicksal dieses Mannes entscheiden, der durch dein Zögern hier festgehalten wird? Warum lassen wir ihn nicht wieder nach Fezzan ziehen? Was wollen wir mit ihm machen? Sollen wir ihn etwa töten? Wenn wir diesen Christen umbringen, dann können wir nicht mehr auf die Märkte nach Fezzan ziehen, und für den Tod dieses einen fallen zwanzig der unseren als Opfer. Ist es nicht verständiger, ihn ungeschädigt ziehen zu lassen? Sein Hab und Gut hat er verteilt, seine Kamele sind unbrauchbar, den Weg kennt er nicht. Ohne Nahrung, ohne Wasser wird er in der Wüste zugrunde gehen, aber Gott wird ihn getötet haben, nicht wir. Seit seiner Ankunft habe ich ihn und seine Leute ernährt, ich kann und will das nicht länger tun, ich verlange, daß der König und die Versammlung ihn entlassen!«
Leider verfehlte diese Rede Aramis ihre Wirkung auf den nüchtern denkenden Sultan, der sich, schon außerhalb des Kreises der Versammelten, nur noch einmal kurz umdrehte und feststellte:
»Ich habe die leeren Kisten gesehen und gehe nach Hause!«
Ohne noch ein weiteres Wort zu verlieren, verschwand er.
Alle Hoffnungen, die Arami und Nachtigal in diese Zusammenkunft gesetzt hatten, waren im Sande verronnen, und wer sich bis dahin noch als Freund aufgespielt hatte, benahm sich nun zusehends feindseliger, da nunmehr wirklich erwiesen zu sein schien, daß bei dem Europäer keine Schätze zu holen waren.
In dieser Zeit tauchte ein Fremder aus Borku auf, musterte Nachtigal und dessen piemontesischen Diener neugierig von Kopf bis Fuß und schlug dann Arami vor, die beiden Europäer als Sehenswürdigkeit zu kaufen. Allerdings könne er keinen hohen Preis bieten, da sie ja alle als Arbeitssklaven so gut wie wertlos seien, er wolle aber für diese doppelte Kuriosität ein gutes, starkes Kamel opfern. Zum Glück zeigte sich Arami abgeneigt.
»Eines Tages kam eine nahe Verwandte Tafertemis, um mich wegen eines Lungenkatarrhs zu konsultieren. Ich belud sie förmlich mit Mitteln aus meinem kleinen Arzneivorrat, schon ihrer hohen Verwandtschaft wegen. Sollte man es glauben, daß die dankbare Dame unmittelbar nach ihrer Entfernung, noch unter meinen Augen, eine Bande von fünfzehn bis zwanzig Knaben zu einem Angriff auf mein Zelt organisierte und in der Nähe Platz nahm, um sich an diesem Schauspiel

zu weiden? Den jugendlichen Tibbu, von denen die meisten in den Flegeljahren waren, sagte dieses Spiel natürlich außerordentlich zu. Wir durften uns nicht verteidigen, um durch einen Kampf gegen Kinder nicht unsere Würde zu schädigen. Das Zelt konnte den Geschossen so großer Jungen unmöglich Widerstand leisten, und ich weiß in der Tat nicht, was daraus geworden wäre, wenn nicht der zufällig vorbeikommende Arami die jugendliche Bande in die Flucht geschlagen hätte.«
Langsam und eintönig schlichen die Tage dahin, von Sorge und Ärger erfüllt. Jetzt gegen Ende August wurde die Hitze im Zelt immer unerträglicher und der Hunger immer quälender. Die Tagesmahlzeit blieb bald nach dem Besuch des Häuptlings häufig aus, da Arami, dem Beschützer der Expedition, das Opfer meistens zu groß erschien. Dazu kam auch noch der Durst, denn wenn das schmutzige Trinkwasser tagsüber aufgebraucht war, durfte keiner der Gefangenen wagen, den Vorrat am nächsten Brunnen zu erneuern.
In dieser bedrückenden Stimmung und Langeweile verlief ein Tag wie jeder andere – und das jetzt schon fast einen Monat lang.
Nachtigal hatte gehofft, mit der Zeit würden die Leute von Bardaï ihre Feindschaft ablegen, doch er irrte sich. Nur ihre Furcht vor dem Weißen schwand allmählich und damit zugleich ihre Zurückhaltung.
»Die Männer warteten wenigstens ruhig, bis uns Arami aus seinen schützenden Händen entlassen haben würde; doch die Knaben und Jünglinge drohten oft ernste Verwicklungen herbeizuführen, besonders wenn sie durch ihr heimisches Getränk, den Palmwein, entflammt waren. Sie begnügten sich nicht damit, ins Zelt zu speien und mit ihrem eklen Tabaksaft nach mir zu zielen, oder so anschaulich wie möglich zu schildern, wie man bei meiner Entlassung aus Aramis Schutz mir die Lanzen im Leib herumdrehen, die Eingeweide herausreißen und den Aasgeiern vorwerfen werde, sondern sie wurden auch bisweilen handgreiflich, schleuderte ihre Speere gegen das Zelt oder in dasselbe und schienen nur die Gelegenheit einer ernsten Reaktion meinerseits herbeizusehnen, um daraus ein scheinbares Recht zu meiner Vernichtung herleiten zu können.«

Bestürzende Nachrichten

Arami selbst war stark in Anspruch genommen. Da ihn die Leute für mächtiger als Tafertemi hielten, wurde er von allen Seiten als Schieds-

richter, Vermittler und Ratgeber gesucht. Als er eines Tages durch einen heftigen Katarrh gezwungen war, das Haus zu hüten, begab sich Nachtigal mit seinem Dolmetscher zu ihm, um sein künftiges Schicksal mit ihm ernsthaft zu besprechen. »Ich gab ihm einen Rückblick auf seine treuen, doch bisher erfolglosen Versuche, mich aus meiner unangenehmen Lage zu befreien, schilderte ihm die Unmöglichkeit, lange mit einmaliger Dattelration als Tagesnahrung zu existieren, obgleich ich gerne anerkennen wolle, daß er große Opfer zu unserer Ernährung gebracht habe. Ich schloß mit dem Vorschlag, mir für die wenigen von mir reservierten Taler etwas Getreide- und Dattelvorrat zu kaufen und uns zur Flucht zu verhelfen, indem er uns auf die andere Seite der Berge begleitete und dort unserem Schicksal überlasse.«
Für diese Dienste versprach ihm Nachtigal alles, was der andere von der wenigen, noch übriggebliebenen Habe des Forschers wünschte. Außerdem wollte er ihn bei der Regierung von Fezzan lobend herausstellen und nach Tafertemis Tod als Nachfolger vorschlagen.
Arami fühlte sich zwar geschmeichelt, hoffte aber immer noch, die ganze Expedition am hellen Tage und vor aller Augen aus dem Tal zu entlassen — und nicht heimlich bei Nacht.
Es kam jedoch anders. Denn eines Morgens tauchten plötzlich die Tibbu auf, die zur Sicherheit Nachtigals und seiner Gefährten in Fezzan als Geiseln zurückgehalten worden waren. Reibereien mit den dortigen Arabern und die Furcht vor Repressalien hatten sie bewogen, in die sicheren Berge ihrer Heimat zurückzukehren. »Die Geiseln, die mir einzig und allein noch eine gewisse Bürgschaft für meine Rettung zu bieten schienen, konnten nun nicht mehr für meine Sicherheit verantwortlich gemacht werden.«
Nachtigal war aufs äußerste bestürzt und malte sich die nächste Zukunft in den schwärzesten Farben aus. Die Berichte dieser Leute über die Rachegelüste der Fezzaner und die Beschlüsse der Regierung, mit unnachsichtiger Strenge gegen jeden Tibbu-Mann vorzugehen, den sie festnehmen würden, waren nicht gerade geeignet, das Schicksal der gefangenen Expeditionsmitglieder zu erleichtern. Anstatt Geiseln in Fezzan zu haben, drohte Nachtigal nun selbst eine Art Geisel zu werden.
»Um meine Lage noch gefährlicher zu machen, brachten die Flüchtlinge die Nachricht von dem entsetzlichen Untergang meiner Gefährtin Alexine Tinné durch den schamlosen Verrat der Tuareg. Da wir gleichzeitig nach Mursuk gekommen waren und in steter Verbindung gestanden hatten, so hielt man die Forscherin, deren selbständige Reise ohnehin unbegreiflich erschienen wäre, für meine Frau, und meine Feinde suchten die Nachricht von ihrem schrecklichen Ende zu

129

meinem Verderben auszubeuten. Sie verhöhnten meine Beschützer unter ihren Landsleuten, weil sie nicht den Mut hätten, in der Sicherheit ihrer Berge eine Tat zu begehen, welche die Tuareg wenige Tagereisen von Mursuk an der Grenze des Fezzaner Gebietes furchtlos ausgeführt hätten, und stachelten das nationale Gefühl der Schwankenden durch beleidigende Parallelen zwischen ihrer feigen Furcht und dem männlichen Vorgehen ihrer berberischen Erbfeinde zu einer für mich äußerst bedrohlichen Höhe.«

Was hatte es eigentlich mit dieser Alexine Tinné und ihrer Expedition auf sich?

Die Holländerin Alexandra Petronella Francina Tinné war eine reiche Erbin, die bereits einige Jahre in Afrika mit der Erforschung der Bahr-el-Ghazal-Region, eines linken Nebenflusses des Weißen Nil im Südsudan, sowie Algeriens und Tunesiens zugebracht hatte. Nachtigal hatte diese zwar mutige, jedoch auch unbesonnene Entdeckungsreisende in Tripolis kennengelernt und sie dann wieder vor seiner Tibestireise in Mursuk getroffen, gerade als sie eine Expedition ins Ahaggar- oder Hoggar-Gebirge, also ins Bergland der Tuareg, vorbereitete. Vergebens hatte Nachtigal sie vor dem Unternehmen in diese Gegend gewarnt, die genauso gefürchtet war wie Tibesti.

Wie bei ihr üblich war Alexandra Tinné mit großem Troß aufgebrochen und schon bald nach Verlassen Mursuks einem räuberischen Führer der Ahaggar-Tuareg in die Hände gefallen, der ihr bis zur Oase von Ghat das Geleit geben sollte. Die beiden unförmigen Wasserbehälter, die sie aus Vorsicht mitgenommen hatte, wurden ihr zum Verhängnis, denn die Tuareg glaubten, sie seien mit Gold gefüllt. Nur wenige Tage waren sie unterwegs, als der Karawanenführer die Holländerin mit seinen Leuten überfiel. Die Angreifer schlugen ihr die Hand ab, als sie, so hat man später vermutet, ihren Revolver ziehen wollte, und ließen dann die Schwerverletzte im Sand liegen, wo sie verblutete.

Die Nachricht von dieser Greueltat war also nun nach Bardaï gedrungen. Seit dieser Zeit gab Arami die Hoffnung auf, Nachtigal und dessen Gefährten friedlich und mit Wissen der Bewohner abreisen zu lassen, und versprach ihnen nun, alles für eine Flucht bei Nacht in die Wege zu leiten.

Flucht und neue Plünderungen

Vom 2. auf den 3. September sollte endlich die Stunde der Befreiung schlagen. Zitternd vor Aufregung hatte Nachtigal die wenigen noch übriggebliebenen und im Zelt vergrabenen Taler aus dem Boden gescharrt und mit den anderen zusammen die von Arami besorgten Kamele beladen, als ihr Beschützer gegen zwei Uhr morgens plötzlich erklärte, es sei für diese Nacht zu spät und sie müßten die folgende abwarten. Nachtigal argwöhnte zunächst Verrat und schimpfte und tobte, mußte sich aber in das Unvermeidliche fügen.

Niemand in Bardaï schien Wind von den Fluchtplänen bekommen zu haben — bis auf Fatima, die Schwester Aramis. Dreist trat sie auf, durchwühlte Nachtigals Gepäck und nahm sich davon, was ihr gefiel. Arami selbst hielt Wort. »Wieder kamen um Mitternacht unsere Begleiter, und eine Stunde später konnten wir aufbrechen. Wir umgingen die Ortschaft wie am Abend der schrecklichen Ankunft und lagerten nach einigen Stunden ohne jeden störenden Zwischenfall am Eingang des engen und steinreichen Flußtales Oroa. Hier rasteten wir bis zum Anbruch des Tages, und dann ging es weiter. Arami entledigte mich und die Kamele allmählich zu seinem und seiner Begleiter Besten, er verbarg meine schöne Matraze in einer Felsspalte und übergab seinem Neffen, als dieser Abschied von uns nahm und nach Bardaï zurückkehrte, die messingne Wasserkanne und einen eisernen Kochtopf.«

Es sollte noch lange nicht die letzte Plünderung sein. Als sie nach qualvollen Marschtagen wieder eine längere Rast einlegten, kam es zu Auseinandersetzungen zwischen Arami und seinen Verwandten über weitere Gegenstände aus Nachtigals Besitz. »Arami erklärte, daß mein gesamtes Hab und Gut eigentlich ihm gehöre, nachdem er mich und meine Leute fast einen Monat lang ernährt und mir das Leben gerettet habe. Wenn ich in Frieden und ohne Schaden an Leib und Seele gehen könne, so sei das eigentlich alles, was ich zu erwarten habe.« Kein Wunder, daß Nachtigal bei so viel Unverschämtheit die Galle überlief, aber er hielt es für klüger, seinen Ärger hinunterzuschlucken.

»Am 11. September kehrte endlich Bu Zeid zurück, der nach Arabu gegangen war, um dort meine Kamele und den Rest meiner Habe zu holen, den ich auf der Hinreise dort abgestellt hatte. Er führte fünf Kamele mit sich, deren Anblick mich mit den kühnsten Hoffnungen erfüllte. Es stellte sich freilich alsbald heraus, daß nur eines derselben mein Eigentum war. Von den übrigen Tieren waren nach seinen Behauptungen zwei gestorben und das dritte mit dem zurückgelassenen Teil meines Gepäcks gestohlen worden. Zum Beweis für den Tod der zwei Tiere wurden mir zwei mit getrocknetem Fleisch gefüllte Ledersäcke überreicht.«

Bu Zeid hatte aber gleich noch vier weitere Kamele mitgebracht. Mit den Eigentümern, die gleich mitgekommen waren, sollte Nachtigal nun über den Mietpreis für die vorübergehende Überlassung dieser Kamele verhandeln. Dabei schraubten sie ihre Forderungen so unverschämt hoch, daß Nachtigal bei diesen Wucherpreisen schließlich nach endlosem Palaver nur ein einziges Kamel mietete. »Trotzdem konnten wir uns mit diesen Tiere, dem schwachen Kamel Bu Zeids und der Stute Kolokômis begnügen.

Vor der Abreise ging es an die Regelung der mannigfachen Ansprüche, die Arami schon drohend angedeutet hatte. Dieser selbst begnügte sich endlich mit dem Kamel und dem kupfernen Kochkessel, sein Neffe Gordoi erhielt einen Schuldschein über den Mietpreis seines Kamels, der Bruder Kolokômis, der schon wochenlang ohne den geringsten Erfolg seiner spekulativen Anhänglichkeit mit uns herumgezogen war, bekam die letzten drei Taler, er gab sich aber nicht eher zufrieden, bis er noch einen Schuldschein über sieben Maria-Theresia-Taler in den Händen hatte. Die Schuldscheine wurden von ihren Besitzern Bu Zeid anvertraut, der gleichzeitig Bürge für ihre Bezahlung wurde. Zum Schluß hieben meine Quälgeister noch einmal kräftig auf unsere ohnehin schon unzureichenden Mundvorräte ein und versäumten nicht, auch die Hälfte des gedörrten Fleisches für den Rückweg zu fordern.

Endlich war alles zur Abreise bereit, die wertvollen Gesteinsproben und meine Bücher mußten als unnütze Last fortgeworfen werden. Jeder der Anwesenden wühlte in den Kisten und nahm, was ihm gut dünkte, bis das Gewicht derselben dem Herrn des gemieteten Kamels leicht genug erschien.«

Als schließlich auch die Wasserschläuche gefüllt waren und nun die Kamele bepackt wurden, bemerkte Nachtigal voll banger Überraschung, wie sich Kolokômi mit seinem heimlich beladenen Kamel ohne Abschied aus dem Staube machte. Keine Rufe hielten ihn zurück, und als Nachtigal ihm den alten Diener Mohammed nachschicken wollte, der Wochen zuvor so eindringlich vor der Expedition nach Tibesti gewarnt hatte, erklärte dieser gereizt:

»Siehst du, wie der letzte der verräterischen Tibbu uns verläßt? Geh doch jetzt auf dem Weg, den du so sorgfältig aufgeschrieben hast, nach Fezzan, wenn du das kannst! Habe ich dir nicht vorher gesagt, wie es kommen würde? Oh diese Christen, die nur einen eigensinnigen Kopf und viel Wissen, aber keinen Verstand haben! Du kannst jetzt wählen, ob du getötet werden oder verhungern willst. Wir anderen mit unserer schwarzen Haut kommen wenigstens mit dem Leben davon, denn man wird uns höchstens zu Sklaven machen, nur für dich

gibt es kein Entrinnen!«
Ohne auf diese Vorwürfe einzugehen, eilte Nachtigal Kolokômi nach, denn ohne diesen Karawanenführer konnten sie sich nicht bis zur Bornustraße durchschlagen. Von da ab wußte dann Mohammed wieder Bescheid.
Hastig trieb Kolokômi sein Kamel vorwärts und antwortete kurz, er sähe nicht ein, warum er noch länger bei Nachtigal bleiben solle, nachdem dieser all seine Habe an andere verteilt hätte und er dabei immer leer ausgegangen sei. Kolokômi hatte es auf eine Erpressung abgesehen und erreichte schließlich auch, was er wollte: Gegen das schriftliche Versprechen, ihm später einen neuen Anzug zu schenken, machte er kehrt, um die Expedition auch weiterhin zu führen.
»Arami und seine Begleiter waren in Richtung ihrer Heimat verschwunden. Ich war wie von einem Alp befreit und begann nach der Wiedergewinnung unseres Führers mit frischem Mut die Heimwanderung, die bei unserem geringen Mundvorrat nur einem in der Entbehrung hart geschulten Wüstenbewohner möglich erscheinen konnte.«
Die folgenden Tage schleppten sie sich durch Hitze und Sand, über Geröll und Berge dahin, nur von dem Willen beseelt, trotz Durst, Erschöpfung und bald auch Hunger ihr Ziel Mursuk lebend zu erreichen. Obwohl sie selbst dem Zusammenbruch nahe waren, blieben schließlich auch noch die Kamele kraftlos in der Wüste liegen. »So waren wir auch für den Transport des Wassers ganz auf uns selbst angewiesen, und es war nicht leicht, den Bedarf von sieben Menschen auf der Reise für zwei und einen halben Tag in sommerlicher Wüstenluft auf den Schultern zu tragen, besonders für Leute unseres Kräftezustandes.«
Doch sie hielten durch. Am 8. Oktober trafen alle in Mursuk ein, wenn auch zerlumpt und halb verhungert.
»Omrek tawil! Dein Leben wird lang sein!« meinten die Bewohner des Oasenstädtchens erfreut, als sie Nachtigal wiedersahen. »Denn wen Gott aus solchen Gefahren errettet, dem hat er ein langes Leben bestimmt. Und nachdem du aus den Händen der Tibbu wiederkehrtest, kannst du mit ruhiger Zuversicht überall hingehen!«
Der Bericht und die Karte vom Nordwesten des großartigen Vulkangebirgslandes Tibesti, die der Forscher nach Europa sandte, erregten Aufsehen wegen ihrer Anschaulichkeit und vielen bis dahin unbekannten Einzelheiten. Bis weit in unser Jahrhundert hinein blieben sie die einzige Grundlage der Forschung.

Geschenke für Scheich Omar

Noch ein halbes Jahr verbrachte Nachtigal in Mursuk, ehe er sich am 18. April 1870 einer Karawane anschließen konnte, die wie er nach Bornu weiterziehen wollte. Von Rohlfs hatte er ja in Tripolis den Auftrag übernommen, dem Herrscher von Bornu, Scheich Omar, Geschenke des Königs von Preußen zu überreichen. Als er seinen Abstecher nach Tibesti unternahm, hatte er sie vorsichtshalber unter der Obhut der türkischen Behörden in Mursuk zurückgelassen, sonst wären sie zweifellos auch den Erpressungen und Plünderungen der Tibbu zum Opfer gefallen.
In sicherer Begleitung von fünfundzwanzig Marokkanern als Leibwache durchmaß Nachtigal die gleiche Wüstenstrecke zum Tschad, die Heinrich Barth auf seiner Heimreise aus dem Bornureich durchzogen hatte. Zu seiner Karawane gehörten auch neun Kamele, die teils mit den Geschenken des preußischen Königs beladen waren:
»Das stärkste der Kamele trug den rotsamtenen, an Lehne und Füßen reich vergoldeten künftigen Thronsessel des Herrschers von Bornu in seiner unförmlichen Kiste einerseits, und die lebensgroßen Bildnisse König Wilhelms, der Königin Augusta und des Kronprinzen andererseits. Die Ladung war weniger schwerwiegend als durch ihre Unförmigkeit für das Tier lästig. Ein zweites Tier trug eine Partie Zündnadelgewehre mit entsprechender, schwer wiegender Munition friedlich neben einer Anzahl heiliger Schriften in arabischer Sprache, um deren Mitnahme Herr Robert Arthington aus Leeds in England gebeten hatte, ein drittes die übrigen Geschenke, welche in einer bronzenen Penduluhr, goldener Taschenuhr mit Kette, einem Doppelfernglas, einem halben Dutzend gewöhnlicher silberner Taschenuhren, einem doppelt versilberten Teeservice, einigen Stücken Seife und Sammet, einem Pfunde echten Rosenöls und einem solchen gewöhnlicher Geraniumessenz, Rosenkränze, Armbändern und Halsbändern von echten Korallen, zwölf Burnusse aus Sammet, Tuch und tunesischem Wollstoff, einem Dutzend echter tunesischer Tarbuschs und einem Harmonium, das uns noch unsere Abende in der Einsamkeit der Meschija verschönt hatte, bestanden.«
Mit solchen Erzeugnissen europäischer Kultur und Zivilisation glaubte man damals einen Herrscher im Inneren Afrikas beglücken zu können — und behielt recht. Als Nachtigal Anfang Juni heil am Tschadsee eintraf und bald darauf auch von Scheich Omar in der Residenz Kuka feierlich empfangen wurde, erregte der Thronsessel mit seinem Überzug aus rotem Samt und der reichen Vergoldung der kunstvoll

geschwungenen Füße und Armlehnen vollste Bewunderung. Besonders freute sich der schwarze Scheich aber auch über die Zündnadelgewehre. »Unzählige Male mußten wir ihm die Handgriffe zur Öffnung und Schließung der Kammer, die Zündnadel selbst und die Patronen zeigen und erklären. Obgleich der Königspalast eine verhältnismäßig reiche Sammlung der verschiedensten Gewehrsysteme enthielt, so gab es doch noch kein preußisches Zündnadelgewehr in derselben.«

Äußerst zufrieden mit allen Geschenken seines »Bruders« Wilhelm entließ Scheich Omar den deutschen Forschungsreisenden und sagte ihm volle Unterstützung für seine weitere Tätigkeit im Lande zu. Für fast drei Jahre lang sollte Kuka Nachtigals Standquartier werden, von wo aus er mehrere Reisen unternahm.

Der Sklavenmarkt in Kuka

Während seines langen Aufenthalts in Kuka hatte Nachtigal reichlich Gelegenheit, das Leben und Treiben in der Hauptstadt des riesigen Bornureiches ausführlich kennenzulernen und später in seinem drei-

Dschedid in der Oase Sebha im Fezzan (Südlibyen). Bild aus Nachtigals dreibändiger Beschreibung seiner Saharadurchquerung »Sahara und Sudan«

bändigen Werk »Sahara und Sudan« zu schildern. Wenn auch der Glanz früherer Tage stark verblichen war, so hinterließ diese Großstadt auf dem Boden Zentralafrikas mit ihrer mehr als sieben Meter hohen, aus Ton errichteten Stadtmauer und ihren zahlreichen ein- und zweistöckigen Häusern dennoch einen starken Eindruck.
In seinem Werk berichtet Nachtigal über die Handels- und Marktverhältnisse in Kuka und befaßt sich darin auch mit dem dortigen Sklavenmarkt. Auf der Südseite des Marktplatzes, auf dem alles Mögliche feilgeboten wurde, hatten die Sklavenmakler große Buden aufgeschlagen, wo sie, gegen Sonne und Regen geschützt, ihre »Ware« in Ketten oder ungefesselt in langen Reihen ausstellten. Sklaven beiderlei Geschlechts, jeden Alters und Preises, aus den verschiedensten Gebieten südlich der Sudanstaaten erwarteten dort ihr Schicksal. »Neben kleinen Kindern, die der zärtlichen Sorge einer liebenden Mutter entrissen wurden, bevor sie das Bild derselben in ihre Erinnerung aufnehmen konnten, sitzen lebensmüde Greise; zwischen häßlichen Weibern, denen die fahle Haut um die fleischlosen Knochen schlottert und die in Arbeit und Elend stumpf geworden sind, blicken frische junge Mädchen mit den vollen, prallen Formen der ersten Jugendblüte, ihn kokettem Kopfputz, sauber gewaschen und in Butter erglänzend, hoffnungsvoll in die Zukunft.
Die gangbarste Klasse der Menschenware ist der sogenannte Sedasi, d. h. der vom Fußknöchel bis zur Spitze des Ohres sechs Spannen messende männliche Sklave im Alter von etwa zwölf bis fünfzehn Jahren. Sein Preis kennzeichnet die Preisbildung dieser ganzen Warengattung so zutreffend, daß der fremde Kaufmann, der sich orientieren will, zunächst einmal fragt: ›Was kostet ein Sedasi?‹ Die fünfzehn- bis zwanzigjährigen Sklaven sind weniger begehrt und schwerer verkäuflich als die Sedasis, weil sie sich, zumal wenn sie noch nicht lange Sklaven sind, leichter zum Entlaufen verleiten lassen und weil ihre ganze Erziehung nicht mehr so einfach ist. Am wenigsten gefragt sind die älteren Männer, vor denen die Frauen wenigstens den Vorzug haben, sich für häusliche Arbeiten besser zu eignen.
Im Preise übertreffen die jungen, reifen Mädchen den Sedasi begreiflicherweise um ein bedeutendes, doch ist hier die Preisbildung nicht so einfach, weil sie natürlich stark von subjektiven Momenten abhängt und weil der Wert je nach den Graden ihrer Schönheit und dem Geschmack des Kaufenden schwankt. Diese zu Konkubinen geeigneten Mädchen und Frauen ziehen gewöhnlich das beste Los auf dem Sklavenmarkt. Sie füllen vollständig den Platz einer Hausfrau aus und sind viel mehr als diese bestrebt, durch Fleiß und Liebenswürdigkeit das Wohlwollen ihrer Herren zu erwerben, um nicht aus einer Hand

in die andere zu gehen. Im ganzen sind ihre Unterhaltskosten auch viel geringer als bei legitimen Frauen, so daß man ihr Vorhandensein für unbemitteltere Männer und für alle, die zu langen Reisen gezwungen sind, geradezu als einen Segen bezeichnen muß. Legitime Frauen sind nämlich nach dem religiösen Gesetz der Bornuleute nicht verpflichtet, Sippe und Heimat zu verlassen, und können dazu mit keinem Mittel gezwungen werden. Wird die Sklavin überdies mit Kindern gesegnet, so ist sie in ihrer Stellung fast ebenso sicher wie eine legitime Frau, denn nur die allerzwingendsten Verhältnisse können einen einigermaßen anständigen Moslem veranlassen, sich von der Mutter seiner Kinder durch Verkauf zu trennen.

Einen exzeptionellen Wert haben die Eunuchen, die jedoch kaum jemals auf einen öffentlichen Marktplatz kommen. Es besteht eine so große Nachfrage nach ihnen für die Großen der mohammedanischen Welt Europas, Asiens und Afrikas, daß sie sehr schnell unter der Hand verkauft werden. Die meisten Eunuchen, die in Bornu zum Verkauf kommen, stammen zwar nicht aus dem Lande selber, doch hat sich auch mancher mächtige Mann des Landes nicht gescheut, ihre Zahl zu vermehren. Zuweilen sollen Hunderte von Knaben aufgesammelt worden sein, um sie der selbst vom Islam verdammten Verstümmelung zu unterwerfen. Die operierenden Barbiere pflegen unter dem Vorwand, die Knaben beschneiden zu wollen, mit schnellem Griff die gesamten äußeren Geschlechtsteile mit der linken Hand zu umfassen und sie mit der rechten mittels eines scharfen Messers mit einem einzigen Schnitt zu amputieren. Siedende Butter wird bereitgehalten und den Unglücklichen zur Stillung der Blutung auf die frische Wunde gegossen. Begreiflicherweise gehen sehr viele an dieser schrecklichen Operation zugrunde.

Auch taubstumme Sklavinnen werden, obwohl sie nicht ebenso kostbar sind wie Eunuchen, von den Großen der höher zivilisierten Länder des Islam als Dienerinnen ihrer Frauen sehr gesucht und teuer bezahlt – und Zwerge, womöglich zu Hofnarren erzogen, bilden noch immer ein beliebtes Spielzeug für mohammedanische Fürsten. Beide sah ich in Kuka zur Ausfuhr nach Norden verkaufen.«

Gefesselt von der bunten Welt am Südrand der Sahara

Die bunte, neue Welt am Südrand der Sahara lockte Nachtigal, den einstigen Militärarzt, der nun zum Forscher geworden war, immer wieder zu Erkundungsreisen, die er von Kuka aus unternahm. Vom Frühjahr bis November 1871 zog er wieder nordwärts in die Wüste hinein, um die Landschaft Borku, am Südrand von Tibesti, zu erforschen. Südlich Borkus entdeckte er die Spuren eines »Ur-Tschads«: weite Tonflächen und Fischskelette.

Im Jahr darauf – von Februar bis September 1872 – hielt er sich – wie zuvor schon Barth – in Baghirmi auf, von wo er mit zweieinhalb Zentner Elfenbein als Gastgeschenk des Herrschers nach Kuka zurückkehrte. Hier erforschte er auch den Schari, den Hauptzufluß des Tschadsees.

Es gelang Nachtigal sogar, unter dem Schutz des Sultans Omar die bisher für jeden Weißen unzugängliche Landschaft Wadaï zu erschließen. Dabei suchte er nach Spuren des deutschen Afrikaforschers Eduard Vogel, der hier bei der Erforschung zwei Jahrzehnte zuvor ermordet worden war.

Als Nachtigal Anfang 1874 beschloß, nach so vielen Jahren Forschungsarbeit in Afrika wieder nach Europa zurückzukehren, schlug er nicht den bereits bekannten Rückweg nach Tripolis ein. Vielmehr wollte er eine neue Strecke erkunden, die ihn über Wadaï ostwärts nach Darfur, der Landschaft im zentralen Westen des Sudan, und nach Kordofan führte. In der Hauptstadt dieser Provinz im Zentrum der Republik Sudan, in El Obeïd, wurde er, den man längst für Verschollen glaubte, vom Bürgermeister, dem Scheich el-Beled, und von dem griechischen Arzt und Sanitätsinspektor des Sudan Dr. Giorgi, willkommen geheißen.

Nach fast dreizehnjährigem ununterbrochenen Aufenthalt in Afrika feierte Nachtigal damit seinen »Wiedereintritt in die zivilisierte Welt«, in der es ihm zunächst schwerfiel, sich wieder zurechtzufinden. »Elias, dem Scheich el-Beled, gegenüber, der sich in arabischer Sprache mit mir unterhielt, fühlte ich mich vollkommen unbefangen. Der griechische Arzt aber verwirrte mich vollständig. Er sprach mich zuerst französisch an, versuchte es dann mit ebensowenig Erfolg mit der italienischen Sprache, und erst als er in die arabische Sprache überging, die mir augenblicklich die geläufigste war, vermochte ich mich wieder zu sammeln. Aber noch einige Zeit hindurch konnte ich mich in deutscher, französischer und italienischer Sprache nur unzusammenhängend ausdrücken. Die jahrelange Entwöhnung von anderen als der arabischen und den sudanesischen Sprachen ließ mich bei dem plötzlichen Übergang zu europäischen Idiomen sozusagen nur Brokken stammeln.«

Auch der Umgang mit Messer und Gabel fiel dem in Kleidung und Sprache fast völlig zum Araber gewordenen deutschen Arzt anfangs

schwer, besonders als ihm zu Ehren noch am Abend seiner Ankunft in El Obeïd der Generalgouverneur des ägyptischen Sudan ein Bankett gab. Denn die letzten fünf Jahre lang war der Forscher kreuz und quer durch die Einsamkeit des unbekannten Dunklen Erdteils geritten und marschiert und hatte dabei kaum einen Europäer gesehen. Als Nachtigal 1875 auf einem Sklaventransportschiff nilabwärts fuhr, schickte ihm der Khedive von Ägypten eigens einen Dampfer entgegen. Mit großen Ehren wurde er schließlich auch in seiner deutschen Heimat empfangen und zum Vorsitzenden der Deutschen Afrikanischen Gesellschaft sowie der Gesellschaft für Erdkunde zu Berlin ernannt, die noch heute die Nachtigal-Medaille an verdiente Geographen verleiht.
In seinem dreibändigen Reisewerk »Sahara und Sudan« hat er seine umfangreichen Erkundungen von Ländern und Völkern zusammengefaßt. Besonders seine Beobachtungen über die Gebiete, die er als erster Europäer besucht hat – nämlich Tibesti, Wadaï und Dar Runga – bilden auch noch in unseren Tagen die Grundlagen der Wissenschaft. Mit Gustav Nachtigal, der 1885 starb, war die sogenannte klassische Periode der deutschen Sahara- und Sudanforschung zu Ende gegangen.

Von Tuareg bedroht

Um das Bild herausragender Saharaforscher abzurunden, seien im folgenden noch einige bedeutende Entdeckungsreisende erwähnt. Zu ihnen gehört auch der 1848 geborene Österreicher Oskar Lenz, der 1879 von der Deutschen Afrikanischen Gesellschaft den Auftrag erhielt, den marokkanischen Teil des Atlas-Gebirges zu erforschen und den geologischen Unterbau zu studieren. Von Tanger aus überquerte er den Hohen Atlas und erreichte als erster Europäer am 10. Mai 1880 den Oasenort Tindouf in der westlichen Sahara. Bereits vierzig Tage nach Verlassen des Atlas-Gebirges gelangte er ohne Schwierigkeiten nach Timbuktu und wurde dort zu seinem großen Erstaunen herzlich empfangen. Mitte Juli brach er nach Westen auf und zog nach Senegal, wo er im November 1880 in einem französischen Außenposten eintraf. Mit aufschlußreichen geographischen und völkerkundlichen Neuigkeiten kehrte Oskar Lenz nach Europa zurück. Seine Reiseroute von Marokko bis zur Senegalmündung entsprach ungefähr dem Weg, den früher einmal Caillié in umgekehrter Richtung zu-

rückgelegt hatte.
Henri Duveyrier ist ein französischer Saharaforscher, der es schon in sehr jungen Jahren zu Ruhm und Anerkennung brachte. Sein erster Besuch in Nordafrika als Siebzehnjähriger hatte ihn so begeistert, daß er den Entschluß faßte, sich zu einer größeren Expedition vorzubereiten. Dazu reiste er zunächst nach London, um sich dort von Heinrich Barth Ratschläge zu holen und seine Studien in Geologie, Naturgeschichte, Völkerkunde und Sprachen fortzusetzen.
Im Jahre 1859 trat er im Alter von nur neunzehn Jahren seine erste Reise an, die ihn von der damals französischen Kolonie Algerien zu der 1.000 km südlich gelegenen Oase El Goléa führte, die er nach harten Strapazen als erster Europäer erreichte. Die moslemischen Einwohner zeigten sich dem jungen Franzosen und Christen gegenüber äußerst feindlich und hinderten ihn sogar daran, sich Nahrung zu verschaffen, so daß er zeitweise von Eidechsen und Würmern leben mußte. Auch vertrieben sie ihn und drohten ihn zu töten, wenn er wiederkommen werde. Durch seine mutige Haltung, frei von jeder Furcht, errang er jedoch bald die Achtung der Mohammedaner.
Im Jahr darauf stieß Duveyrier von Ghadamès in Libyien in die Sahara vor und gelangte bis nach Ghat, wo er Freundschaft mit zwei mächtigen Führern der Tuareg schloß. Ein Jahr lang teilte er das harte Leben dieser »Adligen der Wüste«, studierte ihre Sitten und Gebräuche und lernte deren Sprache und Schrift. Seine Erlebnisse und Erfahrungen veröffentlichte er in dem Buch »Die Tuareg des Nordens«, das genaue Aufschlüsse über das Leben dieser Stämme brachte sowie über die Geographie, Hydrologie, Geologie und die Tier- und Pflanzenwelt der Sahara. Mit 21 Jahren wurde Duveyrier zum Ritter der Ehrenlegion ernannt und mit der Goldmedaille der Geographischen Gesellschaft in Paris ausgezeichnet. Er zählt zu den großen der Saharaforschung und genießt noch heute internationales Ansehen als Tuaregexperte.
Ein besonders tragisches Ende nahm die Expedition des französischen Hauptmanns Paul-François-Xavier Flatters, der eine Trasse für eine Transsahara-Bahn von Algier zum Tschad auskundschaften sollte. Im Dezember 1880 verließ er mit einer Gruppe von 10 Offizieren, 46 Soldaten, 36 Eingeborenen sowie über 200 Reit- und Lastkamelen Ouargla in südlicher Richtung.
Als er die Gebiete im Ahaggargebirge durchstreifte, also das Land der Ahaggar-Tuareg, die mit den französischen Eindringlingen besonders verfeindet waren, ereilte ihn sein Schicksal. Die Wasserknappheit machte den Männern und Kamelen der zahlenmäßig überstarken Karawane schwer zu schaffen, was den Tuareg die Möglichkeit

Wie zum Überfall geschaffen ist diese Felsschlucht im Tassili. Die Sahara ist reich an Orten wie diesen, was den Tuareg in den Kämpfen gegen die Franzosen sehr zustatten kam.

bot, die verhaßten Fremden in eine Falle zu locken. Eine Gruppe von ihnen, die während der ganzen Zeit die Expedition beschattet hatte, näherte sich eines Tages Flatters und gab vor, ihn zu einer Quelle zu führen, wo er die Kamele tränken und außerdem reichlich Wasservorräte für die im Hauptlager zurückgebliebenen Männer mitnehmen könne.

Flatters glaubte den Versprechungen und folgte mit einigen Soldaten und den meisten Kamelen den Tuareg, während der Hauptteil unter dem Befehl von Leutnant Dianous zurückblieb. Mit dieser Teilung seiner Truppe beging der Hauptmann jedoch einen verhängnisvollen Fehler. An der Quelle fielen die Tuareg über Flatters und seine Begleiter her und machten sie nieder bis auf wenige arabische Kameltreiber, denen die Flucht zum Hauptlager gelang. Unter dem niederschmetternden Eindruck der Hiobsbotschaft wollte Dianous mit seinen Leuten nach Ouargla (sprich: Wargla) zurückkehren, doch auch ihnen saßen schon bald die Tuareg im Nacken. Nachdem sie zunächst die wenigen noch vorhandenen Kamele der französischen Expedition vertrieben hatten, machten sie auf dem ganzen Rückweg Jagd auf die sich zu Fuß dahinschleppende, erschöpfte Truppe. Ein Mann nach dem anderen starb unterwegs an seinen Wunden, an Entkräftung oder Durst. Auch Dianous fiel im Kampf mit den Angreifern. Die wenigen Überlebenden, die sich endlich am 4. April 1881 in die Oase Meseggem retten konnten, hatten sich zuletzt, als alle Lebensmittel verbraucht waren, vom Fleisch ihrer toten Kameraden ernähren müssen.

Die Niedergeschlagenheit über das Schicksal dieser unglückseligen Expedition veranlaßte die französische Regierung, den Plan einer Eisenbahnverbindung durch die Sahara vorerst aufzugeben und zunächst einmal ihre Herrschaft auf die Gebiete um die Wüste zu sichern. Nachdem sie Jahrzehnte zuvor schon Algerien und Marokko unter ihren Einfluß gebracht hatte, wurde im Jahre 1881 Tunesien französisches Protektorat und 1895 die Kolonie Sudan auf dem Gebiet um Timbuktu und auf einem großen Teil des heutigen Mali errichtet.

Die Macht der Tuareg gebrochen

Ein Mann träumte zu dieser Zeit noch immer von einer festen Verbindung durch die Sahara: der Franzose Fernand Foureau. Nachdem er drei Jahrzehnte lang – von 1868 bis 1898 – zahlreiche Reisen auf eigene Faust durch die Große Wüste unternommen hatte, bot ihm 1898 die Französische Geographische Gesellschaft finanzielle Unterstützung an, wenn er eine Expedition zur Erforschung der Gebiete zwischen Algerien und dem Sudan leiten wolle.

Um diesmal gegen Überfälle der Tuareg gewappnet zu sein, wurde die französische Expedition von einer starken militärischen Schutztruppe begleitet, die mit Gewehren, Maschinengewehren und leichten

Kanonen ausgerüstet war. Da die Nomaden mit ihren Schwertern, Speeren und nur wenigen Gewehren gegen eine Truppe mit solchen modernen Waffen nichts ausrichten konnten, verlegten sie sich auf eine andere Taktik: sie weigerten sich, der Expedition, die sich langsam in südlicher Richtung der zentralen Hochebene der Ahaggar-Berge näherte, Lebensmittel sowie Wasser für die Kamele zu geben. Die Folgen waren verheerend. Allein in der einen Woche, als die Franzosen das Gebiet zwischen den Gebirgen von Tassili und Ahaggar durchzogen, verloren sie rund hundert Kamele — nachdem man die Aïr Berge zur Hälfte durchquert hatte, waren schließlich alle Tiere verendet. Deshalb sah sich die Expedition gezwungen, den größten Teil des Gepäcks zu verbrennen und die meiste Munition zu vergraben. Trotz dieser erschwerten Umstände setzte die Foureau-Lamy-Expedition ihren Marsch fort. Viele Männer waren zerlumpt und halb verhungert, als sie endlich in Zinder ankamen und damit den weiten Wüstenweg zwischen Algerien und dem Sudan beendeten.

Neues Unheil drohte den Franzosen, als sie nun ostwärts zum Tschadsee vorrückten und von einer Armee des Königs von Bornu angegriffen wurden. Sie besiegten jedoch dank ihrer modernen Waffen die einheimischen Stammeskrieger in der Schlacht von Kousseri, das zur Erinnerung an den dort gefallenen Major Lamy in Fort Lamy umbenannt wurde.

Unbesiegt durch die feindlichen Tuareg hatte die schwerbewaffnete Expedition der Franzosen die Große Wüste durchquert, aber unbesiegt durch die Franzosen hatten sich auch weiterhin die Tuareg in ihrem weiten Gebiet behauptet. Den Schlüssel zu ihrer Unterwerfung unter die französische Kolonialherrschaft fand der französische Offizier Laperrine, als er Krieger eines Volksstammes anzuwerben begann, die in traditioneller Feindschaft mit den Tuareg lebten, und aus ihnen drei große Kamelkompanien bildete. Er ließ sie gut ausrüsten und mit Lebensmitteln versorgen. Die französischen Offiziere der Kamelkorps mußten wie Nomaden leben: sie besaßen also kein festes Hauptquartier, sondern zogen mit ihren Kamelen stets dorthin, wo diese Futter fanden.

Bei mehreren Zusammenstößen mit den Tuareg blieben die Kamelkorps, die jeweils aus etwa zwanzig Reitern bestanden, siegreich. Endgültig wurde die Macht der Ahaggar-Tuareg aber erst im Mai 1902 in der Schlacht von Tit in den Ahaggar-Bergen gebrochen. Auf ihren Durchquerungen der Wüste in den folgenden Jahren brauchten die Reiter der Kamelkorps kaum einmal zu schießen, da sie von weiteren Angriffen der Tuareg verschont blieben. Um 1910 wurde ein regelmäßiger Postdienst zwischen Timbuktu und Algerien aufgenommen, der quer durch die Sahara über das Ahaggargebirge, In Salah und El Goléa führte.

Sie alle tragen den Stempel der Wüste

»Kein Mensch kann in der Wüste leben und davon unberührt bleiben. Er wird fortan, wenn auch vielleicht kaum merklich, den Stempel der Wüste tragen, das Mal, das den Nomaden kennzeichnet«, so hat Wilfred Thesiger in »Arabian Sands« die Saharabewohner einmal treffend charakterisiert.
Von den Tuareg und anderen Wüstenvölkern ist schon so oft die Rede gewesen, daß es nun an der Zeit ist, sie einmal näher kennenzulernen.
In der Steinzeit, als die Sahara noch niederschlagsreicher und grüner war als heute, lebten dort vor allem negroide Rassen, wie die zahlreichen Funde von Tonscherben, steinernen Klingen und Äxten sowie Skelettresten bezeugen. Als dann aber das Klima trockener zu werden begann, wich der dunkelhäutige Menschenschlag immer mehr vor den weißhäutigen Berbern und Arabern zurück. Obwohl sich die Berber selbst fälschlicherweise als Ureinwohner Nordafrikas und der Sahara betrachten, sind sie vermutlich mehrere Jahrhunderte lang in wiederholten Schüben aus Kleinasien eingewandert.
Alle Völker, die nicht lateinisch sprachen, wurden von den Römern als Barbari oder Berber bezeichnet, worunter man demnach ganz verschiedenartige Völkergruppen zu verstehen hat: so in der Sahara die M'Zabiten und Tuareg. Die M'Zabiten sind kleinwüchsig, untersetzt, füllig und breitschädlig und verdienen sich ihren Lebensunterhalt als Oasenbauern oder Händler in den algerischen Städten. Die großen, hageren und langschädligen Tuareg dagegen sind nomadisierende Viehzüchter. Miteinander verbunden sind die berberischen Gruppen durch ihre gleichartigen Dialekte, Sitten, Lebensgewohnheiten sowie durch ihre sozialen und rechtlichen Institutionen.
Nachdem die Phönizier, ein semitisches Volk, bereits um 1100 v. Chr. auf dem von Berbern bevölkerten Boden Nordafrikas Handelsniederlassungen errichtet hatten, gründeten sie um das Jahr 800 v. Chr. Karthago, nahe dem heutigen Tunis. Damit entstand das mächtige Punische Reich, das Nordafrika, Südspanien und Westsizilien umfaßte. Ein Jahrtausend nach den Phöniziern faßten die Römer an der nordafrikanischen Mittelmeerküste Fuß, wo sie nach der Vernichtung

Zur Begrüßung eines Staatsgastes säumen diese Reiter vom Südrand der Sahara hier in Niamey, der Hauptstadt von Niger, die Straße.

Karthagos die Kolonien »Africa« und »Mauretanien« schufen. Von ausschlaggebender Bedeutung aber war der Einfall der Araber aus dem Morgenland. Er setzte im 7. Jahrhundert ein und verstärkte sich im 11. Jahrhundert, als eine Million Beduinen das schwach bevölkerte Gebiet überschwemmte und die Berber in die schwer zugänglichen Regionen zurückdrängte. Mit ihrem Vormarsch breiteten die Araber auch ihre Sprache, Kultur, Denkart und besonders ihre islamische Religion aus. Gleichzeitig brachten sie der Sahara den schwarzen Sklaven, mit dessen einträglichem Handel zwischen dem Sudan und dem Mittelmeergebiet sie Beziehungen zu anderen Ländern anknüpften.

Bäle, Dazagada und Tibbu – auch Tubu oder Teda genannt – heißen die hochinteressanten Völker, die in den südsaharischen Landschaften Enedi, Borkou sowie im Tibesti-Gebirge wohnen. Bei ihnen handelt es sich möglicherweise um Nachfahren der Äthiopier oder um eines der Staatsvölker der rätselhaften Garamanten.

Hauptsächlich Kamel- und Schafzüchter sind die Mauren in der südwestlichen Sahara, während in den Kufra-Oasen, inmitten der Libyschen Wüste, die christenfeindliche Sekte der Senussi lebt.

Zahlenmäßig nie ins Gewicht gefallen sind die in Handwerk und Handel tätigen Juden, die seit dem Altertum aus Arabien, Ägypten, der Türkei, Spanien, Portugal und Italien eingewandert sind und sich besonders in den größeren Ortschaften der Sahara niedergelassen haben. Als Algerien 1962 von Frankreich seine Unabhängigkeit erlangte, sind fast alle von ihnen aus diesem Gebiet ausgewandert.

Die verschleierten Männer der Sahara

»Zu euch bin ich zurückgekehrt mit froher Botschaft:
Einen Gruß von den Kriegern, sie bringen viele Sklaven.
Nein, nicht einen Mann haben sie verloren.
Am Brunnen Ti-n-deher sind sie versammelt,
Dort tränken sie die Kamele.
Beim Feind brüllen vergeblich die Hengste,
Denn Stuten und Füllen haben die Krieger geraubt.«

So lautet eines der Kampflieder der Tuareg, die Charles de Foucauld, der Mönch der Sahara und ihr Freund, gesammelt hat. Der Ursprung dieses Volkes, über das so viele Legenden gewoben worden sind wie über kein anderes, liegt im Dunkel der Geschichte verborgen. Reine Phantasie ist die Behauptung, sie seien die Nachkommen von Kreuzrittern, die vor der Pest in ihren Lagern in die Wüste geflüchtet seien. Vermutlich stammen sie von den Hirtenvölkern des Altertums ab, den nordafrikanischen Numidiern, die bei den Griechen Nomades hießen. Während des Mittelalters wurden sie von den anstürmenden Arabern, die als fanatische Anhänger Mohammeds die Lehre des Propheten mit Feuer und Schwert allen Stämmen Nordafrikas aufzwangen, aus ihren damaligen Wohnsitzen in die unwirtliche Gebirgswüste verdrängt. Von allen nordafrikanischen Völkern leisteten sie den Arabern am längsten Widerstand, weshalb diese sie Tuareg – Einzahl Targi oder Targui – nannten, was soviel bedeutet wie »Von Gott Verstoßene«. Sie selbst bezeichnen sich jedoch als »Imohag« oder »Imajirhen«, auf deutsch »Freie« oder »Unabhängige«. Wie sehr sie die Freiheit lieben, klingt unter anderem aus ihrem Lied:

»Ich führe meine Söhne weg von bewohnten Gegenden,
auch wenn es dort Wasser gibt in Fülle,
welches die Menschen in Sklaven verwandelt.«

Noch vor einem guten halben Jahrhundert haben sie ihren Willen zur Unabhängigkeit eindrucksvoll bewiesen, als sie sich im Tassili erbittert mit Lanze, Kreuzschwert und Lederschild gegen die Maschinengewehre der Franzosen wehrten. Wenn man sie schließlich auch unterworfen hat, so ist es dennoch nicht gelungen, sie zu seßhaften Bürgern zu machen.
Als Wüstenbewohner schlechthin gelten für viele Europäer die Tuareg. Diese Vorstellung rührt noch aus den sogenannten Heldenzeit der Tuareg her, als sie als Herren der Wüste die gesamte Sahara beherrschten und durch ihre Raubzüge unsicher machten. Alle Karawanen, welche die Sahara durchquerten, waren ihnen tributpflichtig. Was ihnen, den Viehzüchtern, an Nahrungsmitteln, Stoffen und anderem fehlte, verschafften sie sich durch diese erzwungenen Abgaben. Oft auch plünderten sie die Hirsespeicher anderer Stämme und trieben ihnen das Vieh weg. Niemand wagte es, den Räubern bis in die Schlupfwinkel der »blauen Berge« zu folgen. Die Tuareg verloren ihre Vormachtstellung jedoch nicht nur durch die Eroberung Afrikas durch die europäischen Mächte, sondern auch durch die Uneinigkeit der verschiedenen Stämme untereinander.
Die Angaben über die Bevölkerungszahl schwanken beträchtlich von 210.000 bis rund 400.000. Nur 30.000 davon zählt man noch zu den echten Wüstenbewohnern, die im Ahaggar- und Ajjer-Gebirge leben, während der größte Teil der Tuareg heute die Salzsteppen südlich der Sahara bevölkert, weil sie dort bessere Weidegründe gefunden haben. Sie sind jetzt also mehrheitlich Staatsangehörige der Republiken Niger und Mali. Damit müssen sie schwarzhäutigen Afrikanern gehorchen, was ihnen um so schwerer fällt, da sie stets Schwarze als Sklaven gehalten haben.
Die Tuareg gliedern sich in drei soziale Kasten oder Klassen, die sich auch rassisch voneinander unterscheiden – nämlich in Adlige, Vasallen und Sklaven. An der Spitze stehen die Adligen, die einst von Raubüberfällen lebten. Heute bestreiten sie ihren Lebensunterhalt von den Abgaben der Vasallen, die Kamele und Kleinvieh züchten, vor allem Schafe und Ziegen. Während die Adligen durch ihre großwüchsige Gestalt und sehr helle Haut auffallen, sind die Vasallen dunkelhäutig, vermutlich ein Element der Urbevölkerung.
Sowohl Adlige als auch Vasallen halten sich Schwarze als Sklaven, die sich jedoch in Kleidung und Lebensform wenig von ihren Herren unterscheiden. Sie werden als Familienmitglieder minderen Grades betrachtet, keineswegs grausam unterdrückt und ausgebeutet. Sie sind seßhafte Oasenbewohner, dann pflegen sie die Gärten der Tuareg, gehen sie dagegen auf Wanderung, dann dienen sie als Knechte.

Unklar ist, ob sie eine eigene Rasse bilden oder einfach Abkömmlinge heutiger sudanesischer Völker sind.

Über allen Kasten und Klassen steht der Amenokal, eine Art König, der gewählt wird. Wählbar ist aber nur ein Mann, der von einer Frau des Tobol geboren wurde, das heißt von jeder erstgeborenen Tochter aus einer Adelsfamilie. Tobol bedeutet Recht auf die Königswürde. Daher kommt es, daß die Königsmutter besondere Vorrechte genießt und bei allen wichtigen Entscheidungen um ihre Zustimmung gefragt werden muß. Ihr Nein gleicht einem Veto: ein Beschluß darf dann nicht ausgeführt werden.

Überhaupt erfreuen sich die Frauen der Tuareg, im Gegensatz zu jenen der Araber, einer gehobenen Stellung. Der Grund hierfür liegt in einer Besonderheit der Tuareg: im Mutterrecht oder Matriarchat. Das heißt, die Kinder gehören zur Kaste der Mutter – und nicht des Vaters. Erstaunlich auch, daß nicht ihr leiblicher Vater, sondern ein Bruder der Mutter ihr nächster männlicher Verwandter ist. Von diesem Onkel, der sie beschützt, erben dann auch die Kinder, also nicht vom eigenen Vater. Das immer noch große Ansehen der Tuaregfrauen beruht auch darauf, daß sie lesen und schreiben können, die Überlieferungen hochhalten sowie den Ahal, eine Art Minnehof oder Brautschau, durchführen. Gibt es in einem Lager heiratfähige Mädchen, dann laden die Mütter die jungen Männer, die festlich gekleidet von weither auf ihren silbergrauen Kamelen, den Mehari, angeritten kommen, an einem bestimmten Abend zur Brautschau ein. Plaudernd und ihre neuesten Lieder vortragend, die sie sich auf ihren langen Kamelritten ausgedacht haben, sitzen sie im Kreis um die Mädchen. Jeder – ob Mann oder Frau – kann seinen Ehepartner frei wählen, vorausgesetzt, er gehört zur eigenen Kaste. Obwohl die Tuareg längst Muslim geworden sind – wenn auch nicht gerade besonders eifrige –, so leben sie dennoch in Einehe. Scheidungen sind bei ihnen verpönt.

Besonders erwähnt werden müssen noch die Schmiede, die weder zu den Edlen noch zu den Vasallen gehörten, sondern vielmehr eine eigenartige Sonderstellung einnehmen. Streng abgesondert leben sie von den anderen, und ihr Beruf wird vom Vater auf den Sohn vererbt. Meistens sind sie dunkelhäutiger als die anderen Stammesgenossen, ihre Herkunft liegt jedoch noch im unklaren.

Da die Tuareg es für weit unter ihrer Würde hielten, ein Handwerk auszuüben, konnte sich bei ihnen weder die Bearbeitung von Eisen und Holz noch die Töpferei entwickeln. Einzige Ausnahme sind kunstvolle Lederwaren, doch das ist Frauenarbeit. Als Krieger und räuberische Nomaden brauchten die Tuareg aber Waffen, wie beispielsweise Schwerter, und diese lieferten ihnen die Schmiede. Diese

Tuaregjungen und -mädchen an der Piste nach Agades

Berufsbezeichnung darf man jedoch nicht allzu eng auslegen, denn die Schmiede stellen außerdem noch Schmuck aus Silber und Speckstein her sowie Holzschüsseln, Melkgeschirre, Löffel, Mörser zum Zerstoßen der Hirse und Sättel für die Mehari.
Im allgemeinen sind die Schmiede seßhaft. Sie verlassen ihre festen Lehmhäuser nur, wenn die Tuareg sie in ihr Zeltlager rufen, wo sie dann gleichfalls wohnen, bis sie ihre Auftragsarbeiten erledigt haben. Müssen die Hoggar-Tuareg jedoch in besonders trockenen Jahren weit nach Süden über die algerische Grenze zu besseren Weidegründen ausweichen, dann machen auch die seßhaften Schmiede die Wanderungen ihrer Arbeitgeber mit.
Wer wie die Tuareg das Handwerk verachtet, der verachtet auch die Handwerker. So sind seinerseits die Schmiede nicht gut angesehen, andererseits aber werden sie von ihren abergläubischen Auftraggebern auch ein wenig gefürchtet, da sie mit dem Feuer umzugehen wissen, hartes Eisen krümmen und überhaupt über unheimliche und geheimnisvolle Kräfte zu verfügen scheinen. Schlage man einem Schmied einen Wunsch ab, so wird man entweder selbst krank oder eines der eigenen Kinder oder Tiere muß sterben.
Eine Besonderheit, welche die Tuareg berühmt gemacht hat, ist der

Schleier, den jedoch nicht – wie in vielen islamischen Ländern – die Frauen tragen, sondern die Männer. Etwa vom achtzehnten Lebensjahr an verhüllen sie ihr Gesicht mit dem »Litham«, am blauen oder auch weißen Tuch, das der Jüngling bei einer kleinen Familienfeier erhält. Von nun an gilt er als Mann, der nie mehr im Leben, auch nicht beim Essen oder Schlafen, den Schleier ablegen darf. Während diese Sitte früher streng beachtet wurde, nimmt man es heute damit manchmal nicht mehr so genau und schiebt sich den Litham übers Kinn hinunter, um ungehinderter essen zu können. Bei den Tuareg, die noch dem alten Brauch folgen, sind vom verschleierten Gesicht nur die Augen und Nasenwurzel sichtbar. Es gilt als äußerst unschicklich, Mund und Nase unbedeckt zu lassen, und ein Mann, dessen Nasenspitze man erkennen kann, ist unanständig angezogen. Über den Sinn dieses eigentümlichen Brauches haben die Völkerkundler die verschiedensten Ansichten geäußert, die Tuareg selbst wissen jedoch heute keine Erklärung mehr.

Vier bis zehn Wochen – je nachdem wie rasch die spärlichen Weiden rings um das Lager abgefressen und die Wasserstellen erschöpft sind – bleiben die Tuareg an einem Platz. Dann müssen sie ihre Zelte abbrechen und mit ihren hochbepackten Kamelen erneut auf Wanderschaft ziehen, bis sie – gewöhnlich im Nachbartal, manchmal jedoch, in Zeiten schwerer Trockenheit, auch erst nach Tagen und Wochen – ein Gebiet gefunden haben, wo es Wasser und Weiden gibt.

Charles de Foucauld – der Mönch in der Sahara

Bereits seit Jahrhunderten war der Islam bei den Völkern der Sahara fest verankert. Deshalb spielte bei der Erschließung dieser nordafrikanischen Wüstengebiete – im Gegensatz zu anderen Teilen des Dunklen Erdteils – die Arbeit von Missionaren nur eine untergeordnete Rolle. Trotz der äußerst feindlichen Haltung der Moslem gegen die Christen gründete der römisch-katholische Kardinal Lavigerie (1852-1892) die Missionsgesellschaft der »Weißen Väter«, um mit Hilfe dieses Priesterordens ein Netz von Missionsstationen in den Wüstenoasen aufzubauen. Doch der Versuch scheiterte: 1876 wurden drei Missionare ermordet, drei weitere mußten sechs Jahre später ihr Leben lassen.

Ein katholischer Priester, dem es gelang, über ein Jahrzehnt in Frieden unter den Tuareg zu leben, war der Franzose Charles de Fou-

cauld, ein Nachkomme eines alten französischen Adelsgeschlecht. Sein Lebenslauf vom jungen Lebemann und Tunichtgut zum Soldaten und Priester, zum asketischen Mönch in der Sahara und Forscher, Völkerpsychologen, Strategen, Nachrichtenagenten und glühenden Patrioten, der stets sich selber treu blieb und gerade auf diesem Weg im Dienst an seinem Gott und seinem Land bis zur Selbstverleugnung über sich hinauswuchs, schildert uns einen ungewöhnlichen Menschen.
1858 wurde Charles de Foucauld zu Straßburg geboren. Steinreich und verwöhnt wuchs der junge Vicomte – ein französischer Adelstitel im Rang zwischen Graf und Baron – heran und blieb auch auf der Kriegsschule und als junger Offizier ein Taugenichts. Nach einigen Studien und einer abgeschlossenen Offiziersausbildung zu St. Cyr und Saumur nahm er am südalgerischen Feldzug teil. Einer Liebschaft wegen wurde ihm der Abschied aus der Armee nahegelegt. Er zog sich nach Evian zurück. Seine Familie entmündigte ihn, ohne seinen Hang zum Abenteuer dämpfen zu können. In den Jahren 1883 bis 1884 zog er als armer Jude verkleidet zusammen mit einem alten Juden nach Algerien, um von dort aus erlebnis- und forschungsbegierig bis zu dem damals nur von wenigen Europäern betretenen Südmarokko vorzudringen.
Auf einer zweiten Reise besuchte er verschiedene Oasenorte in Südalgerien und kehrte über Südtunesien zurück. 1904 unternahm er mit General Laperrine, der früher in der Militärschule sein Klassenkamerad gewesen war, eine politische und administrative Reise in das Gebiet der Tuareg. Während dieser Expedition zog Foucauld eine solche Fülle geographischer und völkerkundlicher Erkundigungen ein, daß man in Paris von einem »Inventarium« der Sahara sprach.
Die Einsamkeit der Wüste hatte in Foucauld erste religiöse Regungen geweckt, und immer mehr begann er sich für das Leben der Nomaden zu interessieren. Die Religiosität der Moslems brachte eine Saite in ihm zum Klingen, die aus ihm einen »Heiligen der Sahara« machen sollte. Zum größten Erstaunen seiner Umgebung wurde er Trappist und lebte einige Jahre zurückgezogen in dem syrischen Kloster Akbés. Als Priester bereiste er das Heilige Land, ehe er in sein geliebtes Marokko zurückkehrte, um in der Oase Beni Abbés eine Station für Negersklaven einzurichten.
Aber es trieb ihn weiter nach Süden, tiefer ins Einsiedlertum. 1905 zog Foucauld in den Hoggar, das Gebirgsmassiv in der Sahara, um dort das Leben eines Mönches in der Großen Wüste zu führen. Er baute sich selbst eine Einsiedlerbehausung in Tamanrasset, einem Oasenort in Südalgerien, mitten im Gebiet der Ahaggar-Tuareg, wo er sich der Bekehrung und Betreuung der Wüstenbewohner widmete.

Auch befaßte er sich mit dem Studium des Tamaschek, der Sprache der Tuareg, und des Tifinar, ihrer Schrift, so daß er bald ihre Dichtungen übersetzen und eine Grammatik sowie ein Wörterbuch der Tuaregsprache zusammenstellen konnte. Seine Freundschaft mit den Tuareg wurde einzig durch seine Verbindung mit den französischen Soldaten getrübt, welche die Tuareg in Schach halten sollten.

In Tamanrasset, weit von jeder europäischen Zivilisation entfernt, ereilte den Mönch in der Sahara das Schicksal. Als im Ersten Weltkrieg die Türken die Tuaregstämme zu einem »Heiligen Krieg« gegen die französischen Außenposten in der Wüste aufriefen, wurde auch Foucaulds Klause eines Abends im Jahre 1916 überfallen und er selbst ermordet. In Europa betrauerte man ihn als christlichen Märtyrer.

Einst war die Sahara dicht bevölkert

Mit der Ermordung von Charles de Foucauld, des Mönches in der Großen Wüste, endete gleichzeitig ein bedeutender Abschnitt in der Saharaforschung. Denn mit der technisierten Kriegsführung des Ersten Weltkriegs kamen in diese Regionen auch Autos und Flugzeuge, mit denen sich weitaus schneller als mit Kamelkarawanen die Wüstengebiete erobern ließen. Im Jahre 1922 gelang zum erstenmal die Durchquerung der Sahara im Auto, als eine Gruppe von französischen Citroëns innerhalb eines Monats die riesige Strecke von der Mittelmeerküste bis nach Timbuktu zurücklegte.

Die moderne Technik half dem Saharareisenden, mit den Tücken des Klimas und den Schwierigkeiten der Landschaft besser fertig zu werden, und die neue Generation, die in die Große Wüste aufbrach, begann sich nun immer mehr für die Geschichte dieser vielfach so menschenfeindlichen Gebiete zu interessieren.

War die Sahara immer so menschenleer und menschenfeindlich gewesen?

»Seit mehr als fünfundzwanzig Jahren durchstreife ich die Sahara nach allen Richtungen. Ich habe ihre riesigen Räume durchquert, in denen man vierzehn Tage marschieren kann, ohne einen Tropfen Wasser zu finden; ich habe alle ihre Berge bestiegen: den Hoggar, den Tassili-n-Ajjer, den Adrar des Jforas und den Aïr; ich habe die großen Ergs« − die weiten Sand- und Dünengebiete − »durchwandert, vor allem den östlichen Erg, das größte Sandmeer der Welt, dessen Wellen beständig vom Wind bewegt werden. Ich folgte dem Lauf ehemaliger Flüsse, deren verzweigtes Netz heute nur noch wie ein riesiges, ausgetrocknetes Skelett erscheint. Und ich habe lange mit den Menschen der Sahara gelebt, unter Tuareg und Arabern, und ich habe auf den abenteuerlichen Wegen, die sie mich führten, Freud und Leid mit ihnen geteilt«, so heißt es in dem 1958 erschienenen Buch des Franzosen Henri Lhote »Die Felsbilder der Sahara«.

Wenn er dabei manchmal auch mit dem Auto reiste und die Große Wüste sogar mehrmals überflog, so hat er die meisten Strecken dennoch auf dem Rücken von Kamelen zurückgelegt, denn dieses Transportmittel bleibt immer noch das beste, wenn man überall hinkommen und wirklich alles genau sehen möchte. Bei seinen insgesamt 80.000 Kilometern Reiseweg durch die Sahara gelang es Lhote, einige Schleier über ihrer rätselhaften Vergangenheit zu lüften.

Seine besondere Aufmerksamkeit galt dabei den vorgeschichtlichen Menschen, die einst in den Tälern und Bergen der Sahara jagten, fischten und je nach ihren Lebensgewohnheiten auch den Boden bebauten.

So fand er mitten im Erg, in Ténéré, riesige Grätenhaufen als Überreste von Fischersiedlungen; außerdem Knochen von Flußpferden und Elefanten, vermischt mit der Asche von Feuerstellen, sowie auch Steinwerkzeuge.

Fünfhundert Kilometer weiter südlich, an der Grenze von Sahara und Sudan, stieß Lhote an zehn weiteren Stellen auf große Mengen von Fischgeräten, Schildkrötenpanzern, Muscheln, Knochen von Flußpferden, Giraffen und Antilopen – und dazwischen verstreut auch auf Menschenskelette, die beweisen, daß diese primitiven Völker damals noch keine Begräbnisriten kannten, sondern ihre Toten wie Abfall wegwarfen. Unter den Werkzeugen, die er dort sammelte, befanden sich sauber gearbeitete Knochenharpunen, scharfe Pfeilspitzen aus Feuerstein und Gewichte für Fischnetze, die auf diesem prähistorischen Gräberfeld nebeneinander lagen.

Knochen von Menschen und Tieren sowie Tausende Scherben von Töpferwaren entdeckte Lhote ferner im Süden des Hoggar – genauer am Fuß der Abhänge des In Guezzam, einem heute verlassenen Winkel der Sahara. Überhaupt stellte er allein in der Umgebung des Hoggar fast achtzig vorgeschichtliche Siedlungen fest.

Alle diese Funde in dem jetzt so menschenfeindlichen Wüstengebiet deuten darauf hin, daß die Sahara früher dicht bevölkert war und eine Tierwelt besaß, wie sie heute noch in der afrikanischen Grassteppe lebt. Lhote hält die ältesten Funde für mehrere zehntausend Jahre alt, die jüngsten schätzt er auf vier bis fünf Jahrtausende.

Wie er weiter ausführt, weist die deutlich vorherrschende Wasserfauna auf eine sehr feuchte Umgebung mit zahlreichen wasserreichen Flüssen hin. »Sie entsprangen in den großen Gebirgen, wie dem Hoggar, Tassili und Adrar des Jforas, und bildeten ein weitverzweigtes Netz von Wasseradern, das sich an die Stromtäler des Niger, des Tschad und auch der übrigen großen Seen anschloß. Ihr Lauf läßt sich in der Landschaft ohne weiteres noch feststellen; ich selbst habe einen dieser ehemaligen Flüsse vom Hoggar aus im Flugzeug verfolgt. Er war gut zu erkennen an der weißen Furche im Sand und führte mich bis zum Niger in der Gegend von Gao.«

Felsbilder in der Sahara

Außer den prähistorischen Ablagerungen und tausendjährigen Kehrichthaufen haben die früheren Saharabewohner jedoch auch noch andere Spuren hinterlassen. Auf den Felsen der Gebirgsmassive und oft auch in den unzugänglichsten Landstrichen hat man ihre Gravierungen und Malereien entdeckt. Diese Zeugnisse ihrer künstlerischen Arbeit sind oft außerordentlich schön und bestätigten in vielen Punkten, was die Reste der ehemaligen Siedlungen bereits andeuteten.
Die Felsbilder der mittleren Sahara hat zum ersten Male Heinrich Barth auf seinen Reisen von 1849 bis 1855 gefunden. Es sind die Bilder der Libyschen Wüste, die später von mehreren Forschern, auch von Frobenius, und dann von Graziosi so ausgezeichnet veröffentlicht worden sind.
Was allein die Bilder des Tassiligebirges betrifft, so ist festzustellen, daß sie zwar mehrfach in der Literatur erwähnt, aber niemals systematisch aufgenommen und bearbeitet worden sind. Dieses Verdienst kommt dem Franzosen Henri Lhote zu, der vom Januar 1956 bis Juli 1957 all seine Energie und Arbeitskraft und zugleich die seiner weißen und eingeborenen Mitarbeiter diesen Felsbildern des Tassiligebirges gewidmet hat. Da erscheinen Menschen in langgezogenen Gestalten, nebeneinander, übereinander stehend, in erstaunlicher Klarheit der Formgruppierung, in überraschender Sicherheit des Bildaufbaus und der Blickrichtung auf das Entscheidende. Die Einzelheiten werden aufgegeben, in den Mittelpunkt des künstlerischen Erlebens tritt die langgezogene Gestalt des Menschen im Rennen, Laufen, Eilen.
Wie Professor Dr. Herbert Kühn, der inzwischen verstorbene deut-

Tausende von Felsmalereien und Ritzzeichnungen beweisen, daß die Sahara früher einmal fruchtbar war und vielen Tierarten Lebensraum bot, die heute nur noch weit im Süden, in den Savannengebieten, zu finden sind.

sche Prähistoriker, in seinem Geleitwort zur deutsche Ausgabe von Lhotes Buch betont, seien die Felsbilder – nicht nur in der Sahara, sondern schon zuvor auch aus Frankreich und Spanien – in den letzten Jahren und Jahrzehnten wie ein Wunder zu uns gekommen. Die Menschen unserer Zeit hätten ihren Blick auf sie gerichtet und plötzlich die Urgedanken ihrer fernen Vorfahren in ihnen erkannt. »Bevor die Menschheit die Schrift erfand, hat sie das, was sie dachte, was sie wünschte, was sie von der Gottheit erflehte, auf die Felsen gemalt. Diese Felsen haben die Ursprache der Menschheit erhalten bis heute. Aus dem Dunkel der Höhle, von der Höhe des Berges, aus der Tiefe der Schlucht spricht diese Ursprache mit erstaunlich lebendigen Worten, mit Worten, die von der Religion berichten, von dem wirtschaftlichen Leben, von der Schwierigkeit der Existenz, aber auch von der Schönheit und der Freude an der Jagd, von Ahnen, von Dämonen, von Geistern und von unheimlichen Wesen, die zwischen Mensch leben und Tier.«

Die Malereien von Tassili sind ein wahres Archiv, das eine sehr deutliche Vorstellung gibt von der Urbevölkerung der Sahara, von den verschiedenen aufeinanderfolgenden Stämmen, den Wellen der Nomaden und fremden Einflüssen, die sie mitbrachten. Betrachtet man

diese Bilder, so läßt sich an ihnen auch die Entwicklung der Tierwelt und durch sie die klimatische Veränderung und langsame Austrocknung der Sahara verfolgen, die schließlich zur heutigen Wüste führte. Durch diese Malereien wurden acht Jahrtausende Geschichte der größten Wüste dieser Erde und damit zugleich auch acht Jahrtausende der Geschichte der Menschheit sichtbar gemacht.
An manchen Stellen fand Lhote bei den Malereien im Tassili Überlagerungen von zwölf Bilderschichten. Im ganzen heben sich jedoch vier Schichten heraus, die uns zusätzlich Aufschlüsse über die in der Wüste aufeinander folgenden Kulturen geben:
1. Die Kultur der Jägervölker, die mit Keule und Bumerang bewaffnet waren; noch mit einem ausgestorbenen Wildtier, dem Bubalus antiquus, dargestellt. Lhote setzt hierfür mit den Jahren 8000 bis 6000 v. Chr. den Anfang der Jungsteinzeit an.
2. Die zweite große Epoche ist die der Rinderhirten und Bogenschützen während der Jungsteinzeit, des Neolithikums, in den Jahren von etwa 5000 bis 1200 v. Chr.
3. Die dritte Gruppe datiert er um 1200 v. Chr. Es ist die Zeit der Krieger mit Wagen, Streitwagen und Reiterei. Sie verwendeten also schon das Pferd, das als Haustier damals in Afrika Eingang fand.
4. In der vierten Periode um 50 v. Chr. erscheint das Kamel, das damals aus Asien in Afrika eingeführt wird.
Die Waffen haben also in der Entwicklungsgeschichte der Menschheit eine Hauptrolle gespielt. Sie sind, wie Lhote betont, die Kronzeugen, die klassischen Funde der Archäologie. Aus ihrer Verteilung auf ein gewisses Gebiet läßt sich sogar die Bedeutung von Wanderungen und großen Straßen bestimmen. In gewissen Fällen kann man aus ihnen auch die Karawanenstraßen erkennen, die tausend Jahre vor Christus die Mittelmeerküste mit dem Nigerufer verbanden.
Tassili-n-Ajjer, wo Lhote mit seinen Mitarbeitern sechzehn Monate lang inmitten der Steinwüste und in einem mörderischen Klima die Felsbilder erforschte, liegt im nordöstlichen Teil des Hoggar und grenzt mit seinem Ostrücken an das Fezzan. Es ist ein schwer zugängliches Hochland, aus dem wiederum zahlreiche kleine, stark verwitterte Felsmassive aufragen. Schmale Gänge, von Felsen überwölbt und manchmal von Säulenfelsen umrahmt, erinnern oft an Totenstädte. In diese Gegend, die heute völlig ausgestorben ist, kommen nur noch vereinzelt Tuareg. »Früher aber waren die Gänge lauter bewohnte Straßen, denn die meisten Steilwände sind an ihrer Basis verwittert und weisen vielfache Aushöhlungen auf, die der primitiven Bevölkerung natürliche Unterkunft boten.« Die Spuren dieser längst verschwundenen Menschen aber kann man noch heute bestaunen.

»Was wir in dem Felsirrgarten von Tassili sahen, übersteigt jegliche Vorstellung. Wir haben Hunderte und aber Hunderte bemalter Wände mit Tausenden von Tier- und Menschendarstellungen gefunden und aufgenommen, teils als Einzelfiguren, teils in komplizierten Kompositionen, manchmal auch als leicht erkennbare Szenen aus dem alltäglichen, dem geistigen und dem religiösen Leben der verschiedenen Völkerschaften, die in diesem heute praktisch verödeten und verlassenen Gebiet aufeinander folgten.«
Unter der Vielzahl der Stile schälten sich zwei Hauptstile heraus: ein älterer, symbolischer, wahrscheinlich von Negern geschaffen, und ein jüngerer, naturalistischer, beeinflußt von den Bewohnern der Nilländer. Neben kleinen Figuren von kaum ein paar Zentimetern Höhe fand Lhote wahre Riesengestalten. Bogenschützen kämpften um eine Herde, einzelne Krieger bedrohten sich mit Keulen, Jäger verfolgten zu Fuß Antilopen oder vom Einbaum aus Flußpferde. Die Künstler der Vorzeit haben jedoch auch Tanzszenen und Trinkgelage dargestellt.
»In der Tat: Wir standen vor dem größten Museum vorgeschichtlicher Kunst, vor Bildern wie den in natürlicher Größe gemalten Frauen von Jabbaren und Sefar, die den besten Kunstwerken aller Zeiten an die Seite gestellt werden können.«
Fragt man nach Sinn und Bedeutung dieser Bilder, so antworten die Forscher heute übereinstimmend: es ist die Religion. »Der Mensch der Frühzeit steht der Welt und ihren Aufgaben gegenüber«, so die Erklärung von Herbert Kühn. »Er muß leben, er muß Nahrung haben, er muß sich Kleidung schaffen, und so muß er seine Umwelt beherrschen. Der Jäger braucht das Wild, und so muß er die Anrufung schaffen an den Herrn der Tiere, an den großen Geist, der ihn selbst und die großen Tiere bildet. Diese Anrufung ist das Gebet, ist der kultische Tanz, ist die Beschwörung des Bildes, ist das Bild selbst. Das Bild sagt zu der Gottheit: ich bin es, dies Tier, das der Mensch braucht, um zu leben. Und so sind die Fundplätze der Bilder Stellen des Kultes, es sind Heiligtümer, und ich habe auf meinen Reisen durch Afrika an den Felsbildern immer wieder, heute noch, die Opfer der durchreisenden Beduinenstämme gefunden, denn sie wissen noch jetzt, daß die Plätze der Bilder heilige Stätten sind.
Der Hirt, der Viehzüchter, hat als Anruf an die Gottheit den Wunsch nach der Herde, nach der Erhaltung des Viehs, das ihm gehörte, und so malte er die Herde oder einzelne Tiere, die die Herde bedeuten, und diese Tiere sind nicht wilde Tiere, wie bei dem Jäger, es sind gezähmte Tiere. Und auch seine Plätze der Bilder sind heilige Orte. So kommt es, daß immer wieder der Tanz der Horde dargestellt wird,

der Tanz, der der Erhaltung und der Vermehrung der Herde gilt. Immer aber auch kommt der Priester vor, der Zauberer, der bei den Jägern und bei den Hirten das Sinnbild des Tieres auf seinem Kopf trägt, die Maske, so daß er eine Verbindung ist zwischen Mensch und Tier und Gottheit.«

Wer diesen Felsbildern einmal Auge in Auge gegenübergestanden hat, der spürt, daß hier ewige Menschheitsfragen ihren künstlerischen Ausdruck gefunden haben.

Vom Meer über Tropenwald und Savanne zur Wüste

Würde jemand behaupten, er habe in der Sahara, der größten Wüste der Erde, riesige tropische Korallenriffe gesehen, umgeben von Fischen und anderem Meeresgetier, so würde man ihn sicherlich als überspannten Phantasten belächeln.

Doch die Wirklichkeit gibt ihm recht! Im Nordwesten der Sahara erhebt sich über der sonnendurchglühten Stein- und Sandwüste tatsächlich fast hundert Meter hoch ein ausgedehntes, atollähnliches Korallenriff. Allerdings ist es nun fossil, also vorweltlich und versteinert. Seine Baumeister – Myriaden winziger, kalkabscheidender Korallenpolypen – haben vor ungefähr 380-400 Millionen Jahren, also im Erdzeitalter Devon, unter dem Wasserspiegel eines warmen, tropischen Meeres gelebt.

Die Oberfläche der Felswüste ringsum ist der ebenfalls versteinerte, einst schlammige und sandige Boden des alten Ozeans, übersät mit den Überresten Tausender versteinerter Meerestiere, die damals den Ozean in der Umgebung der Korallenriffe bevölkerten. Mehr als ein Drittel der riesigen Oberfläche der Sahara besteht aus versteinerten Meeresablagerungen der verschiedensten Perioden der Erdgeschichte. Einige weit ausgedehnte Gebiete der heutigen Großen Wüste sind im Laufe der Jahrmillionen bis zu achtmal abgesunken und vom Meer überflutet worden. Die versteinerungsfähigen Teile der Lebewesen darin, also Skelette, Schalen und Panzer, lagerten sich auf dem Grund der Ozeane ab. Zusammen mit Sand und Schuttmassen, die durch Stürme und Flüsse von den Urkontinenten in die Meere transportiert wurden, bildeten sie im Laufe einer oft 50-60 Millionen Jahre dauernden Meeresbedeckung auf dem Untergrund des afrikanischen Kontinents mehrere hundert Meter dicke Gesteinsablagerungen.

Alle Funde menschlichen Lebens sowie die erstaunlichen Felsbilder, besonders im Tassili-Gebirge, beweisen, daß die Sahara einst ganz anders aussah als heute. Darüber hinaus lassen die Versteinerungen von Pflanzen und Tieren aus der vormenschlichen Zeit deutlich die gewaltigen Veränderungen erkennen, die in den riesigen Zeiträumen der Erdgeschichte dort stattgefunden haben. Nacheinander war die Sahara ein Meer, ein Tropenwald sowie eine von Flüssen und Seen bewässerte Savanne, ehe sie dann schließlich zur heutigen Wüste wurde.

Natürlich haben sich die Spuren der Klimaschwankungen auch in der Landschaft selbst niedergeschlagen. So sind beispielsweise einige der größten Sandsteingebirge der Sahara, darunter der Tassili-n-Ajjer, in der Karbonzeit entstanden, als vor rund 250 Millionen Jahren ein riesiges Meer die Wüste überflutete und dabei Schutt von dem alten Sockel auf dem Meeresgrund ablagerte.

Diese eine Meeresphase wurde abgelöst durch eine lange Periode, in der Sümpfe, Seen und trockene Landstriche die Sahara in ein archaisches Paradies verwandelten. Wie Fossilien beweisen, wucherten damals dort tropische Wälder, durch die Dinosaurier zogen. Als vor 130 Millionen Jahren die Kreidezeit begann, waren sie verschwunden. Erneut bedeckte nun das Meer weite Teile des Nordens und Südens in der Sahara. Auf diese Meere folgten wiederum Seen und Sümpfe.

Wenn auch seit der Kreidezeit die Sahara nicht mehr vom Meer überflutet worden ist, so war das Land trotzdem nicht immer trocken. In weniger dramatischer Folge wechselten Feuchtzeiten mit reichem pflanzlichen und tierischem Leben in riesigen Seen und Flüssen mit Trockenzeiten ab, in denen es nur lebose Wüste und Gebirge gab. Diese feuchteren Phasen bildeten jedoch nur Zwischenspiele einer langen Entwicklung zum heutigen Schicksal der Sahara: zur endgültigen Austrocknung und damit zur Wüste. Ein üppiges Tropenparadies hat es dort seit dem Aussterben der Dinosaurier nicht mehr gegeben.

Die Ausdehnung der heutigen Wüste deckt sich keineswegs mit dem Wüstengebiet früherer Zeiten. Mal war das Wüstengebiet während einer der Trockenzeiten viel größer, was der jetzt durch Vegetation befestigte Sanddünengürtel bestätigt, der ein ganzes Stück südlich des heutigen Wüstenrandes liegt und sich stellenweise rund 500 Kilometer ins tropische Afrika hineinschiebt. Mal aber war auch die Wüste viel kleiner, als sich nämlich vor 10.000-20.000 Jahren zwei riesige Seen in der südlichen Sahara ausdehnten, von denen der Mega-Tschad so groß war wie das Kaspische Meer und sich bis 600 Kilometer nördlich der heutigen Ufer des Tschadsees erstreckte.

Da sich die Gebirge vor allem in der Mitte der Sahara erheben und die Kiesebenen und Sandmeere sich um diesen Kern legen, spricht man vom überwiegend zentrifugischen Charakter der Sahara, der in den Jahrmillionen entstanden ist, als das Meer endgültig zurückging. Von den alten Saharaflüssen mündete kein einziger in einem der Meere. Vielmehr flossen sie vom zentralen Gebirgen in geschlossene Becken. Dabei lagerten sie unterwegs den Erosionsschutt ab, aus denen sich die Kiesebenen oder Reg bildeten. Als daraus in den Trockenzeiten der Wind den Sand verwehte, entstanden noch weiter zum Wüstenrand hin die Dünenmeere oder Erg.

Als die Sahara vor langer Zeit endgültig austrocknete, war die Landschaft im großen und ganzen so geformt, wie wir sie heute vorfinden. Kleine Veränderungen der Gesteine durch die Einwirkung von Wasser und Wind, Sonne und Frost gibt es natürlich auch noch in unseren Tagen – wie überall auf der Welt. »Sand und Sandstein, der selbst aus Quarzkristallen bestand, die wiederum von älteren Graniten herrührten ... Alles hat sich gewandelt, alles wandelt sich noch immer, unmerklich, unaufhaltsam«, wie Théodore Monod, einer der besten zeitgenössischen Saharakenner, es einmal formuliert hat.

Seitdem der Mensch existiert, war die Sahara zu keiner Zeit ein Meer. Sie hat nur, wie viele andere Gebiete unserer Erde, Perioden großer Fruchtbarkeit und verhängnisvoller Trockenheit erlebt.

Die Frage nach der Ursache dieses Klimawechsels ist oft gestellt worden. Die einfachste, wenn auch nicht alles begründende Erklärung für dieses große und schwierige Problem ist die, daß zu einer Zeit zwischen den Regenwassermengen und der außerordentlich starken Verdunstung eine große Spannung durch die überaus erhöhten Temperaturen entstand. Dies wurde der Sahara zum Verhängnis. »Man kann sich gut die verheerende Wirkung der Passatwinde vorstellen, die im Winter kalte, im Sommer aber warme Luftströmungen bringen und die Wolken verjagen, und damit also die Sahara der lebensnotwendigen Niederschläge beraubten«, wie Lhote meint. »Dazu kommen noch verschiedene andere Ursachen: das Fehlen von Bergketten in Küstennähe, die die vom Ozean kommenden Winde hätten aufhalten können, und verschiedene klimatische Gegebenheiten in Verbindung mit den Zonen des niedrigen und des hohen Luftdrucks.«

Der starke Klimawechsel wurde natürlich auch dem Menschen zum Verhängnis, der Teile der Sahara bereits vor einigen hunderttausend Jahren besiedelt hat, wie Werkzeugfunde aus der Altsteinzeit bezeugen. Wie diese Menschen damals in einer der regenreichen Zeiten in der Sahara gelebt haben, läßt sich aus einer Fundstelle im Erg Tihodaine im Norden des Ahaggar schließen. Im Sand findet man immer noch Faustkeile von Jägern, deren Zelte an einem Süßwassersumpf standen. Elefanten, Zebras, Flußpferde und Breitmaulnashörner, deren Knochenreste man entdeckt hat, weideten dort auf der grünen Savanne.

Menschen und Tiere aber waren zum Aussterben verurteilt, als das Klima trockener wurde. Die Urbewohner verließen ihre Siedlungen und drängten sich um die schrumpfenden Seen und Sümpfe zusammen, um dort zu überleben. Jahrtausende vergingen, bis endlich die Dürrezeit wieder durch eine Regenperiode abgelöst wurde, die Seen und Wadis, also Trockentäler, erneut mit Wasser füllte und die Fische und Wildtiere zurückkehren ließ. Die Ausdehnung der Seen vernichtete zwar die Ufersiedlungen der Fischer und Jäger, das feuchte Klima erlaubte ihnen aber, sich oft wieder an denselben Stellen niederzulassen, die vor Jahrtausenden ihre Vorfahren aufgegeben hatten. Durch das milde Klima breitete sich von Nordafrika her über die gesamte Zentralsahara die typische Vegetation des Mittelmeerraumes aus. Um 4000 v. Chr. wuchsen noch in weiten Teilen der Großen Wüste bis etwa zum Tibesti und Aïr im Süden mittelmeerländische Sträucher, und Ahorn, Esche, Linde und Walnuß gehörten zu den Bäumen in den Gebirgen der Sahara.

Wie es wenige Jahrtausende zuvor und danach in der Sahara ausgesehen hat und wie die Menschen dort lebten und welche Tiere, das zeigen uns nicht zuletzt die schon erwähnten Felsbilder und Gravierungen als eindrucksvolle Zeugnisse aus dieser jungen Vergangenheit der heutigen Großen Wüste. Sie belegen eindeutig, daß die Sahara vor einigen Jahrtausenden tatsächlich ein feuchteres Klima besaß, das sich in so verhältnismäßig kurzer Zeit zum Trockenklima der Wüste veränderte.

Fünf Jahrhunderte vor der christlichen Zeitrechnung befand sich die Sahara bereits in einem Zustand fortgeschrittener Austrocknung. Bestätigungen dafür liefern die Berichte der griechischen und lateinischen Geographen der Antike. So erwähnt der älteste griechische Geschichtsschreiber Herodot (484-425 v. Chr.), der als erster von den Ländern südlich des Golfs der Syrte berichtet, bereits Dünenzonen, Oasen, unbewohnte Landstriche und Salzhügel. Strabo, der vier Jahrhunderte später − von 60 v. Chr. bis 20 n. Chr. − lebte, stellte fest, Pferde seien zwar noch weit verbreitet, doch würden die Nomaden ihnen bei ihren Wanderungen Wasserschläuche um den Bauch binden. Diese Vorsichtsmaßnahme beweist, daß das kostbare Naß längst nicht mehr an so vielen dicht beieinanderliegenden Wasserstellen zu beschaffen war. Sein römischer Kollege Plinius der Ältere (23-79 n. Chr.) hebt zwar noch die Elefanten, Giraffen und andere wilde Tiere im gesamten Gebiet westlich von Ägypten hervor, sagt aber, daß im

Land der Garamanten – etwa dem heutigen Fezzan und Tassili-n-Ajjer-Gebiet – die Flüsse nur noch selten fließen und Wasserstellen gelegentlich ausgetrocknet sind.

Diese Feststellung entspricht auch dem heutigen Zustand der Bewässerung. Allerdings gab es damals noch mehr Leben als in unseren Tagen: mehr Menschen, mehr Tiere, mehr Pflanzen und mehr Wasserstellen. Wahrscheinlich kurz vor unserer christlichen Zeitrechnung wurde dann das Pferd durch das widerstandsfähigere Kamel ersetzt, das man, von Arabien kommend, über das Nildelta einführte.

Die Wüste lebt

»In der echten Wüste können nicht einmal Schakale überleben; dort finden sich nur die Mendesantilopen und der Fennek, die Gott erschuf, um den Menschen an seine eigenen beschränkten Fähigkeiten zu erinnern.«

Diesen Ausspruch eines Stammesführers der Tuareg darf man nicht allzu wörtlich nehmen. Er charakterisiert zwar die außerordentlich harten Lebensbedingungen in den Trockengebieten, verschweigt aber, daß die Wüste trotzdem lebt. Anpassungen haben das Leben in der Wüste möglich gemacht.

Alle Lebewesen in der Wüste unterliegen einem ehernen Gesetz: Sie müssen sehr lange oder gar dauernd ohne freies Wasser auskommen können. Doch nicht alle Wüstentiere ertragen Hitze und Sonneneinstrahlung gleich gut. Wer sie gar nicht aushält, setzt sich ihr erst gar nicht aus: Er sucht den Schatten auf, gräbt sich ein oder macht die Nacht zum Tag.

Natürlich ist die Tierwelt in einer Wüste wie der Sahara zahlen- und artenmäßig kümmerlicher entwickelt als in weniger trockenen Zonen. Doch auch dort, wo einem die Wüste als völlig öder Landstrich erscheint, in dem sich die wenigen dürren Grasbüschel verlieren, regt sich Leben. Vor allem sind es Insekten und kleine Nager, die sich von diesen Pflanzen ernähren. Diese Insekten werden von anderen Insekten, Skorpionen, Spinnen, Echsen und Vögeln verfolgt, die wiederum größeren Räubern zum Opfer fallen. Wie in unseren Breitengraden bedingt auch in der Sahara eine bestimmte Umwelt eine besondere Pflanzengesellschaft, die wiederum die Lebensgemeinschaft gewisser Tiere ermöglicht.

Kein Lebewesen kommt ohne Wasser aus. Wie es sich diese lebensnotwendige Feuchtigkeit beschafft, das ist ein Hauptproblem dieser Überlebenskünstler in der Wüste – und das andere, wie sie verhindern, daß das Wasser bei der großen Hitze durch Verdunstung wieder ihrem Körper entzogen wird. Die Insekten, die mit rund 20.000 Arten in der Sahara am zahlreichsten vertreten sind, decken ihren Flüssigkeitsbedarf, indem sie Pflanzen oder andere Insekten fressen. Eine undurchdringliche Körperhülle schützt sie – wie übrigens auch andere wirbellose Tiere, darunter Spinnen und Skorpione – vor Wasserverlust durch Verdunstung. Außerdem können sie sich selbst noch in kleinsten Winkeln verstecken.

Nicht nur ihren Bedarf an fester Nahrung, sondern auch einen großen Teil der lebensnotwendigen Flüssigkeit decken Reptilien, darunter viele Eidechsen und Schlangen, sowie Kleinsäuger, vor allem der Fennek und manche Nagetiere durch den Verzehr von Insekten. Um den bei der Hitze sonst unvermeidlichen Wasserverlust zu verhindern, leben sie entweder unterirdisch oder im Schatten und gehen nur nachts oder am kühlen Morgen und Abend auf die Jagd.

Von der Artenzahl der echten Wüstentiere kennt man heute je etwa dreißg Reptilien, Vögel und Säugetiere, die alle vom Trinkwasser mehr oder weniger unabhängig sind. Als sich die Reptilien wie Echsen und Schlangen aus den Amphibien entwickelten, befreiten sie sich von allen Bindungen ans Wasser. Um sich vor Wasserentzug durch die Sonne zu schützen, bildete sich bei ihnen eine dicke, undurchdringliche Haut. Auch paßten sie ihre Eier den neuen Umweltbedingungen an, indem sie die Flüssigkeit vermehrten, die den Embryo umgibt. Doch eine andere, sehr wichtige Veränderung gelang ihnen nicht: Sie erwarben nie die Fähigkeit, ihre Bluttemperatur konstant zu halten. Da ihre Körpertemperatur während der kalten Nächte stark absinkt, müssen sie sich am Morgen erst einmal in die wärmende Sonne legen, bis sie wieder soweit »aufgeheizt« sind, daß ihr erstarrter Körper richtig funktioniert. Allzuviel jedoch ist ungesund: Um sich nicht zu stark zu erhitzen, ziehen sich diese Tiere oft in den Schatten zurück, damit ihr Blut sich wieder abkühlt.

Nicht eingraben können sich natürlich Vögel. Aber vor der starken Hitze sind sie zum einen geschützt durch ihr isolierendes Gefieder, zum anderen durch ihre hohe Körpertemperatur, die der Außentemperatur mehr entspricht als bei anderen Tieren und deshalb ihre Wärmeaufnahme relativ gering hält. Obwohl die Vögel einen großen Teil der benötigten Flüssigkeit aus Insekten gewinnen, müssen sie dennoch regelmäßig trinken, um ihren Flüssigkeitsvorrat ständig neu aufzufüllen. Sie regulieren nämlich ihre Körpertemperatur über die Atmung, indem sie relativ viel feuchte Luft ausatmen und dadurch einen

Teil von dem kostbaren Naß wieder abgeben. Als Tränke genügt beispielsweise kleinen Finken und Lerchen schon der morgendliche Tau von Pflanzen. Die Flughühner dagegen, die in trockenen Gegenden anzutreffen sind, müssen täglich weite Strecken zu Wasserstellen fliegen. Um auch die in Nestern zurückgebliebenen Küken zu tränken, bringen ihnen die Männchen das nötige Wasser in ihren besonders angepaßten Brustfedern mit.

Als ein Symbol für das Wildleben in der Wüste gilt der Fennek, ein kleiner, sandfarbiger Fuchs mit riesigen Ohren, der sich auch leicht zähmen läßt und deshalb nicht selten gefangengehalten wird. Er lebt von Mäusen, Vögeln, Echsen und Insekten, liebt jedoch auch süße Früchte, die er sich aus Oasengärten holt. Dieser Kleinsäuger kann sich in der Wüste nur behaupten, wenn er möglichst jeden Wasserverlust vermeidet und die Körpertemperatur nicht allzu stark ansteigen läßt. Tagsüber schläft er in seinem bis zu neun Meter langen Gang, den er sich selbst in eine Düne hineingegraben hat. Diesen kühlen Zufluchtsort verläßt er nur nach Sonnenuntergang, wenn er auf Nahrungssuche geht.

Ähnlich verhalten muß sich auch die pflanzenfressende Wüstenspringmaus. Ihren kurzen unterirdischen Gang verschließt sie zum Schutz vor der heißen Luft durch eine dünne Sandmauer.

Am verbreitetsten unter den Großsäugern in der Wüste sind die grazilen, flinken und scheuen Gazellen, die bei den Beduinen eine fast mythische Verehrung genießen, leider aber durch den Menschen immer mehr in ihrer Existenz bedroht sind. Normalerweise ernähren sie sich von Büschen und anderen Pflanzen, wobei sie solche, die wie die Akazie Wasser speichern, den trockeneren Gewächsen vorziehen. Manchmal aber graben sie auch nach wasserspeichernden Wurzeln. Um den Feuchtigkeitsverlust möglichst gering zu halten, nutzen sie jeden Schatten von Bäumen oder Felsen aus. Außerdem sind sie in der Lage, nur mit wenig Wasser die Abfallstoffe in ihrem Harn auszuscheiden.

Unter den drei Antilopenarten, die in der Sahara zu Hause sind, stellt die Mendesantilope unter den großen Säugetieren das erstaunlichste Beispiel dar für die Anpassung an die härtesten Lebensbedingungen in der Wüste. Dieses in der Schulterhöhe 1,20 Meter große weißlichgraue Tier mit dem prächtigen schwarzen und schraubenartig gewundenen Gehörn deckt sowohl seinen Nahrungs- als auch seinen Wasserbedarf, indem es sich von perennierenden, das heißt über mehrere Jahre fortlebenden Gräsern ernährt. Auf der Suche nach Vegetation unternimmt die Mendesantilope lange Wanderungen, manchmal bis an die Südränder der Sahara. Dieses seltene Wüstentier hat sich den

schwierigen Lebensbedingungen so vorzüglich angepaßt, daß es so gut wie nie zu trinken braucht.
Wie bereits im Zusammenhang mit den Felsbildern im Tassiligebirge erwähnt, hat der Sahararaum noch vor 8000–10000 Jahren ein feuchteres, fruchtbareres Klima gehabt – und damit neben einer anderen Flora auch eine weitaus üppigere Fauna. Die weiten Ebenen der Sahara waren damals von Giraffen und Gazellen, Zebras und Elefanten bevölkert, und in den unzähligen Seen tummelten sich außer Fischen noch Großtiere wie Flußpferde und Krokodile. Zu den merkwürdigsten tierischen Relikten dieser in der Sahara längst ausgestorbenen Arten gehören Tiere, die man inmitten der größten Wüste der Erde wohl am wenigsten erwartet: Fische und Krokodile. Diese Wüstenfische leben heute nur in äußerst geringer Zahl in einigen winzigen Wasserbecken in den Hochgebirgen der zentralen Sahara. Diese wassergefüllten Aushöhlungen im Granit gehören zum Quellgebiet eines Flusses, der einst weit nach Süden strömte und wahrscheinlich in den Niger mündete. Als sich dann aber vor Jahrtausenden die Wüste immer weiter ausdehnte, trocknete auch der Fluß aus. Das geschah zunächst in den Tiefebenen, so daß den Fischen dadurch im Oberlauf der Rückzug aus dem Sahararaum abgeschnitten worden war. So blieb ihnen nichts anderes übrig, als sich immer mehr auf das Quellgebiet zurückzuziehen. Da die spärlichen Regenfälle in der Sahara vor allem in den höheren Gebirgslagen niedergehen, werden diese ausgehöhlten »Fischbecken« immer wieder neu mit Wasser aufgefüllt. Ähnlich wurden auch die Krokodile, die sonst natürlich in der heutigen Riesenwüste ausgestorben sind, in ein Gebirge der südöstlichen Sahara zurückgedrängt, wo noch einige Exemplare existieren, obwohl man meistens liest, es gäbe überhaupt keine mehr.

Die armen Teufel in der Salzhölle

Manche Gegend bezeichnet man gern als Hölle auf Erden. Eine solche Hölle liegt weit nördlich von Timbuktu im heutigen Staat Mali. Es ist die Saharasiedlung Taudeni (oder Taodeni), was soviel wie »Lade und laufe« bedeutet, ein Name also, der alles andere als einladend klingt. Was man in dieser Hölle ladet, ist Salz – und danach soll man sich rasch vor den auflauernden Räubern davonmachen.
Wie es in Taudeni aussieht und wie die Menschen dort leben, die in den Salzminen arbeiten, hat ein Berichterstatter der französischen

Zeitung »Le Matin« beschrieben:
»Agargott, die grauenvollen Minen, wo diejenigen langsam hinsiechen, welche die Erde selber dazu verurteilt hat!
Die Landschaft: eine endlose Ebene von weißem Sand, aus der sich plötzlich riesig und ganz nahe die ›gara‹ erhebt, deren blauer Schatten gegen Taudeni fällt.
Auf dem Boden der Minen erheben sich die kaum sichtbaren Schwellungen, die man aus den tiefen Gräben wirft, wo man nach Salz sucht.
Auf diesen Wällen, die der Wind jeden Tag in Unordnung bringt, liegen die zahllosen langen, gleichförmigen, rechtwinkligen Platten, die wie aus mattem Glas verfertigt aussehen. Zwischen diesen Haufen und Gräben sieht man ein paar Menschen, die krumm und langsam herumschleichen und in dieser grausigen Staffage die einzigen trüben Zeugen des Lebens sind.
Die andern sind bereits begraben und arbeiten unsichtbar im langsamen Rhythmus der Picken. Aus der zerhackten Erde steigt ununterbrochen die Klage eines traurigen Liedes einsam in die allbeherrschende Stille.
Die Erde ist fast überall besät mit den viereckigen, auch bis zehn Meter breiten und manchmal ebenso tiefen Grubenlöchern der Mine. Schmale, steile Stufen, klebrig und glitschig von Salz und Wasser, lassen uns eher in diese Ausschachtungen fallen als daß sie uns hinableiten.
Je tiefer wir hinuntersteigen, desto unerträglicher wird der Geruch von Salzlake und faulem Wasser, der einem die Kehle zuschnürt. In diesem stinkenden Schlamm arbeiten die Leute, und einer muß ständig das sinternde Wasser mit einem schwarzen Schlauch mit Bockshaaren ausschöpfen. Die grauenvolle Hitze in der Mine, doppelt unerträglich durch all diese Übelkeit erregenden Dünste, zwingt diese Unglücklichen, meist nackt in der sengenden Hitze zu arbeiten.
In der Grube, wo wir uns befanden, arbeitet eine Gruppe: drei Leute und außerdem ein vierter, der unermüdlich das stinkende Wasser hinausschleppt. Der erste – der Schachtmeister – vertieft die Grube, der zweite schlägt große Blöcke aus den dunklen, glänzenden Schichten, in denen sich das Salz im Laufe der Jahrtausende abgelagert hat. Der dritte behaut die Platten nach einem einheitlichen Maß. Sie sind jetzt weiß und durchsichtig, nachdem er sie lange mit seinem Werkzeug abgekratzt hat.
Ist das die ganze Arbeit?
So ist es, aber sie geschieht in einer stinkenden Feuchtigkeit, unter einer glühenden Sonne, in dieser entsetzlichen Wüste, wo man Hungers stirbt.«

Was nicht in diesem Bericht steht, ist die Tatsache, daß die Salzlake die Haut angreift und Geschwüre verursacht. Außerdem ist das Trinkwasser in Taudeni stark salzhaltig. Wer nicht daran gewöhnt ist und zum ersten Male davon trinkt, erkrankt an einer Darmentzündung. Von Taudeni aus werden die Salzplatten über die Hunderte von Kilometer lange, fast wasserlose Wüstenstrecke zunächst südwärts nach Timbuktu gebracht und von dort aus in die salzarmen Gebiete vom Tschad bis nach Senegal verkauft.

»Immer noch stellen der Tausch von Hirse gegen Salz die Basis des Profits vieler Karawanen dar«, wie Hans Ritter in seinem Buch »Salzkarawanen in der Sahara« feststellt. »Gründe für den hohen Wert des Wüstensalzes sind der Mangel an Salzvorkommen, verbunden mit hohem Salzbedarf im subsaharischen Binnenafrika; nur wenige, minderwertige Salzvorkommen liegen im Sahel (zum Beispiel Manga, Dallol, Fogha), das Qualitätssalz findet sich nur in den fernen, isolierten Salinen der Wüste. Riesige Salzmengen müssen an die Viehherden verfüttert werden, auch der menschliche Verbrauch ist wegen der Hitze groß. Viele Sudanvölker mußten sich mit minderwertigen Ersatzsalzen behelfen: bitteren, stark kaliumhaltigen Salzsurrogaten aus Tierdung oder Pflanzenasche...« Bei dieser primitiven Methode der Salzgewinnung verbrennt man trockenen Tiermist oder Sumpfgräser, aus deren Asche man dann mit Wasser das Salz auslaugt.

Während man das Meersalz für lebloses, ausgelaugtes Wassersalz hält und deshalb wenig schätzt, gilt das Wüstensalz als kraftvoll. Wer viel Salz ißt, wird groß, und wem das Salz nie fehlt, wird stets die Kraft haben, Kinder zu bekommen, heißt es in einem Sprichwort. Nach einem anderen ist das Salz die Seele der Wüste und ein Leben ohne Salz nichts wert. Wer nichts wert ist im Leben, der ist es auch nicht wert, daß er Salz ißt.

Salzkarawanen

Nicht zuletzt auch darin, daß das Salz als Träger magischer Eigenschaften gilt, liegt ein Grund für die Beständigkeit der Salzkarawanen, bei denen oft Tausende von Kamelen durch die Wüste ziehen. Obwohl man die saharische Karawanenwirtschaft bereits seit Jahrzehnten totgesagt hat, existiert sie immer noch in weit größerem Ausmaß, als es auf den ersten Blick scheint. Wenn man nicht so häufig Karawanen zu Gesicht bekommt, dann deshalb, weil sie die Autopisten und Städte meiden. Noch immer durchqueren Kameltransporte die Wüste in allen Richtungen, auch wenn in den letzten Jahren einige Saharastaaten den Handel durch grenzüberschreitende Karawanen verboten haben. Trotzdem ziehen Karawanen heimlich über diese Grenzen hinweg.

Nach Ansicht von Hans Ritter sind Verfügbarkeit über Zeit, Mobilität, Tragtiere und die entsprechenden Kenntnisse zur zweckmäßigen Ausnutzung der Naturesourcen die Grundvoraussetzungen und Chancen des Karawanenhandels. Wenn auch eindrucksvolle Rechnungen belegen würden, wieviel schneller ein Lastkraftwagen und wieviel höher die transportierte Warenmenge in einem Bruchteil der Zeit ist, so spielten für die Nomaden diese Gesichtspunkte kaum eine Rolle, der sonstwo so wichtige Kostenfaktor Zeit fehlt ihnen völlig.

Auf den Handel mit Salz, das größtenteils aus der Sahara stammt, waren und sind noch heute die Viehzüchter und Nomaden angewiesen. »Wer den Handel beherrschte und vor allem, wer die Salinen besaß, der war reich und mächtig«, vermerkt René Gardi in seinem Sahara-Buch. »Für die großen sudanesischen Staaten war der Besitz von Salzvorkommen lebenswichtig, mit ihm wurden sie groß und mächtig.«

Besonders begehrt war das Salz aus dem Djouf, was soviel wie Bauch bedeutet. Dieses Gebiet nördlich von Timbuktu – oder von Norden her gesehen auf halbem Weg von Marokko zum Niger – zählt zu den ödesten und lebensfeindlichen Gegenden der Sahara, umgeben von den Wüstenlandschaften Tanezruft, Erg Chèche und Azaouad. In dieser abflußlosen Senke liegen die Ruinen von Terhazza, 150 Kilometer südöstlich davon die bereits erwähnte Salzstadt Taudeni. Ibn Battuta, der große arabische Reisende, schreibt im 14. Jahrhundert über Terhazza, der Ort sei »ein unattraktives Dorf, mit der Eigentümlichkeit, daß seine Häuser und Moscheen aus Salzblöcken gebaut sind, gedeckt mit Kamelhäuten. Es gibt keine Bäume dort, nichts als Sand. Im Sand ist eine Salzmine; sie graben nach dem Salz und gewinnen es in dicken Platten...«

Anfang des 16. Jahrhunderts kam der gleichfalls früher erwähnte Leo Africanus in Begleitung einer Karawane marokkanischer Kaufleute nach Terhazza, wo er drei Tage verbrachte. Das harte Leben der Salzarbeiter dort schildert er wie folgt:

»Und all diese Arbeiter hier sind Fremde, die das Salz, das sie hier ausgraben, bestimmten Händlern verkaufen, die es auf Kamelen in das Königreich Timbuktu schaffen, wo sonst eine äußerste Knappheit an Salz herrschen würde. Andererseits haben die genannten Salzgräber keinerlei Lebensmittel als die von den Kaufleuten antransportier-

Mit Salzstöcken schwer beladen kehrt diese Karawane von Bilma zurück. Für die 650 km von Agades nach Bilma durch die Wüste Ténéré braucht eine Karawane etwa 2–3 Wochen, wobei von Sonnenaufgang bis Sonnenuntergang ohne Unterbrechung marschiert wird. Wer das Tempo nicht mithalten kann, wird ein Opfer der Wüste.

ten. Denn sie sind von allen bewohnten Orten fast zwanzig Tagesreisen entfernt. Das hat zur Folge, daß sie oft an Nahrungsmangel zugrunde gehen, wenn die Kaufleute nicht rechtzeitig kommen.«
Sogar noch 1910 raffte eine Hungersnot in der benachbarten Salzstadt Taudeni zahlreiche Menschen dahin, weil die Salzkarawane mit den so dringend benötigten Lebensmitteln von einer Kameltruppe überfallen worden war.
Wenn man bedenkt, daß in früheren Zeiten vor allem die Salzplatten aus dem Dorf Djouf noch mit Goldstaub bezahlt wurden und der Besitz von Salz unerläßlich war, um mit dem Sudan Handel zu treiben, dann versteht man auch, warum die marokkanischen Sultane in der zweiten Hälfte des 16. Jahrhunderts versuchten, die Salzminen an sich zu reißen. Vor einem marokkanischen Stoßtrupp flüchteten 1556 die Bewohner von Terhazza. Da Askia Daud, der mächtige Herrscher des Sudanreiches Gao die Wiederbesiedlung verbot, zogen sich die Marokkaner aus der wertlosen Salzstadt zurück.
Während die Salinen von Terhazza verfielen, entstanden 150 km südöstlich davon auf Betreiben der Karawanenleute neue Salzminen. Einige Tuareg sprachen bei Askia Daud vor und sagten, sie wollten

auch weiterhin Salz holen, wie sie es gewohnt seien. Sie würden nämlich noch eine andere Mine als die große Mine von Terhazza kennen, und der Herrscher möge ihnen die Berechtigung übertragen, aus dieser anderen Mine Salz zu gewinnen. Mit dem Niedergang von Terhazza begann der Aufstieg von Taudeni, wo die noch reicheren Salzlager liegen.
Über diese Hölle auf Erden habe ich bereits den Bericht eines französischen Reporters angeführt. In seiner Erzählung »Der Abtrünnige« schildert der französische Schriftsteller und Nobelpreisträger Albert Camus (1913–1960) das entsetzliche, unmenschliche Dahinvegetieren in der Salzstadt Taudeni, wohin der abtrünnige Missionar, sein bisheriges Leben für immer zurücklassend, durch die Wüste floh, »über das Meer aus braunen Kieseln..., das kein Ende nehmen wollte, das vor Hitze brüllte und aus tausend feuergespickten Spiegeln brannte, bis zu jener Stelle an der Grenze der Erde der Schwarzen und dem weißen Land, wo die Stadt aus Salz sich erhebt...
Wie kann man in der sälzernen Stadt leben, auf dem Grunde jenes von Weißglut erfüllten Beckens? Auf einer jeden der senkrechten, mit dem Pickel gehauenen und grob geglätteten Mauern sträuben sich die vom Werkzeug hinterlassenen Kerben wie blendende Schuppen, verwehter heller Sand gibt ihnen eine gelbliche Färbung, außer wenn der Wind die schroffen Wände und Terrassen reinfegt, dann erglänzt alles in blitzender Weiße, und der Himmel ist ebenfalls bis zu seiner blauen Rinde abgeschrubbt...«
Abgesehen von den Strafgefangenen, die in Taudeni im Lager leben und ebenfalls Salz abbauen, sind die Salzarbeiter Nachkommen ehemaliger Sklaven, zunehmend auch freiwillige Lohnarbeiter. Meistens handelt es sich um arme Teufel mit dem Buckel voller Schulden. Sie verpflichten sich einem Händler, der dafür ihre Schuldentilgung übernimmt.
Während sich seit 1910 die Bevölkerung in Taudeni mehr als verdoppelt hat, ist die Salzproduktion sogar um ein Vielfaches gestiegen – und das trotz der Konkurrenz des Meersalzes. Obwohl die Verkehrsbedingungen noch nie so einfach waren wie in unseren Tagen – das Meer wird von Schiffen durchpflügt, der Himmel von Flugzeugen durchkreuzt, die Erde von Lastwagen –, fahren immer noch Menschen fort, während sechzehn langer Wüstentage Kamelkarawanen vor sich herzutreiben, um Steinsalz in 750 Kilometer Entfernung von ihrer Stadt zu holen. Sie transportieren auf diese Weise nicht nur ein paar hundert Barren, was nur als malerisches Überbleibsel vergangener Jahrhunderte zu werten wäre, sondern Zehntausende davon: So umfangreich ist der Abbau in Taudeni.

Bilma am »Ende der Welt«

Wer etwas auf sich hält und sein »Sozialprestige« nicht verlieren will, der kauft nicht das billigste Salz, sondern eines von der besseren Qualität unter den drei Dutzend Sorten, die man in sudanesischen Handelskreisen unterscheidet. Denn Salz ist nicht gleich Salz. Wer es als Heilmittel gegen allerlei Krankheiten und Beschwerden verwenden will, nimmt ein anderes Salz als zum Kochen und natürlich eine noch billigere Sorte zur Viehfütterung.

Außer in Taudeni wird das Salz noch in anderen Lagern abgebaut, darunter auch in Kalala bei Bilma am Südrand der Kaouar-Berge. Etwa seit dem 13. Jahrhundert ist diese Saline bekannt, und durch das Bilma-Salz hat seinerzeit der Bornustaat seine Macht gewonnen. Heutzutage ist Kalala bei Bilma wohl die wichtigste Salzsiederei der südlichen Sahara, und gegenwärtig durchqueren alljährlich ungefähr 25.000 Kamele die Ténéré-Wüste, nur um Hirse gegen Salz und ein paar Datteln zu tauschen.

»Wir lebten während mehrerer Wochen in Bilma und fuhren fast täglich etwa vier Kilometer weit nach Kalala, den Salinen, die draußen in einer allen Winden ausgesetzten Ebene liegen, um dort den Karawanenleuten und den Salzarbeitern zuzusehen«, schreibt René Gardi in seinem 1967 erschienenen Buch »Sahara«, der Monographie einer großen Wüste. Von Agades aus war er rund 650 Kilometer weit durch die vegetationslose Ténéré-Wüste gefahren, bis er dann endlich am Horizont den blauen Absturz der niedrigen Kaouar-Berge erblickte.

»Am Fuß diese Absturzes liegen ein paar miserable Dörfer, da gibt es mäßige Dattelhaine und sehr kümmerliche, immer wieder vom Sand bedrohte Gärten«, schreibt Gardi, der hier als Augenzeuge mit seiner Schilderung auszugsweise zu Wort kommen soll. »Der wichtigste Ort an der Südwestecke ist Bilma, Sitz einer Unterpräfektur . . . Hier in Bilma ist man wirklich am ›Ende der Welt‹, auf keiner meiner Reisen habe ich mich je so verloren gefühlt.« Außer den Karawanen gibt es keinen Verkehr, und man kann ringsum tagelang reisen, ohne etwas anderes zu sehen als die erbarmungsloseste Wüste.

»Ohne das Salz wäre Bilma längst tot. Die Kanuri führen hier inmitten des Ténéré zwischen Aïr-Bergland und Tibesti-Massiv einen fast hoffnungslosen Kampfe gegen Wind und Sand. Obschon das Wasser nicht fehlt, reicht der Ertrag der Gärten nie, um die Menschen zu ernähren. Nur die Dattelernte übersteigt den Eigenbedarf der Oase. Einzige Erwerbsquelle daneben sind die Salinen. Sie befinden sich in einer alten Pluvialebene, wo der salzhaltige Grundwasserspiegel

kaum zwei Meter unter Niveau liegt. Die krustigen Erdhügel ringsum sind aus dem Abbauschutt künstlich aufgeschichtet, und dazwischen liegen die Salinen wie kleine Kraterseen. Die Hügel ringsum sind bis zwanzig Meter hoch, und vielerorts gibt es künstliche Höhlen, in denen das gewonnene Salz aufbewahrt wird und wo die Salzarbeiter in der Mittagspause den einzigen Schatten finden. Die Salztümpel haben unregelmäßige Formen, kleine Erdwälle liegen dazwischen, von der verspritzten Sole sind alle Wände leuchtend weiß, und vielerorts hängen Salzstalaktiten wie Eiszapfen. Die Sole, die ständig aus dem Untergrund aufsteigt, ist sehr gesättigt, so daß sich das Salz bald an der Oberfläche auskristallisiert. Es entsteht eine dünne Schicht, die lebhaft an eine brüchige Eisfläche auf einem zufrierenden Teiche erinnert. Zweimal täglich wird diese Schicht, die sich bereits innert ein paar Stunden bildet, durch Wasserwerfen zerstört. Da hocken Buben oder junge Burschen auf den Fußsohlen am Rande dieser Salzgärten und werfen mit einer zerbrochenen Kalebasse Wasser aus dem Tümpel über das auskristallisierte Salz. Die Salzkristalle sinken auf den Grund, und im Verlaufe eines Tages bildet sich eine neue Schicht.«
Zweimal täglich bringt man so das Salz zum Sinken: Man »vermählt das Salz«, wie man diesen wichtigen Vorgang nennt.
Während ein Teil des Wassers verdunstet, wächst die Ablagerung auf dem Grund. Nach etwa zwei Wochen ist das Salz dann »reif«. Nun steigt ein Kanuri ins Loch, nur mit einer Hose bekleidet, die er bis zu den Knien aufgekrempelt hat, da ihm das Wasser immer noch so hoch reicht. »Er hebt mit zwei Kalebassenschalen dieses weiße Salz vom Grunde ab, läßt das Wasser etwas darauslaufen und wirft es ans Ufer. Er nennt es ›Beza‹. In der heißen Jahreszeit ist es von schlechterer Qualität als im Frühjahr. In den kalten Wintermonaten wird nicht gearbeitet, weil das Salz dann zu langsam auskristallisiert, und im Juli und August ist es so mörderisch heiß, daß die Menschen von vormittags bis in den späten Abend ihre schwarzen Wohnlöcher nicht verlassen.
Das Salz, das zuerst gewonnen wird, ist besser als das darunterliegende, das oft durch Erde und Schlamm verunreinigt ist. Das Beza-Salz erster Qualität wird als Kochsalz für die Menschen verkauft.
Das herausgehobene Salz trocknet rasch. Es wird dann noch mit Holzkeulen körnig geschlagen, dann noch einmal leicht angefeuchtet und mit Hilfe kleiner Schüsseln zu Broten geformt.
Das Viehsalz besteht aus einer Mischung von gutem weißem Salz, minderwertigem von den Salinenrändern und vom Grund der Tümpel, außerdem fügt man noch ein wenig lehmige Erde dazu.« Dieses wieder leicht angefeuchtete Gemisch füllt man dann in ausgehöhlte

Salzgewinnung aus künstlich angelegten Tümpeln in der Sahara

Strünke von Dattelpalmen, die innen mit Lehm sauber ausgekleidet und an der Außenwand mit Lederbändern gegen Risse verschnürt sind. So entstehen die etwa 20 Kilogramm schweren Salzstöcke, die man Kantu nennt, eine Form, die für das Bilma-Salz charakteristisch ist.
Die festen, fast steinharten Krusten, die sich allmählich auf dem Boden der einzelnen Salinentümpel bilden, müssen wieder losgelöst werden, »weil sie das Nachfließen des Grundwasserstromes verhindern. Da stehen die Salzarbeiter wieder mit nackten Füßen in der Sole und stoßen mit Stangen, an deren Enden sich Eisenspitzen befinden, die Blöcke los, heben sie heraus und bauen ringsum kleine Mauern damit. Sie selber sind über und über mit Salzwasser verspritzt, das auf der schwarzen Haut sofort weiß verkrustet, und so blicken einen die Menschen mit seltsam erregenden, traurigen und mehligen Gesichtern an.«
Durch den Einsatz von Maschinen könnte man zwar die Produktion steigern, doch die Rendite würde sinken. Menschliche Arbeitskräfte sind in dieser gottverlassenen Gegend eben noch viel billiger als Maschinen. Die rund 3.000 Tonnen Salz, die zur Zeit jährlich in Bilma

gewonnen werden, decken einen großen Teil des Bedarfs der viehzüchtenden Tuareg und Haussa-Völker im mittleren Sudan.
Die Salinen gehören einzelnen Familien, die ihre Produktion auch selber verkaufen. Jeder Kanuri, der in Bilma ansässig ist, darf neue Salinen öffnen, denn überall in der Ebene liegt verkrustetes Salz, und überall käme man deshalb bald auf salzhaltiges Grundwasser.
»In Bilma bezahlt man keine Konzession und keine besondere Salzsteuer. Die nimmt man den Tuareg ab«, die für jede Kamellast Salz, die sie wegführen, etwa fünf Pfennig entrichten müssen. Ein Kantu – als ungefähr 20 kg Viehsalz – der in Bilma einen Wert von rund 80 Pfennig hat, kostet bereits nach einer dreiwöchigen Reise zehnmal so viel. Weiter südlich in Zinder oder Kano ist der Preis noch höher gestiegen. Der Transport von Salz ist also ein lohnendes Geschäft. Ohne diesen Salzhandel könnten die Aïr-Tuareg, »die in ihrem kargen Bergland wenig Hirse pflanzen und über keine Dattelhaine verfügen, kaum leben. Solange man im Sudan das Bilma-Salz noch schätzt, werden die Karawanen unterwegs sein, und solange wird auch Bilma am Leben bleiben.«

Zankapfel Westsahara

In der ehemaligen Kolonie Spanisch-Sahara, im Westen vom Atlantik begrenzt, tobt ein heimlicher Krieg, der zu einem Flächenbrand in Nordafrika zu werden droht – so konnte man es Ende 1977 in der Presse lesen. Mit blitzschnellen Angriffen aus dem Nichts kämpfen Rebellen der »Frente Polisario« um einen eigenen Staat – gegen die Anrainer Marokko im Norden und Mauretanien im Osten und Süden, die ihre Heimat besetzt haben. Algerien, das durch einen schmalen Landzipfel im Westen mit dem umstrittenen Gebiet verbunden ist, unterstützt die Aufständischen. Nachdem die Polisario acht Franzosen entführt hatte, schickte auch Frankreich Truppen ins Krisengebiet.
Die Angreifer sahen aus wie Wesen aus einer anderen Zeit und von einem anderen Stern. In weite Gewänder gehüllt, bunte Tücher um den Kopf und gelbe Staubbrillen vor den Augen, jagten 500 Schwerbewaffnete in 100 Landrovern durch die Steinwüste der Sahara. Sie kamen im Morgengrauen. Ihr Ziel war der Zug.
Die vier Lokomotiven hatten Mühe, die Güterwagenschlange im Bummeltempo durch das hügelige Gelände zu ziehen. Der Zug war

schwer bewacht: Draisinen mit Soldaten vorneweg und hinterdrein. Soldaten in jedem Waggon. Denn die Strecke – die Verbindung der Eisenerz-Minen von Zouérate mit der Hafenstadt Nouadhibou – ist die wirtschaftliche Lebensader des westafrikanischen Wüstenstaates Mauretanien.
Die vermummten Angreifer hinter den Dünen schossen Trommelfeuer, mit Mörsern, MGs und sowjetischen Maschinenkarabinern vom Typ AK-47. Das Gefecht am 12. Dezember 1977 dauerte zweieinhalb Stunden. Dann war der Zug zerstört. Mit 60 Gefangenen flohen die Angreifer in die Wüste. Zurück blieben 58 Tote.
Es war die bis dahin blutigste Aktion der »Frente Polisario« – jener arabischen Befreiungsbewegung, die seit 1975 als Geisterarmee im menschenarmen Dreiländereck Algerien, Marokko und Mauretanien operierte und meist dort angriff, wo ihre Feinde sie am allerwenigsten vermuteten: Hunderte von Kilometern vom letzten Einsatzort entfernt.
Die Feinde der Polisario sind Mauretanien und Marokko. Denn beide Staaten haben das Heimatland der Polisario – die ehemals spanische Kolonie Westsahara – entgegen dem Willen der dort lebenden Bevölkerung – den Saharauis – und entgegen einem Beschluß der Vereinten Nationen eigenmächtig unter sich aufgeteilt. Als die letzten spanischen Kolonialsoldaten im Herbst 1975 aus der Westsahara abzogen, besetzten marokkanische Soldaten, Beamte und Zivilisten kurzerhand den Norden des Westsahara-Gebietes. Mauretanische Truppen rückten in den Süden ein. Zehntausende Saharauis flüchteten nach Algerien. Von dort aus kämpfen die Polisario, in der alle männlichen Saharauis über sechzehn Jahren organisiert sind, seither um einen Staat, der ihnen gestohlen wurde, ehe er je entstehen konnte – um die unabhängige »Demokratische Republik der Saharauis«.

Die Westsahara, etwas größer als die Bundesrepublik, ist ein öder Wüstenstrich – baumlos, wasserarm, heiß. Daß um diesen tristen Flecken dennoch Krieg geführt wird, hat – zumindest für Mauretanien und Marokko – keine hehren ethischen Gründe. Es geht um Geld, viel Geld. Das Pech der dort lebenden Nomadenbevölkerung – ihre Zahl schwankt zwischen 73.497 nach der letzten offiziellen spanischen Zählung und 700.000 nach Angabe der Polisario –, war, daß spürhungrige Geologen 1963 unter den Sand- und Geröllmassen umfangreiche Phosphatvorkommen entdeckten, angeblich mehr als 1,7 Milliarden Tonnen. Der geschätzte Wert dieses Düngemittel-Lagers soll rund 100 Milliarden Mark betragen.
Mit der völkerrechtlich illegalen Besetzung dieser bodenschatzträch-

tigen Gebiete 1975 sicherte sich Marokko, das schon bis dahin ein Fünftel des gesamten Phosphatvorkommen der Erde besaß, die beherrschende Stellung auf dem Weltmarkt. Die ehemalige Kolonialmacht Spanien stimmte dem Kuhhandel zu; sie ist mit 35 Prozent am Gewinn beteiligt. Mauretanien eignete sich in raschem Zugriff weite Gebiete an, in denen Eisen und Kupfer vermutet werden. Nur die Saharauis, denen die Vereinten Nationen Volksabstimmung und Unabhängigkeit versprochen hatten, gingen leer aus.

Die Regierung des sozialistischen Nachbarlandes Algerien, das mit dem Königreich Marokko seit Jahren im Grenzstreit liegt, erklärte nach der Besetzung der Westsahara empört: » Wir werden keine Lösung billigen, an deren Ausarbeitung wir nicht beteiligt sind.« Algeriens Staatschef räumte den Saharauis in der Nähe der Grenzstadt Tindouf eigene Lager ein, in denen die Exilregierung der Polisario fast völlige Souveranität genießt. Die Saharauis werden dort von algerischen Soldaten trainiert.

Seitdem überfällt die rund 5.000 Mann starke Geisterarmee der Polisario Bergwerke, Eisenbahnlinien, Militärgarnisonen und Polizeiposten. Dabei drangen sie bis in die Hauptstadt Mauretaniens, Nouakchott, vor. Außerdem nahmen sie – bei zwei getrennten Überfällen – acht französische Entwicklungshelfer in Mauretanien gefangen. Paris schickte Truppen nach Mauretanien und ins benachbarte Senegal. Doch auch die Polisariotruppe, die nach eigenen Worten »wie der Wüstensand kommt, zerstört und verschwindet«, mußte Verluste hinnehmen – den schlimmsten nach dem blutigen Überfall auf den Eisenerz-Zug von Zouérate nach Nouadhibou.

Obwohl die Angreifer Scheiben und Spiegel ihrer Geländewagen wie üblich zur Tarnung mit Schlamm beschmiert oder ganz abmontiert hatten, wurden sie von Aufklärungsflugzeugen entdeckt. Es waren Maschinen der französischen Luftwaffe, die in der ehemals französischen Kolonie Mauretanien seit einigen Wochen von Paris für Aufklärungsflüge eingesetzt wurden. Nordöstlich von Zouérate schnitten mauretanische Einheiten den Flüchtenden den Weg ab. Kampfflugzeuge bombardierten die eingekesselte Kolonne – wie die Polisario-Führung in Algier behauptet, sogar mit Napalm.

Über 50 Guerrilleros und 49 ihrer 60 mauretanischen Gefangenen starben durch den Luftangriff. Mindestens 50 Landrover gingen verloren – für die Polisario die bisher verlustreichste Schlacht.

Dies alles spielte sich, wie gesagt, im Dezember 1977 ab. Auch 1980, am Ende des fünften Kriegsjahres, hatte im Westsahara-Konflikt noch keine der Parteien ein entscheidendes Übergewicht erkämpft. Marokkos König Hassan hielt seine Position trotz des Zermürbungs-

Wie ein urweltliches Ungeheuer durchquert dieser kilometerlange Erzzug, von vier starken Diesellokomotiven gezogen, die mauretanische Wüste von Zouérate bis zur westafrikanischen Küste.

krieges der Polisario-Truppen. Die Entwicklungen um diese Zeit ließen vermuten, daß Algerien als Helfer der Polisario direkt mit Marokko ins Gespräch kommen wollte und 1981 parallel zum Wüstenkrieg Geheimverhandlungen über die Zukunft des phosphatreichen Wüstengebietes durchgeführt werden sollten.

Historischer Rückblick

Was für den schmalen Streifen der ehemals spanischen Westsahara gilt, trifft auch für das gesamte riesige Gebiet der Großen Wüste zu: Die Zeit des europäischen Kolonialismus in der Sahara gehört der Vergangenheit an – die Epoche der Sahara als Wirtschaftsgebiet von Weltbedeutung ist Gegenwart und Zukunft.
Die europäische Kolonialzeit war nur eine der vielen Perioden von Fremdherrschaft, die zahlreiche Stämme und Völker in weiten Teilen der Sahara ertragen mußten. Von den Phöniziern und ihrem Punischen Reich war schon die Rede, auch von den Römern und dem Ein-

fall der Araber; dazwischen gab es ein wandalisches und ein byzantinisches Zwischenspiel. Vom Beginn des 16. Jahrhunderts an herrschten auch die Türken dreihundert Jahre lang über weite Teile der Nordsahara; Algerien wurde dabei zur türkischen Provinz mit drei Bezirken.

»Als die Franzosen um die Jahrhundertwende begannen, die mittlere und westliche Sahara zu erobern, folgten sie ausschließlich politischen und militärischen Erwägungen. Es sollte eine Landverbindung zwischen den französischen Besitzungen in Nordafrika (Marokko, Algerien, Tunesien) und den west- und zentralafrikanischen Kolonien hergestellt werden. Dieser Zielsetzung diente auch das vieldiskutierte Projekt einer Transsahara-Eisenbahn. Spötter gab es für das französische Sahara-Abenteuer genug: ›Wir überließen dem gallischen Hahn viel Sand, damit er seine Krallen daran wetzen kann‹, soll Lord Salisbury nach Abschluß des Vertrages von 1890 gesagt haben. Niemand dachte daran, daß die Sahara ein Wirtschaftsgebiet von Weltbedeutung werden könnte, am wenigsten die Franzosen selber. Als zu den Geographen, Ethnologen, Archäologen und Biologen, die sich bisher für die Sahara interessierten, die Geologen stießen und ungeheure Reichtümer an Bodenschätzen entdeckten, hatte Frankreich seine Saharabesitzungen schon wieder verloren«, wie Peter Fuchs in seinem Beitrag über die Völker der Sahara vermerkt. Vorangestellt hat er einen kurzen geschichtlichen Überblick, auf dem die folgenden Angaben fußen.

Die Gründungen der Araber in Nordafrika, die bekanntlich im 7. und vor allem im 11. Jahrhundert von Osten her eingefallen waren, nannte man »Barbareskenstaaten«. 1517 erkannten sie die Oberhoheit der Türkei an. Berüchtigt als Seeräuber, wurden die als »Korsaren« bekanntgewordenen nordafrikanischen Küstenbewohner eine Plage für die Mittelmeerländer. Erst die Franzosen räumten mit dem Korsarentum auf, indem sie 1830-1847 unter großen Opfern Algerien eroberten. 1881 wurde Tunesien französisches Protektorat, 1911 auch Marokko. Ein 28.000 Quadratkilometer großer Streifen der marokkanischen Mittelmeerküste wurde an Spanien abgetreten, auch Ifni, an der Atlantikküste Marokkos, kam an Spanien. Der Hafen von Tanger wurde neutralisiert.

Tripolitanien war im 14. Jahrhundert selbständig, 1509-1530 stand es unter spanischer Herrschaft, 1530 gab es Karl V. als Lehen an den geistlichen Ritterorden der Johanniter. 1551 wurde das Land türkisch. 1912, nach dem Türkisch-Italienischen Krieg, fielen Tripolitanien, die Cyrenaika und der Fezzan als Kolonie »Libyen« an Italien. Im Jahre 1956 erhielten Marokko und Tunesien die Unabhängigkeit.

Die Seele des Widerstandes gegen die Kolonialmacht Frankreich war der junge Abd el Kader. Mit seinen 37 000 Reitern konnte er zunächst die Unabhängigkeit Algeriens erkämpfen, wurde dann jedoch von den Franzosen besiegt, nachdem diese, nach dem Eintreffen von Verstärkung, alle Verträge rücksichtslos gebrochen und mit mehr als 100 000 Mann erneut den Krieg begonnen hatten.

Libyen war nach dem Zweiten Weltkrieg von den Engländern, der Fezzan von den Franzosen besetzt. 1951 wurde das unabhängige Königreich Libyen gegründet; der größte Teil der italienischen Siedler mußte Libyen wieder verlassen – von 120.000 Italienern blieben etwa 40.000.

Ägypten war nach dem Jahre 640 ein Teil des Kalifenreiches, 969 ist Kairo als Hauptstadt gegründet worden. 1517 wurde Ägypten eine türkische Provinz. 1812 landeten die Engländer in Alexandrien; seit dieser Zeit stand Ägypten unter englischem Einfluß, der bis zur endgültigen Räumung der Suezkanalzone im Jahr 1957 andauerte.

»Napoleon der Wüste«

Der Weg zur Unabhängigkeit Algeriens war deshalb besonders lang und schwierig, weil das Land seit 1848 Frankreich angegliedert war. Zu dieser Zeit hatten sich dort bereits 100.000 Siedler aus den europäischen Mittelmeerländern – also nicht nur Franzosen – niedergelassen. Um die Jahrhundertwende war ihre Zahl auf etwa 600.000 angestiegen. Als 1954 der algerische Unabhängigkeitskrieg begann – der etwa 200.000 Menschenleben gekostet hat –, gab es fast eine Million Franzosen in Algerien, die zu 80% dort geboren und somit also der Geburt nach Afrikaner waren. Im Jahre 1958 wurde in Kairo eine algerische Exilregierung gebildet. Als 1962 Algerien dann die Unabhängigkeit erhielt, folgte bald darauf eine Massenauswanderung der algerischen Franzosen.

Die Algerier von heute verstehen den Algerienkrieg jedoch nur als Endphase ihres mehr als hundertjährigen nationalen Befreiungskampfes, an dessen Anfang Abd el Kader stand mit seinem Schwur, die heilige Erde des Islam zu verteidigen.

»So Gott will, werde ich den Arabern Glück bringen«, hatte der Algerier Abd el Kader – von manchen »Napoleon der Wüste« genannt, von anderen »Sokrates der Araber« – einst selbstbewußt dem französischen General Bugeaud verkündet.

Als Junge war er noch mit türkischen Besatzerkindern zur Schule gegangen und hatten dann Theologie und Philosophie sowie die klassischen arabischen Wissenschaften Mathematik und Astronomie studiert. Mit seinem Vater, einem Nachfahren Mohammeds, pilgerte er nach Mekka und Medina, besuchte Bagdad und lernte das Reformwerk Mohammed Alis am Nil kennen, der aus Ägypten einen moder-

nen Staat machen wollte. Es war aber auch für Europa der Start ins Zeitalter der Technik und in den verstärkten Kolonialismus.
Kaum war der junge Abd el Kader von seiner Reise nach Hause zurückgekehrt, als die Franzosen im Sommer 1830 Algerien besetzten – angeblich nur vorübergehend. Nur zwei Jahre später wurde der erst vierundzwanzigjährige Abd el Kader zum Glaubensführer eines ersten algerischen Stammesbündnisses ernannt. Am 22. November 1832 schwor er, bei seinem Denken und Handeln zeitlebens die Lehren des Propheten zu befolgen. Sein Ziel war ein geeinter islamischer Staat Algerien. Indem die Franzosen dieses Bestreben zu verhindern suchten, beschleunigten sie nur das Einigkeitswerk, zumal der junge Emir Abd el Kader alle rücksichtslos bestrafte, die mit dem Feind zusammenarbeiteten. Mit seinen 37.000 Reitern beherrschte er bald zwei Drittel des algerischen Gebietes. In den Jahren 1834 und 1837 mußten die Franzosen die Souveränität Abd el Kaders über Westalgerien anerkennen, brachen diese Verträge dann jedoch rücksichtslos, als sie sich militärisch wieder stark genug fühlten.
»Ich werde den Krieg wieder beginnen«, warnte der erzürnte Emir die Franzosen, nachdem er vergeblich um Vertragstreue gebeten hatte. »Bereiten Sie sich vor, warnen Sie Reisende und einsam Wohnende, treffen Sie alle Maßnahmen, die Sie für richtig halten.«
Grausamkeiten von beiden Seiten kennzeichneten die folgenden Kämpfe: Abd el Kader machte keine Gefangenen mehr – und die Franzosen zahlten Prämien für abgeschnittene Köpfe und Ohrenpaare ihrer Feinde. »Das ist nicht Krieg, was man in Afrika macht, sondern Menschenjagd«, gestand der französische General Bugeaud, unter dessen Oberbefehl schließlich mehr als 100.000 Mann – ein Drittel der gesamten Armee – in Algerien kämpften. Der ab 1840 mit voller Kraft geführte Krieg unter Anwendung der »Taktik der verbrannten Erde« endete 1847 mit der Kapitulation und Deportation Abd el Kaders. Die endgültige Befriedung dauerte bis zum Jahre 1872. Sie schloß die Durchdringung der Sahara bis 1854 und der Kabylei bis 1857 sowie die Niederschlagung mehrerer Aufstände – 1864/65 im Raum von Oran, 1871 bei Constantine und in der Kabylei – ein.
Im Jahre 1883 starb Emir Abd el Kader in seinem Exilort Damaskus. Als 1966 seine sterblichen Überreste mit einer Sondermaschine nach Algier zurückgebracht wurden, schrieb die algerische Regierungszeitung »El Moudjahid« (Der Freiheitskämpfer):
»Das heutige revolutionäre Algerien will mit der Rückkehr der sterblichen Überreste desjenigen, der während fünfzehn Jahren den algerischen Widerstand geleitet hat, seiner immerwährenden Verbunden-

heit mit den Quellen seiner Geschichte Ausdruck geben.«
Abd el Kader, nach dem Straßen und Plätze benannt worden sind und dessen Bildnis vielerorts anzutreffen ist, gilt heute als eigentlicher – wenn auch gescheiterter – Staatsgründer Algeriens und als Vaterfigur der jungen Nation.

Der Mahdiaufstand im Sudan

»Die wenigen Stunden, die uns noch übrigbleiben, wollten wir dazu benutzen, uns auf den Tod vorzubereiten. Die Furcht und die Angst, die seit mehr als fünf Monaten uns in beständiger Aufregung gehalten, waren vorbei. Die Hoffnung, durch den Tod bald aus den Händen dieser Barbaren befreit zu werden, war inmitten unserer Leiden unser Trost. Tiefe Stille herrschte rings um uns, die nur zeitweise durch das Gerassel der Ketten der Gefangenen gestört wurde.«
So heißt es an einer Stelle in dem Bericht des Österreichers Joseph Ohrwalder, einem der wichtigsten Augenzeugen des Mahdiaufstands. Als katholischer Missionar war der Vierundzwanzigjährige 1880 in den Sudan gekommen, und zwar nach Delen im südlichen Teil Nubas, wo er und seine Leidensgefährten, darunter auch Schwestern, von den Wirren überrascht und schließlich als Gefangene ins Lager des Mahdi gebracht wurden.
»Wir waren alle bereit. Gegen neun Uhr kamen etwa dreißig mit Lanzen Bewaffnete und luden uns ein, ihnen zu folgen.« Obwohl sie noch müde von den Strapazen waren, erhoben sie sich schnell. Nach etwa einer halben Stunde erreichten sie die bewaffneten Scharen des Mahdi. Etwa vierzigtausend Krieger standen dort, während es außerdem noch im Lager von Menschen wimmelte wie in einem Ameisenhaufen. Dort wurden sie sofort von einem Trupp umzingelt und aufgefordert, sich zu ergeben oder den Hals zu beugen, um den Todesstreich zu empfangen.
»Entschlossen boten wir den Hals dar; doch unsere Stunde war noch nicht gekommen. Man führte uns vor den Mahdi, der ein schönes, weißes Kamel ritt; ein Sklave saß hinter seinem Sattel auf dem Kamel und hielt einen Sonnenschirm über den Mahdi, um ihn gegen die sengenden Sonnenstrahlen zu schützen. Als wir vor seinem Kamel angelangt waren, wandte er sich zu uns und sagte: »Gott führe euch zur Wahrheit.«
Hierauf entfernte er sich. Alsdann lösten sich die Reihen auf, und die

Der Mahdi, der von Gott Gesandte, wie er sich selbst nannte. In ihm verbanden sich unbändiger Freiheitswille und fanatischer religiöser Eifer. Es gelang ihm, den britischen Statthalter in Khartum zu besiegen, wobei dieser auf den Stufen seines Gouverneurspalastes den Tod fand.

ungeheure Menge Fußvolk, mit den Reitern vermischt, umringte uns und drohte, uns lebendig zu zerstampfen. Als der Mahdi sich umwandte und unsere Gefahr bemerkte, kehrte er zurück und befahl, wir sollten vor seinem Kamel einhergehen, um uns zu beschützen. Da wir aber bald vor Müdigkeit mit dem Kamel nicht mehr Schritt halten konnten, erteilte er mehreren Emiren Befehle, die wir nicht verstanden. Die Emire geboten uns nun, zu warten, bis das größte Gewirr vorüber war. Dann bildeten sie ein Quadrat und fragten jeden von uns einzeln, ob er Muselman werden wolle oder den Tod vorziehe. Entschlossen wählten wir das letztere.«

Voll Wut trieben die Aufständischen daraufhin ihre christlichen Gefangenen vor sich her, bis sie erschöpft und mit Staub bedeckt vor der Hütte des Mahdi ankamen. Selbstbewußt fragte er sie, ob sie seine Armee gesehen hätten. Offenbar glaubte er, die gewaltige Zahl seiner Krieger würde die Gefangenen einschüchtern. Dann zog er sich zurück, während der Pater und seine Leidensgefährten abgeführt wurden.
Noch am gleichen Tag beratschlagten einflußreiche Mahdisten über das Schicksal der Europäer. Während die meisten den Tod forderten,

erklärte der damalige Emir in Omdurman, nach mohammedanischem Gesetz sei es nicht erlaubt, Priester zu töten, wenn sie nicht mit der Waffe in der Hand Widerstand geleistet hätten. Da die Mitglieder der Missionsstation sich kampflos ergeben hatten, wurde die Forderung nach ihrer Hinrichtung schließlich fallen gelassen.
Jahrelang blieben sie Gefangene in der Hand der Mahdisten, bis es ihnen schließlich gelang, aus Omdurman zu fliehen und sich innerhalb von knapp zwei Wochen über die Grenze des Sudan nach Ägypten in Sicherheit zu bringen.
Doch nicht um das Los von Pater Ohrwalder und seinen Leidensgefährten geht es in diesem Kapitel, vielmehr soll die gerade geschilderte Episode nur einen erregenden Einstieg in den Mahdiaufstand geben, der bereits den ganzen Sudan erfaßt hatte.
Was hatte sich damals zugetragen?
Seit Jahrhunderten schon hatte sich, wenn in Ländern des Islam Revolutionen begannen, immer einer gefunden, der den erwarteten Mahdi ankündigte, das heißt, den in ewiger Wiederkehr erneuerten Propheten. Am liebsten gab er sich dabei selber als Heilsbringer und Gottgesandten aus.
So geschah es auch 1881 im Sudan, der damals unter ägyptischer Herrschaft stand. Ägypten wiederum gehörte zum türkischen Großreich, doch hatten sich die Engländer um diese Zeit praktisch die Vorherrschaft in diesem Land am Nil erkämpft und ihm eine Schlüsselstellung in ihrem Empire gegeben. In Khartum, der Hauptstadt des Sudan, saß ein goldsammelnder Pascha, der alles besteuerte, um Geld aus der geknechteten Bevölkerung zu pressen. Er hatte auch eine Kanone aufgestellt, die er »Kadi«, also Richter, nannte. Wer ihm unbequem war, wurde vor diesen Kadi geführt, vor die Mündung gebunden und in tausend Stücke zerschossen.
In solcher Unterdrückung lebte damals der Sudan, und es brauchte nur ein Volkstribun zu kommen, um die Massen aufzuwiegeln und einen Aufstand zu entfachen. Dieser Mann war der Derwisch Mohammed Achmed, der durchs Land zog und den religiösen Fanatismus der Muslime entfachte. Er suchte seine Landsleute dadurch aufzureizen, daß er ihnen einredete, sie hätten den echten Glauben verloren, seien verdorben und Freunde der Christen geworden. Es gelang ihm, auch viele einflußreiche Scheichs und Kaufleute für seine Ideen zu gewinnen.
Als Mohammed Achmed die Stumpfheit der Machthaber, den Streit der Parteiführer, die steigende Not der Menge ringsum erkannte und sah, daß er nur noch an sich zu glauben brauchte, damit die anderen an ihn glaubten, beschloß er, sich selbst zum Mahdi zu ernennen.

In der Schlacht von Omdurman bei Khartum gelang es den Briten dank ihrer überlegenen Feuerwaffen, das tapfere Heer der braunen Kamelreiter und Speerträger der Mahdisten zu besiegen.

Nachdem er immer wieder prophezeit hatte, der Mahdi, der Messias, werde erscheinen, und die Masse diesem Freudentag geradezu entgegenfieberte, verkündete er schließlich, in der Nacht sei der Prophet Mohammed zu ihm in grünleuchtendem Mantel herabgestiegen und habe, umgeben von Engeln und Verklärten, zu ihm gesprochen:
»Seht, das ist der gewaltige Mahdi! Wer nicht an ihn glaubt, der glaubt nicht an Gott und an mich!«
Hunderte waren sogleich geneigt, an ihn zu glauben. Doch er brauchte Millionen, und um sie zu gewinnen, schickte er durch seine Jünger Briefe und Sprüche im Land herum, um seine magische Thronbesteigung anzukündigen:
»Im Namen Allahs, des Gnädigen und Barmherzigen, Lob sei dem großmütigen Herrscher und Segen auf unseren Herrn Mohammed und sein Geschlecht! Und dieses ist geschrieben vom Diener seines Herrn, von Mohammed dem Mahdi ... an seine geliebten Freunde in Gott und an alle, die ihm folgen zur Wiederaufrichtung und zum Segen des Glaubens ... So wisset, daß Gott mich berufen hat zum Khalifat,

und daß der Prophet verkündet hat, daß ich der erwartete Mahdi bin und mich gesetzt hat auf seinen Stuhl über die Fürsten und Edlen, und Gott hat mich mit seinen Engeln und mit den Propheten umgeben...
Und er hat auch gesagt: Gott hat dir Zeichen deiner Sendung gesetzt, und um allen Völkern zu zeigen, daß ich der erwartete Mahdi bin, hat er meine rechte Wange mit einem Korn der Schönheit gezeichnet. Und noch ein anderes Zeichen gab er mir und dieses ist: daß auch dem Licht eine Fahne erscheint, die mit mir ist in der Stunde des Kampfes und getragen wird vom Engel Asrael, dem Todesengel, dem Vernichter meiner Feinde. Und er hat mich auch wissen lassen, daß wer an meiner Sendung zweifelt, ... wer mich anfeindet, ein Ungläubiger ist, und wer mir den Krieg macht, trostlos und verlassen sein wird in beiden Wohnstätten, und daß seine Güter und seine Kinder eine gute Beute werden für den Gläubigen. Also wählet! Friede sei mit euch!«
Der selbsternannte Mahdi hatte also nicht bloß seine göttliche Sendung erfunden, sondern zugleich auch alle Zweifler und Kritiker bedroht — und all dies im Namen Gottes. Als Gesandter Allahs gab er vor, im Verkehr mit der Gottheit zu stehen. Da er seine Befehle stets nach höheren Offenbarungen gab, durfte ihnen niemand widersprechen. Denn dies wäre Widerstand gegen Gott gewesen und hätte den Tod zur Folge gehabt.
So gelang es ihm, mit Hilfe der fanatisierten Gläubigen den ganzen Sudan seiner Herrschaft zu unterwerfen und von der Außenwelt abzukapseln. Es unterliegt keinem Zweifel, daß dieser Mann, ehe ihn seine zügellose Sinnlichkeit zugrunde richtete, den klügsten Kopf und klarsten Blick innerhalb der 7,8 Millionen Quadratkilometer hatte, zu deren Herr er sich mehr oder weniger aufspielte.
Natürlich hatten die Engländer nicht tatenlos zugesehen, wie der Mahdi sie aus dem Sudan hinauswarf. Aber ihre Versuche, die Aufständischen zu schlagen, endeten stets mit eigenen Niederlagen. Im Januar 1885 glückte es dem Mahdi sogar, die wichtige Stadt Khartum am Zusammenfluß des Weißen und des Blauen Nils zu erobern und dabei den britischen Generalgouverneur des Sudan, Gordon, zu töten.
Der Mahdi war nun unumschränkter Herrscher im Sudan, doch er kostete diesen Triumph nicht lange aus. Fünf Monate nach seinem entscheidenden Sieg über General Gordon starb er. Sein Derwischreich, das immer mehr zu einem Schreckensregiment ausartete, sollte noch dreizehn Jahre weiter bestehen. Erst 1898 wurde der Widerstand seines Nachfolgers, des Khalifen Abdullah, durch britische und ägyptische Truppen unter dem Oberbefehl des in Irland geborenen Gene-

rals Horatio Herbert Kitchener gebrochen. Um das schwierige Nachschubproblem zu lösen, hatte er von der ägyptischen Stadt Wadi Halfa aus eine Eisenbahnlinie quer durch die Wüste nach Abu Hamed bauen lassen, ein Unternehmen von außerordentlicher strategischer Bedeutung.
Am 1. September 1898 standen sich die beiden feindlichen Heere – die Briten und Ägypter auf der einen Seite, die Mahdisten auf der anderen – bei Omdurman nahe Khartum gegenüber. Am nächsten Tag kam es zu einer erbitterten und für die Sudanesen äußerst verlustreichen Schlacht, bei der sie vernichtend geschlagen wurden. Zwar konnte der Khalif Abdullah heimlich entfliehen, fiel jedoch ein Jahr später im Kampf gegen die Engländer.
Das Mahdireich war ausgelöscht, nicht aber der Wille zur Unabhängigkeit von fremder Vorherrschaft. Der Fremdenhaß wurde durch die Rückeroberung des Sudan durch die anglo-ägyptischen Truppen erneut geschürt. Doch erst nach dem zweiten Weltkrieg, Anfang 1956, erlangte die Republik Sudan ihre Selbständigkeit.

Tiefgreifende soziale Umschichtung

Wie aus den vorhergehenden Kapiteln ersichtlich, teilten sich vor dem Zweiten Weltkrieg die europäischen Staaten Frankreich, Italien, England und Spanien die Herrschaft über die Sahara. Der französische Besitz war davon weitaus am größten. Zu Italien gehörten die libyschen Gebiete, zu England der Ostteil der Wüste bis zum Roten Meer und zu Spanien der Küstenstreifen von Rio de Oro am atlantischen Ozean. Heute ist die Große Wüste unter zehn unabhängigen aufgeteilt. Es sind dies im Norden von West nach Ost die Mittelmeerländer: Marokko, Algerien, Tunesien, Libyen und Ägypten – sowie im Süden davon von Ost nach West die Republik Sudan, Tschad, Niger, Mali und Mauretanien. Über den ehemaligen spanischen Kolonialbesitz in der Westsahara am Atlantik ist zur Zeit politisch noch nicht entschieden, da – wie bereits dargelegt – dieses phosphatreiche Gebiet noch widerrechtlich von Marokko und Mauretanien besetzt ist. Ob und wann dort die angestrebte unabhängige »Demokratische Republik der Saharauis« entsteht, bleibt abzuwarten.
Dieser noch andauernde Freiheitskampf der Saharauis um ihre Eigenständigkeit wirft – wie ebenfalls schon erläutert – ein grelles

Licht auf den Egoismus der angrenzenden Staaten, die diesen Küstenstreifen nur wegen der dortigen gewaltigen Phosphatlager besetzt haben. Doch Bodenschätze hat man in den letzten Jahrzehnten auch anderswo in der größten Wüste der Welt gefunden. In der Tat hat sich um das riesige Sandmeer zwischen Atlantik und Tschadsee von dem Tage an, an dem die Franzosen abzogen, ein meist diplomatisch geführter, aber erbitterter Machtkampf unter den Anrainern um die wirklich vorhandenen oder vermuteten Bodenschätze im Schoß der Sahara entwickelt. Öl sprudelt seit 1960 in Libyen und Algerien, in Südmarokko birst die Wüste von Phosphaten, hinter denen Uran vermutet wird, im Norden Mauretaniens stießen noch die Franzosen auf das größte Eisenerz-Vorkommen Afrikas, dessen Produktion längst die Ausbeute Lothringens überflügelt hat und 85 Prozent der Staatseinnahmen Mauretaniens deckt. Weiteres Öl sowie Gold, Diamanten und Kupfer sind bereits entdeckt worden. Andere interessante Metallvorkommen sind: Zinn im Aïr-Bergland; Wolfram, Kolumbit und Tantalit im Aïr, dem Adrar der Iforas, im Ahaggar und bei Fort Trinquet; Titan- und Zirkonerze bei Nouakchott. Von großer wirtschaftlicher Bedeutung sind die gewaltigen Erdgasvorkommen an verschiedenen Stellen der Sahara.

Als Schatz in der Wüste werden all diese Bodenschätze für einige Saharastaaten die Zukunft entscheiden. Bis jetzt haben sich diese Länder allerdings noch nicht zu einem übernationalen Verbund durchringen können, um gemeinsam die Reichtümer der Wüste auszuwerten. »Den großen Umbruch, ein neues Zeitalter, völlig verschieden vom Gewohnten und Überlieferten, brachte für die Menschen der Sahara das Eindringen der Europäer und die Befriedung des Landes«, wie Peter Fuchs meint. »Sie setzte mit dem Beginn unseres Jahrhunderts ein, aber die ersten Ansätze, unterbrochen durch den Ersten Weltkrieg, kamen erst 1920 zur Entwicklung. Seit dieser Zeit gibt es eine gutorganisierte Verwaltung, nach und nach wurden die Raubzüge unterdrückt, das Auto drang in die Wüste ein, Pisten, Flugplätze wurden angelegt. Das Flugzeug wurde bald ein unentbehrliches Hilfsmittel für Verwaltung, Kontrolle und Handel. Nur durch das Flugzeug konnte ein Netz von Militärposten eingerichtet, versorgt und überwacht werden. Die Befriedung brachte für die Sahara-Völker den größten kulturellen und wirtschaftlichen Einschnitt seit der arabischen Invasion. Am schwersten betroffen wurden Tuareg und Mauren. Sie, die einen beträchtlichen Teil ihres Lebensunterhaltes durch Raubzüge und »Schutzzölle« bestritten, die sie durchziehenden Karawanen auferlegten, sahen sich nunmehr ausschließlich auf die Erträgnisse ihrer Herden und des Salzhandels angewiesen.«

Beim Straßenbau und im Transportwesen, bei der Förderung von Erdöl, Erdgas und anderen Bodenschätzen bieten sich diesen Menschen genügend Verdienstmöglichkeiten, doch fällt ihnen die Umstellung vom ungebundenen Dasein eines Nomaden zur geregelten Tätigkeit eines Arbeiters außerordentlich schwer. Oft halten sie ein solch ungewohntes Leben nur kurze Zeit aus. Von ihrer inneren Unruhe und der Sehnsucht nach ihrer Familie und ihren Herden gepackt, brechen sie dann plötzlich aus, um ebenso unerwartet eines Tages wieder am Arbeitsplatz aufzutauchen. Der Dienst bei der Kamelreiter-Polizei kommt ihrer früheren Lebensweise schon mehr entgegen, und einige dieser »Meharisten« sind bereits aus ihrem rotbraunen Lederzelt in feste Häuser aus Lehm oder Stein umgezogen und somit seßhaft geworden.

»Für die anderen Sahara-Bewohner brachte die Befriedung ein Ansteigen des Wohlstandes. Unbesorgt können die Bauern den Erntemonaten entgegensehen, niemand wird ihnen die Früchte ihrer Arbeit rauben. Die ständige Bedrohung der Herden, der Pflanzungen, der Frauen und Kinder, des eigenen Lebens ist gewichen.«

Immer mehr werden Holz und Leder durch Metall und Plastik ersetzt, und wo früher das Wasser mühsam über eine Seilwinde hochgezogen

Der Reichtum liegt unter dem Wüstensand verborgen. Ölquellen bei Hassi Messaoud in der algerischen Sahara

wurde, besorgt dies heute die Motorpumpe. Vielerorts ist aus dem Zeltlager der Nomaden das Ölcamp der Arbeiter geworden.

Der Umbruch durch das Einströmen einer fremden Kultur verursacht auch eine tiefgreifende soziale Umschichtung. Jahrhunderte lang waren die ›Adelsstämme‹ — zahlenmäßig zwar schwach, aber militärisch und politisch stark — die unumschränkten Herrscher. Da sie es traditionsgemäß für unter ihrer Würde halten, selbst ein Handwerk auszuüben, bleiben ihnen auch die modernen Erwerbsquellen verschlossen. So wie ihr Reichtum dahinschwindet, so verlieren sie auch ihren politischen Einfluß und erleben damit ihren wirtschaftlichen und kulturellen Niedergang. »Es sind fast ausschließlich Angehörige der sozial niedrigstehenden Gruppen, die sich den neuen Möglichkeiten angepaßt haben, den Ballast althergebrachter Vorstellungen abwarfen und aus der traditionellen pompösen Kleidung des Kriegers in den schlichten Overall des Mechanikers, Erdölarbeiters, Lastwagenfahrers schlüpften . . . Der Vasall im Arbeitsanzug, der Sklavenabkömmling am Lenkrad seines Lastwagens, sie prägen das Bild der neuerstandenen ›Industrieoasen‹, winzige Ansatzpunkte abendländischer Zivilisation im gewaltigen, fast unüberschaubaren Raum der Sahara.«

Langsam bedeckt der Wüstensand wieder die mühsam angelegten Dattelplantagen in der Nähe der Oase Touggourt im Norden der Sahara. Viele Bewohner der Oasen ziehen das Leben in den großen Städten und Ölcamps dem harten Daseinskampf in der Wüste vor.

Noch ziehen die Karawanen wie vor vielen Jahrhunderten durch die große Wüste zu den Orten, in denen mühevoll das Salz gewonnen wird. Wie lange noch werden Bilder wie dieses im Zeitalter der modernen Technik zu sehen sein?

Die Große Wüste ist also noch längst nicht zur Industrielandschaft geworden. Ebensowenig hat eine echte geistige Veränderung ihre Bewohner erfaßt, denn noch immer beherrschen der Stamm, die Sippe, die althergebrachte hierarchische Ordnung das soziale Leben. Dennoch läßt sich nicht übersehen, daß für die Sahara und ihre Menschen die neue Zeit angebrochen ist – eine Entwicklung, die sich unaufhaltsam vollzieht, ob man sie nun begrüßt oder bedauert.

Literaturangaben:

Barth, Heinrich: Reisen und Entdeckungen in Nord- und Zentralafrika in den Jahren 1849-1855. 5 Bde. Gotha 1857/58
Barth, Heinrich (hrsg. von Rolf Italiaander): Im Sattel durch Nord- und Zentralafrika. Wiesbaden 1967
Battuba, Ibn: Reisen ans Ende der Welt. Tübingen 1974
Bettex, Albert: Welten der Entdecker. München 1960
Bodley, R.V.C.: Der Mönch in der Sahara. Wien, Berlin 1953
Caillié, René: Journal d'un voyage á Tombouctou et à Jenné dans l'Afrique Centrale. Paris 1830
Camus, Albert: Gesammelte Erzählungen. Reinbek 1966
Cary, M./Warmington, E.H.: Die Entdeckungen der Antike. Zürich 1966
Denham, D. und J. Clapperton: Narrative of Travels and Discoveries in Northern and Central Africa. London 1826
Fremantle, Anne: Ruf der Wüste. Einsiedeln 1953
Gabriel, Alfons: Das Bild der Wüste. Wien 1958
Gardi, René: Sahara. Bern 1967
George, Uwe: In den Wüsten dieser Erde. Hamburg 1976
Herrmann, Paul: Zeigt mir Adams Testament. Hamburg 1956
Höfling, Helmut: Geier über dem Sudan. Düsseldorf 1977
Hornemann, Friedrich: Tagebuch einer Reise von Kairo nach Murzuk. Weimar 1802
Kayser, Kurt (Hrsg.): Die berühmten Entdecker und Erforscher der Erde. Köln o.J.
Krüger, Christoph (Hrsg.): Sahara. Wien 1967
Landström, Björn: Knaurs Buch der frühen Entdeckungsreisen in Farben. München 1969
Lhote, Henri: Die Felsbilder der Sahara. Würzburg-Wien 1958
Nachtigal, Gustav: Sahara und Sudan. 3 Bde. Berlin 1879/81/89
Ohrwalder, Joseph: Aufstand und Reich des Mahdi im Sudan und meine zehnjährige Gefangenschaft dort selbst. Innsbruck 1892.
Park, Mungo: Reisen im Innern von Afrika auf Veranlassung der Afrikanischen Gesellschaft in den Jahren 1795-1797 unternommen. Berlin 1799
Ritter, Hans: Salzkarawanen in der Sahara. Zürich 1980
Rohlfs, Gerhard: Quer durch Afrika. 2 Bde. Leipzig 1874/75
Salentiny, Fernand: Das Lexikon der Seefahrer und Entdecker. Tübingen und Basel 1974
Swift, Jeremy: Die Sahara. 1975 Time-Life International (Nederland) B.V.

Heisser als die Hölle. Abente